T000637

JUANES

BY DIEGO LONDOÑO

1.577.836.800 —————— SEGUNDOS

JUANES

BY DIEGO LONDOÑO
@Elfanfatal

1.577.836.800  **SEGUNDOS**

Título: *Juanes, 1.577.836.800 segundos.*
Primera edición en Aguilar: agosto de 2022

© 2022, Diego Londoño
© 2022, de la presente edición en castellano para todo el mundo:
Penguin Random House Grupo Editorial, S. A. S.
Cra 7 # 75 – 51, piso 7, Bogotá – Colombia
PBX: (57-1) 743-0700
© 2022, Penguin Random House Grupo Editorial USA, LLC.
8950 SW 74th Court, Suite 2010
Miami, FL 33156

Diseño de cubierta e ilustraciones: Luis Agudelo, Sebastián Londoño y Camilo Londoño

Penguin Random House Grupo Editorial apoya la protección del *copyright*.
El *copyright* estimula la creatividad, defiende la diversidad en el ámbito de las ideas
y el conocimiento, promueve la libre expresión y favorece una cultura viva. Gracias por
comprar una edición autorizada de este libro y por respetar las leyes del *copyright* al no
reproducir, escanear ni distribuir ninguna parte de esta obra por ningún medio sin
permiso. Al hacerlo está respaldando a los autores y permitiendo que PRHGE continúe
publicando libros para todos los lectores.

ISBN: 978-1-64473-692-0

Compuesto en caracteres Merriweather y Korolev

Impreso en México - *Printed* in Mexico

22 23 24 25 26   10 9 8 7 6 5 4 3 2 1

*Gracias a Juanes por ser siempre un libro abierto
y generoso. Por confiar en los sueños de tantos,
por hacerlos realidad.*

*Gracias a su familia y sus amigos,
el ADN amoroso de esta historia
que están por leer.*

CONTENIDO

I

I

Hablar de Juanes es narrar parte de la historia de la música en Latinoamérica y el mundo.

Juan ha sabido mezclar sus raíces con el rock y otros géneros musicales de una forma impresionante. La línea melódica de sus guitarras es única, al igual que sus composiciones.

Este conjunto de atributos lo llevan a ser reconocido como uno de los mejores intérpretes y representantes de la actualidad. Esto, aparte de su entrega, solidaridad y amor por la paz y el bienestar de la humanidad.

Juanes posee una cualidad que no falta en los grandes artistas, la necesidad constante de superarse y de ser mejor en todo lo que hace.

Desde mi punto de vista, está cantando y tocando mejor que nunca. Me alegro mucho por este libro, querido Juanes.

¡Celebro tu vida, tus canciones y tu amistad!

JUAN LUIS GUERRA

La música guasca pasada por una guitarra eléctrica con distorsión sonando en el mundo no habría sido posible nunca si Juan Esteban no fuera tal y como es. Transparente y directo.

De "Niño gigante" a "Origen", de Octavio Mesa a Metallica, y siempre con la mente enfocada y obsesionado en su manera única de ver el mundo a través de sus melodías y sus acordes.

Eso es Juanes. Una mezcla de sonidos que no podrían definirse en un solo género. Su disciplina es su religión, las horas pasan en su estudio comulgando con sus canciones, descifrándolas y recitándolas.

Su estructura es su familia, y es ahí donde se descifra su esencia. Juanes es bondad, amistad, certeza y decisión. No le gustan los halagos, pero en esta celebración le tocó. Su legado es gigante y lo mejor es que lo sigue construyendo día a día. Lleva siempre a Colombia en la cabeza y en el corazón sin importar en dónde esté.

Mi querido Juan Esteban, hoy hay fiesta por su vida, porque ha sido bien vivida y por eso hay que celebrar.

Por muchos años más de música, cariño y buena onda.

De su amigo que lo quiere y lo admira,

FONSECA

1.577.836.800 SEGUNDOS

1.577.836.800 segundos han tenido que pasar para estar escribiendo estas palabras sentado en una silla de otro aeropuerto de otra ciudad que no es la mía. 1.577.836.800 segundos que son en realidad cincuenta años, es decir, casi la mitad de una vida como se diría coloquialmente, solo que en este caso se trata de la mía propia.

Una vida recorrida por caminos de piedras, autopistas, aire y nubes llenos de costales de alegría, tristeza, rabia, amargura, triunfos y derrotas, pero sobre todo de aprendizajes que han sabido a su manera formar mi carácter.

Sentimientos genuinos y recuerdos empolvados o casi olvidados que mi querido Diego Londoño, junto con amigos cercanos y familia han sabido cariñosamente rescatar con poesía, cosa que agradezco tanto. Quizá necesitaría otros 1.577.836.800 segundos por lo menos para poder agradecer, no solo a Diego, quien se puso al hombro tremenda responsabilidad, sino también a todos y cada uno de aquellos que en estas páginas dejaron sus relatos desde sus ojos.

Quiero que sepan que son todos parte de mi vida. Desde esta misma silla de otra ciudad, de otro aeropuerto, les agradezco para siempre.

Definitivamente no hay una mejor manera de celebrar la vida que hacerlo en compañía. A todos mis fans, amigos y familia alrededor del mundo, un GRACIAS en mayúscula y una afirmación: esto sigue.

Los amo.

JUANES

MEMORIAS DE UN SOÑADOR

Justo ahora Juan Esteban Aristizábal Vásquez está en Medellín (Colombia), en su casa, en el lugar que le acelera el corazón, donde tiene sus recuerdos más entrañables, felices, dolorosos, juveniles, y justo donde su sueño empezó a hacerse realidad.

Está bajo el cielo primaveral que lo vio caminar apresurado hacia sus primeras clases musicales con una guitarra que le llegaba hasta las rodillas, y luego, unos años después, ese mismo cielo lo observó correr ansioso con una camiseta de Judas Priest, buscando el teatro donde viviría su primer concierto de rock con una banda que fue influencia y raíz: Kraken.

Está a solo 63 kilómetros de las mismas montañas que recorría con sus hermanos y su padre, repletas de cafetales, ríos y alambrados campesinos en Carolina del Príncipe (Antioquia, Colombia), el pueblo de su familia. Está pisando el pavimento ardiente que fue refugio cuando su motocicleta KZ 900 Custom de color amarillo quemado lo llevó por calles, avenidas, barrios y laderas, persiguiendo una libertad que no sabía dónde se hallaba.

Juan recorre las mismas calles llenas de prenderías, en las que alguna vez encontró la guitarra eléctrica de sus sueños. Está con los suyos, con sus amigos de siempre, los que nunca cambiaron, los de la niñez y adolescencia: Mauricio, Memo, Andrés, David, Puli, Mónica, Esteban, y muchos otros, en esta ciudad de grandes y verdes montañas, con motocicletas a toda velocidad y gente que al hablar arrastra la ese, tanto como su pasado y sus ganas de salir adelante.

Justo ahora, Juan Esteban está sentado, mirando desde un balcón un atardecer rojizo, anaranjado, hermoso, como un maquillaje aplicado a toda prisa. En el restaurante, todo el mundo lo mira, lo señala. Él solo sonríe y se pone de pie cada vez que le piden una fotografía. Nunca hace mala cara, siempre dice que sí. Diez, quince, veinticinco capturas, no importa, siempre sonríe, a todos les habla como si fueran amigos cercanos.

Juan come poco. Ensalada, pasta, salmón y sushi son sus platos recurrentes. Hace deporte, trota y salta lazo varias veces a la semana. Hace ejercicios de calentamiento en su garganta, vaya o no vaya a cantar. No existe un día de su vida en el que la disciplina no atraviese sus hábitos, para la comida, para el deporte, para la familia, para la música. Se levanta temprano, revisa noticias y actualidad del mundo, lee un poco, entra en su guarida de inspiración, su *home studio*, donde tiene sus instrumentos, sus pedales, amplificadores, un cuadro de Bob Marley, otro de The Beatles, una obra artística de Cristóbal Gaviria, un medidor de humedad que parece un reloj y que en realidad usa para recordarse que el tiempo no existe, la figura de un astronauta y una bandera de Colombia engalanando una de las paredes principales. Se encierra allí a pensar, a estudiar armonía, melodía, fraseos, contrapunto, sigue siendo un alumno de la música, toca la guitarra, tararea y crea universos que para muchos son desconocidos. Nunca se opacan sus ganas de aprender música, poesía y composición. Allí, en su refugio artístico, pasa una jornada de trabajo común y corriente, luego, disfruta de su familia, de los juegos, las tareas, las series y la compañía que le ensancha el corazón.

Queda muy poco tiempo para que Juanes celebre su quincuagésimo aniversario, y ese número, el 50, ha sido un itinerario valioso de pérdidas, coincidencias, aprendizajes. Ha vivido 50 agostos desde el año 72, más de 18.000 días, con minutos, segundos, amaneceres, caídas de sol, tristezas, muchas alegrías y canciones compuestas, coreadas, lloradas, y hasta fallidas. Cumplir 1.577.836.800 segundos, medio siglo, parece que no es tan malo, de hecho es bueno, pues trae consigo la madurez de vivir de las cosas simples y de disfrutar la vida de verdad. Por eso, ahora Juan se encuentra en el lugar en el que siempre quiso estar, con la tranquilidad y el amor de su familia en el bolsillo derecho y con la música y su guitarra en el izquierdo.

Ahora, luego de premios, reconocimientos y aplausos sin idioma, se le puede mirar a los ojos para entender que cada día envejece con la misma elegancia con la que toca la guitarra, con virtuosismo, sin afán, nota a nota, saboreando los acordes menores, mayores y disminuidos, como cuando cantaba frente al espejo escuchando a Prince y Van Halen, como cuando empezó a agarrar la guitarra por primera vez y ni alcanzaba a recorrer todo el diapasón.

Escucha más de lo que habla, oye más de lo que crea y le huye con destreza a la petulancia que dan los flashes y las luces. Le encanta escuchar a la gente, adora entender los diferentes puntos de vista, ideologías, religiones, y hasta pensamientos contrarios, él solo se retira los anteojos de la cara, hace carrizo y escucha con atención, y a veces también pregunta.

A sus casi 1.577.836.800 segundos de vida sigue siendo supersticioso, está atento a las señales que le da la vida, la cotidianidad. Aún le pide la bendición a su mamá, sigue besando el crucifijo cada que algo bueno le pasa, y se le ve con los guantes rojos de boxeo, apretados, firmes, relucientes y listos, pero no para golpear mandíbulas, ni para dar derechazos al pecho o las encías, sino para defender sus sueños con honestidad y valentía, para reafirmar que se puede escuchar a Slayer y a Los Visconti, el tradicional grupo de música de cuerda argentino, y no hay problema alguno.

Hoy Juanes tiene el pelo hasta los hombros; es espeso, liso y castaño. La barba que rodea su boca y mentón se pinta de experiencia con algunas canas brillantes. Conserva la mirada dulce de un niño, con el ojo izquierdo diametralmente más pequeño que el derecho. Sus cejas pobladas enmarcan su cara, le dan carácter y seguridad. Antes, hace años, su ceja izquierda era custodiada por una joya de plata, ahora solo queda la cicatriz escondida tras el pelo. Frunce el ceño para escuchar, para analizar y para ejecutar la guitarra en algún solo repleto de complejidad.

Ese aspecto físico de Juan ha cambiado, como un camaleón, con el paso del tiempo, de las canciones, de los conciertos. Pasó de su niñez en sobrepeso a un estilo wild rock, con pantalones cortos, botas, sin camisa y cabellera lisa que le llegaba hasta la cintura; también lo llevó corto al estilo militar, que dejaba ver un remolino en la mitad de su cabeza, y en otro momento, lució el peinado de Elvis Aaron Presley con cera y estática.

Tiene manos hábiles, activas, y el silencio prudente de un héroe satisfecho. También conserva las marcas de la juventud y adultez, los tatuajes indelebles que construyen su arquitectura, siete tatuajes que son amuleto y ADN: una j, un ojo, un toro, unas flores de todo el brazo que acompañan un tribal juvenil que lleva por muchos años y el rostro detallado de su padre y de su madre en cada antebrazo. Además, como casi siempre, tiene la guitarra en brazos; no es algo exclusivo de los escenarios o estudios de grabación; en casa, oficina o sala de ensayo está a su lado y le brinda una eterna juventud que más de un mortal admira y añora.

Tiene el amor de su familia entera. De su madre, Alicia Vásquez, una mujer que siempre lo espera, en el mismo sofá, con el mismo abrazo y el pelo blanco de la experiencia y el cariño. Tiene también el recuerdo nostálgico y agradecido de Javier Aristizábal, su padre, que ya no está, pero que lleva en su mirada y en el recuerdo de todo lo que trabajó de sol a sol sin descanso para que su familia estuviera bien. De sus hermanos, Jose, Luz Cecilia, Jaime, Mara y Javier, las ramas florecidas y siempre coloridas de ese frondoso árbol familiar que está para las buenas, para las malas y para todas siempre.

Tiene el amor de tres mujeres, su esposa y confidente Karen Cecilia, una luz que lo acompaña con cariño en la oscuridad y en el resplandor del sol, y sus dos hijas, con nombres dedicados a la libertad y a la reina del cielo, Paloma y Luna, y además, el cariño de un aventurero hijo, Dante, que ahora incluso también se atreve a cantar.

Todos le enseñaron a ser un hijo generoso, calmo, un hermano ejemplar y un padre excepcional que deja de ser famoso para ser tan humano como los demás. Se le ve feliz, aunque los momentos felices también serán un poco tristes en cierta medida, por las ausencias de personas importantes, por los abrazos que no volverán, en su mente siempre su padre y su hermana Luz Cecilia.

La guitarra es su refugio, para hablar, para respirar, para soñar despierto. De hecho, desde muy niño, la guitarra era su compañera en el baño, como fuente de inspiración o como compañía, eso solo lo sabrá él, pero ahí estaba siempre. Por eso, cuando Juan no tiene la guitarra en sus manos pierde los poderes, los mismos que lo hacen gigante y extremadamente humano. Y más que una extensión de su cuerpo, la guitarra es el amor que les cambió la vida a él y a todos sus fanáticos.

Juanes hizo lo que muchos hombres intentan y pocos logran: arriesgarlo todo, empezar desde cero, lanzarse al vacío con dolor en el estómago, cerrar los ojos y enfrentar fantasmas, huracanes y tormentas. Hizo lo que muchos hombres intentan y pocos logran, perseguir el sol y no herirse, no quemarse ni ver su universo arder; por el contrario, brillar y lograr un sueño tan difícil de alcanzar como el mismo sol.

¿Qué pasaría si uno decidiera vivir la vida de Juanes? ¿Resistiríamos las entrevistas, los ensayos, la crítica, la impotencia por no poder componer, la soledad, ver pasar la vida a través de ventanillas de avión en un tránsito lento, la radio, la televisión, no tener a qué cantarle, los aeropuertos, los trayectos interminables, las pruebas de sonido, el miedo a los vuelos, ver a los hijos crecer a través de una pantalla, las giras dilatadas, no dormir, el dolor en las manos y yemas de los dedos, no olvidar la habitación de hotel de cada noche, habitación 305 en Roma, 202 en Ciudad de México, 1024 en Montevideo, 456 en Viña del Mar, 578 en París, 2023 en Hamburgo, o la 377 en Berlín? ¿Resistiríamos todo esto sin perder la cabeza? Todo esto, y mucho más, compone el croquis mental y emocional de un músico que parece no estar cansado, sino rejuvenecido con sus propias canciones y sus propios conciertos.

Juan está en Medellín, en su ciudad, en su casa, aunque su verdadera casa es allá donde ocurre el instante mágico y religioso que le ha cambiado la vida en su carrera como artista, el momento en el que afuera todo es ruido blanco, todo es euforia y furia, corazones latiendo, primeras veces, abrazos, besos y magia.

Ese instante mágico es antecedido por su soledad en un cuarto cómodo y tranquilo, repleto de comida y bebida que no serán usadas. Allí estira sus brazos hacia el techo, gira su cabeza de lado a lado, y con su boca, crea un motor de aire en su garganta para calentar su voz. Luego, toma la guitarra, hace escalas pentatónicas en La, Sol, Do, sube y baja, jugueteando por todo el mástil arce de su guitarra Sadowsky de 22 trastes, cuerpo color madera, pickguard blanco y dos humbucker y un micrófono sencillo, que le regaló con cariño Juan Luis Guerra. Eso, mientras sus otras amadas, en silencio, colgadas en su estudio, o en otras manos y otras paredes, esperan celosas su anhelado turno; su adorada Cecilia, su primera Fender Telecaster que donó al Hard Rock Café en Bogotá; la Fender Telecaster con la bandera de Colombia en luminoso confeti amarillo, azul y rojo; la Stratocaster negra

22

con sonido rocanrolero que extraña y que dejó ir en las manos de un fan solo por no apegarse a lo material, y la Fender blanca con el puente más pegado a las cuerdas, sin dejar de hablar de la Gibson Flying V, famosa por su versión de "Seek and Destroy" de Metallica en pleno festival Rock al Parque en Bogotá. Todas las guitarras a la espera, mientras esta, la de color madera quemado, se siente única en los brazos de un soñador.

De repente, llaman a su puerta, es el momento del show; los músicos entran, todo es risas y deseos de hacer buena música, unas palabras, una plegaria, los ojos cerrados mirando a la nada, a la oscuridad, un abrazo, unas manos que ansiosas se juntan, un grito eufórico que se confunde con el bullicio de afuera. Luego, se asegura de llevar en su cuello o en su bolsillo la camándula de plata que le dio su madre, el amuleto sagrado para que todo salga bien. Se cuelga en el cuerpo la misma guitarra, sale corriendo perseguido por las cámaras, oscuridad, gritos, más gritos, luces, nervios, felicidad, euforia, el escenario con toda la gente mirando alrededor, no ver nada, pues no se consigue enfocar a nadie en ese oleaje de felicidad, algo así como estar flotando entre nubes, en movimiento, excitación, palmas y puños arriba.

Luego, algunas luces se encienden, los letreros con corazones y el nombre "Juanes" aparecen por todo lado, mientras la respiración se agota cada vez más. Sus amigos, su familia, su país, hasta el mismo presidente de Colombia, están atentos a que lo que diga y haga lo haga bien, a que no se equivoque, a que el acorde y el solo estén en la escala tonal. Pero nada de eso importa, pues luego de esperar, de la ansiedad y el sudor, suenan las baquetas, la guitarra; sale Juanes aferrado a su guitarra con la mano izquierda; con la derecha, su dedo índice apunta al cielo y luego al público, y por fin, música, su música.

Ahí arriba, en su lugar preferido, Juan nunca está solo, siempre hay muchos cables por todo lado, pedales para las guitarras y el bajo, amplificadores de todos los tamaños, conectores de todos los tipos y cintas verdes y naranjas reflectivas, señalizadores para no caer al vacío en medio de una canción. También corriendo de acá para allá, hay muchos hombres vestidos de negro que están pendientes de todo, de lo bueno y de lo que puede fallar; todo su equipo técnico, *roadies*, ingenieros, y Jose Pablo, su guitar tech, quien desde hace muchos años cuida sus guitarras, las limpia, las afina, las deja a punto para que todo suene como debe sonar. A un costado del escenario, siempre está Rafa Restrepo, su mánager, su mano derecha e izquierda, sus ojos fuera de lo musical, y Jose Aristizábal, su hermano, su corazón en los negocios y fuera de ellos.

También en algunas ocasiones, Karen, Dante, Luna y Paloma, su familia, están de cerca gozando orgullosos cada una de sus canciones. Lo acompañan sus amigos, los que le han ayudado a ponerles música a sus sueños. Emmanuel Briceño, Juan Pablo Daza , Felipe Navia, Marcelo Novati y Richard Bravo; Daza y Navia con chaquetas color mostaza; Emmanuel, Richard y Marcelo con camisetas blancas, y Juanes de negro, por completo, todos con sus instrumentos aportando para que él brille.

Esos cuatro amigos, esos cuatro músicos y otros tantos que han pasado por este viaje de paracaídas y vueltas, viven al lado de él más tiempo del pensado, se alejan de sus familias, dejan de comer en sus comedores y de dormir en sus almohadas, dejan de hacer su vida privada para hacerla pública y se la juegan toda, hasta el último coro, el último solo, la última nota, para hacer de un concierto un momento que le cambie la vida a la gente.

Felipe, en el bajo, lo mira de reojo y baila sin dar pasos, en una sola baldosa, con el bajo aprisionado en la parte derecha de su cuerpo. Juan Pablo, con su guitarra acústica, salta de un lado a otro y mueve la boca cada vez que ejecuta una melodía. Richard sonríe con las manos calientes de tanto darles a los cueros. Emmanuel no desampara vocalmente a Juan, está siempre ahí para hacerle la segunda o la tercera voz, y Marcelo no se quita los lentes, así sea el fill más complejo de batería.

Juntos crean una energía tan poderosa que espanta todo lo malo, que se convierte en vapor y en ondas sonoras que viajan por el aire, que se inmiscuyen sin permiso en los recovecos delante y detrás del escenario, que van por el suelo asfaltado, por el aire frío y caluroso, que se meten en amplificadores y radios de los productores y técnicos de escenario y seguridad, viajan a toda velocidad, llegan a camerinos, baños, techos, puertas y, de repente, rodean esa banda grandiosa y salen disparados hacia adelante, en una velocidad no calculada, ochenta, noventa o quizá cien kilómetros por hora, retumbando fuerte en el pecho de muchas personas, y es ahí que ocurre el instante mágico que cambia todo para siempre.

Luego de unos minutos ya todo es emoción y risas, no hay miedo, ni ansiedad, sino disfrute; de hecho, muchas cosas se olvidan ahí, en ese espacio de 22 de boca por 19 metros de fondo que enceguece. Ahí en ese lugar todo se olvida, no recuerdas nada por un rato, las luces te encandilaron, el corazón saltó tanto que no quiere recordar; al final solo llegan los abrazos, las felicitaciones y las preguntas de los músicos, técnicos, mánager ¿Te gustó? ¿Estás feliz? ¿Cómodo? Y las respuestas de él solo pueden ser preguntas: ¿Sonó bien allá afuera?¿Te gustó a vos? ¿Estaba feliz la gente?

Ese es su lugar, un territorio sin geografía, su hogar, su ciudad, su familia, su vida, su corazón, su principio, su final, su todo. Sin embargo está acá, en Medellín, y no en Bogotá, ni en Madrid, ni en Los Ángeles o Miami, ni Ciudad de México, Guayaquil, Barcelona, Mónaco, Buenos Aires, o cualquier otra ciudad que siempre lo recibe con brazos abiertos, aplausos y cámaras grabando cada movimiento. Está en Medellín, la misma ciudad de la que se despidió con algunos dólares en el bolsillo luego de vender sus pertenencias, llevando solo una maleta color naranja repleta de discos y algunos libros, y una guitarra para pelear por su sueño de vivir de la música y hacer de su vida una canción.

Por eso esta ciudad es suave como el peligro, pues en ella hay un amor inconmensurable, una fuerza descomunal, tantas oportunidades valiosas, pero también, una carretera tan destapada que en la oscuridad puede ser letal. Esta es Medellín, la ciudad que aún tiene una cicatriz abierta, sangrante, dolorosa, y que de vez en cuando camina por sus calles, en silencio, en complicidad sigilosa para recordarnos que las cicatrices son eso, marcas que nadie borra.

Esta, la ciudad de Juanes, es un hermoso poema con verbos llenos de rabia y analogías repletas de amor, dos tazas de nostalgia por una de alegría, tonos blancos y negros, olor a formol y a flores primaverales, amaneceres con la calma del sol y atardeceres con el terror del sonido de la guerra. Sus calles empinadas construyen el croquis de una ciudad de eternos trabajadores, de manos capaces de levantar el mundo, tirarlo hacia arriba, sacudirlo y volverlo a poner en su lugar. Es una ciudad con aliento trasnochado y sobredosis de dolor, de sueños, pesadillas, amores y odios. Encapsulada entre montañas agrestes, profundas y coloridas. Aquí, en este valle, se cuentan las mejores historias de superación, porque eso ha sido la ciudad, un ave fénix entre carros bomba, muertes a diestra y siniestra, droga, ambulancias sonando sus sirenas a todo volumen y la esperanza de un pueblo que no se dejó asustar.

Sin embargo, Medellín es algo más profundo que el miedo, los estallidos y el horror, y desde esa profundidad delirante y valiente emerge, como las nubes al viento, Juanes, un hombre que nunca termina de aprender y que se convirtió en un símbolo de paz en medio del bullicio y la desesperanza de una ciudad adolorida por la guerra.

El pasado de esta ciudad se vistió de poncho, se cubrió del sol con sombrero y transportó todo tipo de accesorios minúsculos y decisivos en un carriel; sus montañas fueron martilladas por millones de pisadas de mulas fuertes cargadas con café, papa y maíz, y su música fue la celebración, el agradecimiento, el oxígeno que les siguieron a los fuertes días de trabajo en el campo al lado del ferrocarril, con el sonido de una guitarra destemplada y con el sabor fuerte del anís de un aguardiente que hace al corazón saltar de alegría. Además, la ciudad se pintó de modernidad, transformó su realidad en rebeldía y convivió con la estridencia, las crestas de punkeros, el pelo largo de metaleros y el rock como banda sonora que también tuvo el apellido Medellín.

Es una ciudad que de miedo se lanzó al vacío, pero antes de caer al suelo extendió sus alas, sacudió el polvo, la esquizofrenia, la duda de mirar por la ventana o salir a la calle, la incertidumbre, el pavor, y voló tan alto que incluso fue la semilla enraizada para contar la vida de un hombre que es el símbolo y la inspiración de Medellín.

Medellín es suave como el peligro, pero es una ciudad con tanta fuerza, con tanto amor y tantos sueños, que es acá, en medio de estas montañas que tocan el cielo, y ese atardecer, como un maquillaje aplicado a toda prisa, rojizo, anaranjado, hermoso, que ya se esfumó, donde empieza esta historia, la vida de Juanes.

NACIDO ENTRE ACORDES DE VIEJAS CANCIONES

En la casa vivían cinco mujeres, un loro, cuatro guitarras y cinco hombres. Un batallón de diez personas, 24 cuerdas, un loro grosero con espeso plumaje llamado Roberto y las tradiciones antioqueñas de una familia que estaba sentada a las seis de la tarde para la cena, y se iban a dormir temprano luego de rezar el rosario todos juntos, para luego levantarse antes de que el sol asomara. Las mujeres eran Alicia Vásquez, la dueña del hogar, la madre de todos y de cada uno; la señorita Adiela, hermana de Alicia, la templada de la casa; Ana Pérez, la madre adoptiva de la casa desde enero de 1967, la mujer del oficio y la comida deliciosa, la que consentía a cada miembro del hogar con una comida diferente a una hora seleccionada; las dos mujeres restantes, Luz Cecilia y María Victoria, eran las hijas consentidas del hogar invadido por hombres.

El gran trabajador incansable y cabeza del hogar era Javier Aristizábal; le seguían Javier Emilio, el hijo mayor, afiebrado por la música, la guitarra y las canciones viejas; Jose Luis, Jaime, y el menor y consentido del hogar, Juan Esteban.

Donde vivían era una casa amplia, de dos pisos, pintada de blanco con puertas café, ubicada en la calle 57, 45-36, en Medellín, justo al lado izquierdo de una calle representativa llamada Argentina. Una fachada estrecha, normal, con un garaje, ventanas y casas de las mismas dimensiones a lado y lado. Pero al ingresar, la casa se extendía a lo largo y se convertía en el lugar ideal para una familia numerosa y tradicional. Siete habitaciones en el segundo piso, un patio repleto de plantas y flores, una cocina, un cuarto de alacena, un salón para reuniones que casi nunca usaban, una sala con un sofá alargado color amarillo quemado y cuatro sillas, un hermoso y amplio comedor y un gigantesco solar que tenía un gran guayabo de frutos amarillos, y también un árbol más pequeño de guayabitas rojas y deliciosas que no podían comer los hombres, eran exclusivas para las mujeres de la casa.

Allí, muy temprano, cuando aún no salía el sol y ya se escuchaban los primeros cantos de los pájaros, que solo anuncian el momento de pararse de la cama, desayunar y salir a trabajar, empezaba la serenata de don Javier.

Al salir de la ducha helada de las cinco de la mañana, caminaba por los corredores de la casa, con los primeros tragos de aguadepanela caliente, mientras cantaba con un tono grave, muy grave y muy elegante, tratando de afinar, de darle volumen y queriendo que sus hijos y su esposa lo escucharan, rozando con su voz las paredes, las baldosas, las cobijas calienticas y los párpados somnolientos de todos; era un despertador amoroso que todos recuerdan con cariño. Don Javier cantaba varias canciones, entre ellas *Pajarillo, pajarillo* de Los Cantores del Alba.

> *"Pajarillo pajarillo, que vuelas por el mundo entero,*
> *llévale esta carta a mi adorada*
> *y dile que por ella muero...".*

29

También, la inolvidable canción *Los náufragos*, popularizada por el Dueto de Antaño y compuesta por Los Médicos.

"Señor capitán dejadme salir
A extender las velas, a extender las velas de mi bergantín
El cielo nublado y no quiere abrir
La mar está brava, la mar está brava y hay que partir".

Esas canciones están grabadas con tinta indeleble en el corazón de todos los que habitaron esta casa de amplios espacios y música permanente. Don Javier, además de gran cantante amateur, era un silbador profesional, agarraba el aire que le rodeaba, ampliaba su gran diafragma, escondía la lengua en la arcada dental inferior, ajustaba los labios como si fuera a dar un beso, sin cerrarlos del todo, y soltaba un hilo de aire que se convertía en tango, bolero, ranchera y música vieja. Amaba silbar esas canciones que lo acompañaron a vivir la vida mientras se afeitaba, caminaba o conducía su carro.

Ese poder para silbar de manera afinada y para simular cualquier canción en tonos y ritmos diferentes lo aprendió cuando solo era un niño en un pueblo del norte de Antioquia llamado Carolina del Príncipe, un pueblo conocido como el Jardín Colonial de América.

Este pueblo, a 482 kilómetros de distancia de Bogotá, alberga altos y espaciosos balcones coloniales coloridos, con helechos que cuelgan hasta las puertas principales, y una generosa plaza que los domingos se convierte en un festín multitudinario de colores, sabores, verduras, carnes, y negocios de gana y pierde con café, oro, ganado y leche. Carolina del Príncipe se constituyó como un asentamiento minero que a su vez recibió a los primeros integrantes de la familia Aristizábal. Antes de don Javier, sus antepasados llegaron a Colombia a diferentes municipios; primero a Marinilla, en 1763, y luego, otros de ellos se dispersaron por el municipio de Santo Domingo, ubicados todos en la región montañosa de Antioquia. Para tratar de entender ese árbol genealógico, podríamos devolvernos bastantes años atrás, al amor que construyeron Lorenzo Aristizábal Roldán y María Francisca Pérez Echeverri, padres de cuatro varones, Marco Antonio, Francisco, Manuel y Abel. Y justo este último, Abel Aristizábal, fue quien quiso aventurarse en otras tierras y llegó a Carolina del Príncipe, construyó su familia, vivió sus días de felicidad y también sus más grandes tristezas, como perder a su esposa, Matilde Sánchez Restrepo, tres días después del parto de su hijo menor, Javier, el 13 de diciembre de 1920.

Pero este pequeño niño que llegaba al mundo, además del amor de su padre Abel, tendría el amor de su tía materna, Merceditas, la hermana de la fallecida Matilde, quien se convirtió en su tía más querida y además en su madre adoptiva.

Merceditas era una poetisa natural; se la pasaba de acá para allá recitando poesías, respondiendo conversaciones en verso y contando historias a quien las quisiera escuchar. Ella era una mujer muy dulce, sensible, con un cuerpo pequeño, menudo, pelo largo, sedoso y canoso, y además, ese cuerpo pequeño tenía cariños permanentes para todos sus sobrinos y para nada más y nada menos que Pedro Justo Berrío González, un abogado y político que de Santa Rosa de Osos caminaba por viejos caminos hasta Carolina del Príncipe para visitarla y pretenderla con lindos detalles y canciones.

Merceditas cuidaba de su sobrino Javier como si fuera su hijo, quizá por ser el menor y por haber perdido a su madre cuando solo tenía tres días de nacido. Ella era muy cariñosa con él, incluso, se la pasaba recitándole poesías todo el tiempo para que él mismo se las aprendiera y las replicara; le decía: "Mijo, aprenda esto, 'Marcho en la escuela siempre contento, porque comprendo que la instrucción es para el alma rico recuerdo, bello tesoro del corazón...'". Y él le respondía a ese cariño con más amor, y con un agradecimiento convertido en forma de trabajos en la finca desde bien temprano en la mañana, cuando hacía los oficios, ayudaba en la cosecha de algunos sembrados y ordeñaba las vacas dos veces al día, antes de salir el sol y en la tarde.

Mientras Javier crecía, también lo hacían sus responsabilidades para responder no solo por Merceditas, sino por sus hermanas, las demás mujeres de la casa, Marta, Ana Cruz y Noemí.

A los años se convirtió en el hombre de la casa. En compañía de Marta, su hermana, montó una tienda de abarrotes cerca de la plaza principal, "Tienda de abarrotes Aristizábal Sánchez", un negocio que se sumaba a tiendas, heladerías, bares y negocios como el Café La Orquídea, el expendio de carnes El Vesubio, el salón Budapest, la fonda El Rancho, la cafetería La Armonía, la papelería Carolina, el bar Los Recuerdos, la droguería San Miguel, el centro social La Vega, la revueltería y carnicería La Antioqueña, entre otros lugares de comercio campesino, todo un abanico de posibilidades para los habitantes del pueblo.

En su tienda, vendía todo tipo de granos y abarrotes al por mayor, de la tierra a la mesa y todo por arrobas, en grandes cantidades. Frijol, lentejas, arroz, azúcar, sal, papas, yuca, leche, maíz. Unos grandes compartimentos hechos de madera custodiaban todo lo que las manos campesinas habían sacado de la tierra unos días antes. Ahora Javier era un hombre de negocios, que madrugaba a surtir, a organizar los productos en la estantería, a buscar movimientos con el ganado y darle a su familia la vida que se merecía.

Ya no era un muchacho y su vida se había convertido en el trabajo. Negociaba acá y allá, vendía una res, cambiaba otra, y poco a poco fue construyendo un patrimonio para buscar la tranquilidad de su familia. Javier se levantaba muy temprano y solo pensaba en ir al pueblo para tomarse un café negro, cargado, abrir su tienda, trabajar y repetir la operación sin cansancio, todos los días de su vida. Vestía con elegancia desde jovencito y casi siempre usaba sombrero tipo bombín. Javier comía lo que le sirvieran, aunque siempre prefirió la comida criolla y no dejaba un grano de arroz en plato propio o en casa ajena.

Nunca en la vida estuvo de vacaciones, nunca descansó, ni un sábado, ni un domingo. Tenía un nivel de compromiso gigante, hasta para ir a misa; no había enfermedad, lluvia o inclemencia que lo detuvieran para ir a escuchar la palabra de Dios en su pueblo. Allí, llegaba con su propio taburete y se sentaba a diario en el mismo lugar, en un costado de la iglesia, como si ese fuera su sitio reservado y nadie más pudiera ocuparlo.

Al mismo tiempo, además de tener su tienda en la plaza del pueblo y la finca familiar en Carolina, llamada La María, también pudo comprar una finca en Porce (Antioquia), en un lugar llamado El Nevado; allí quería asentarse como ganadero y darle otra estabilidad a su familia. Esta finca se llamó La Primavera, y para llegar a ella había que recorrer más de dos horas a lomo de mula; los automóviles aún no tenían acceso a esas agrestes montañas antioqueñas.

En resumen, era un trabajador incansable que paso a paso y a punta de madrugadas y buenos negocios se fue haciendo un camino próspero y honrado en los negocios del campo.

Por estas mismas calles agrietadas y campesinas caminaba una muchachita que daba a todos la mano. Su belleza ahora era un secreto a voces que rondaba entre los más jovencitos del pueblo.

—Sí, esa es Alicia, la hija de Emilio Vásquez, ¿linda esa muchachita, cierto? —decían al verla pasar.

La familia Vásquez tenía su casa a una cuadra de la plaza principal, y Alicia solía irse caminando y paseando de la mano de sus padres y de alguna amiga, mientras el pueblo entero la veía desfilar, entre ellos Javier Aristizábal.

Con tal suerte que Javier conocía muy bien a su mamá y a una de sus tías. En alguna oportunidad, un día de feria en el pueblo, Alicia estaba con su tía en la ventana de la casa mirando a la gente pasar.

Y por allí, desprevenido pasó Javier, quien al verlas se acercó cortésmente y saludó a su tía y le extendió también la mano a Alicia.

Ambos se miraron a los ojos y cierta picardía sintieron; algo les atrajo, así solo haya sido una sonrisa, un apretón de manos y un hasta luego. Luego de ese momento, Javier trataba de caminar con más regularidad por esa cuadra, y Alicia, siguiendo sus pasos y sus horarios, se hacía en la ventana a peinar su cabellera, como quien no quiere la cosa. Los saludos se repitieron y ya era una rutina verse desde lejos, desde la ventana y la calle, con los ojos saltones y el corazón emocionado.

De repente, el apretón de manos volvió.

—Señorita Alicia, ¿cómo está?

—Muy bien Javier, ¿a usted cómo le ha ido?

Ahora Javier desviaba su camino, caminaba de la plaza a la ventana y allí se quedaba conversando un rato, aunque la cara de don Emilio, el papá de Alicia, no prometía mucho agrado con el joven que visitaba a su hija.

En alguna oportunidad, Javier atendió en su tienda a don Emilio. Luego de anotar su cuenta y entregar sus víveres, Javier le dijo.

—Don Emilio, disculpe la pregunta, pero ¿es posible que yo pueda visitar de vez en cuando a su hija?

Don Emilio sin mirarlo a los ojos tomó sus bolsas con el mercado.

—Muchas gracias, Javier, me saluda a don Abel.

Y se marchó.

A los días, Javier de nuevo estaba tocando la ventana con los nudillos, a pesar de la negativa del estricto padre. Alicia, desesperada, abrió las maderas

—¿Usted qué hace aquí, Javier?

—Yo le pregunté a su papá y él no me contestó nada, pero yo vine...

De la ventana y de la puerta no pasaban; un apretón cariñoso de manos, alguna conversación que se extendía hasta máximo las nueve de la noche, pues a esa hora, desde el fondo de la casa, se escuchaba: "Aliciaaaa...". Y ya era hora de cerrar las maderas para dormir.

Esa misma noche, antes de dormir, don Emilio entró en la habitación de Alicia; cuando ya se preparaba para apagar la luz, se sentó al lado de su cama.

—Mija, ese por lo menos no te deja morir de hambre...

Se levantó, cerró la puerta y Alicia acomodó las cobijas hasta el mentón mientras sonreía con nervios.

Alicia era así, de pocas palabras pero con una profundidad humana identificable. Ella nació un sábado 22 de marzo de 1930, era diez años menor que Javier y no por eso menos madura; de hecho, muy madura y asentada desde niña. Desde siempre le fascinaron el dulce, el arequipe, las ensaladas, y el amor idílico que veía como ejemplo de sus papás. Ese ejemplo parecía que llamaba despacio a la puerta de su pecho con este nuevo joven-cito que la visitaba con amor.

UN AMOR A TRAVÉS DE LA VENTANA

A Javier todas las mujeres en el pueblo lo adoraban; cuando salía por las calles de Carolina, las mujeres le decían: "don Javier, usted cómo está de hermoso", "quién lo puso tan lindo", "don Javier, venga yo le regalo un café"; él se moría de vergüenza, pero todo ese cariño y admiración no eran para menos; además de ser muy buen mozo, era uno de los hombres más queridos del municipio.

Su personalidad diligente, laboriosa, servicial y de buena educación lo llevó de boca en boca, entre familias, campesinos, negociantes, hasta los borrachos y los locos del pueblo. La imagen de buen hombre en quien confiar no era gratuita.

Ese hombre solo tenía ojos para su Alicia adorada; de hecho, se hicieron novios, un noviazgo a la antigua, con visitas en la sala de la casa, sin besos ni caricias y con una timidez ajena a nuestro tiempo.

Si pudiéramos retratar ese amor, sería la imagen de un hombre vestido pulcramente, con sombrero, zapatos lustrados, y su mano derecha sujeta en una de las barandas de la ventana, mientras su mano izquierda tímidamente toca otra mano suave, la de Alicia, quien del otro lado de la ventana le sostiene su mano, más fuerte, más grande y menos suave, mientras ella apoya su codo en la base de la ventana y lo mira con amor, con su vestido colorido y su cabello bien peinado. Pero esa imagen cambiaría, se transformaría en ausencia, en soledad, en lejanía, cuando la familia de Alicia decidió irse a vivir a Medellín para buscar otras oportunidades.

Las cosas parecían no andar bien, o mejor, no andaban, pues el uno no sabía del otro, si estaba bien, si estaba mal o si estaba desconectado o incluso enamorado de otra persona. Así su separación fuera de tres horas de distancia, no era fácil estar cerca para hablar hasta las nueve de la noche y tocarse la mano de manera respetuosa y amorosa. Alicia en Medellín lo pensaba todo el tiempo, y Javier no hacía sino caminar por el pueblo añorando que esa ventana en algún momento se abriera con esos ojazos que le daban felicidad.

Su comunicación durante meses fue a través de telegramas que ambos se enviaban, en telégrafos nacionales de Colombia.

"Alicia, atento a tu recuerdo, solo junto a ti encuentro mi alegría". Atentamente, Javier.

Amalfi, abril 24 de 1945.

Lo que sí tenían claro es que había un encuentro fijo que reafirmaba el amor y ese noviazgo que llevaban a distancia y que no era muy conocido por todo el mundo, pero en las Fiestas de Carolina, cuando Javier se enteraba de que la familia de Alicia llegaba al pueblo, salía de inmediato a buscarla.

Y en ese ir y venir de ausencias, soledades, compañías, y disfrutarse los pocos momentos que tenían juntos, Javier, decidido, luego de pensarlo varias noches, la visitó y fue contundente en el momento de verla.

—Oíste, Alicia, y ¿por qué no nos casamos? ¿No te gustaría?

Ella estaba perdidamente enamorada de ese hombre que, además de ser un ejemplo entre los demás pretendientes del pueblo, era apuesto, generoso y muy cariñoso con ella. No había lugar a que respondiera de manera negativa ante esa pregunta desprevenida y directa.

—Pues sí, casémonos —le respondió ella sin dudarlo.

—Pues muy bien, me alegra mucho eso —le dijo Javier, mientras se acercaba tímidamente a su boca.

Ese sería el primer beso de esa relación que ya empezaba a construir algunas historias en el calendario de viejos días. Pero ella, decidida y siendo fiel a los principios de hogar y de lo que sus padres le habían inculcado, frenó de inmediato ese acercamiento que vieron ambos en cámara lenta; además, para que su pretendiente no pensara que se había avispado en Medellín y que los días en la ciudad le habían cambiado los valores de mujer.

—No, Javier, no todavía; cuando nos casemos, con mucho gusto.

Y eso, como un reto, significaba que el matrimonio llegaría pronto. Y así fue, el sábado 3 de mayo de 1958 estaban listos, en misa de las seis de la mañana en Medellín, en la carrera 50 con calle 35, en la representativa iglesia del Perpetuo Socorro, una construcción arquitectónica creada entre 1945 y 1952, una iglesia gigante, hermosa y con un particular estilo gótico francés, repleta de ventanas en sus torres y fachada frontal. Esta iglesia era y sigue siendo un atractivo visual para propios y ajenos, todo el que pasa por Medellín se emociona al ver esta construcción en medio de un barrio colmado de talleres de mecánica y comercio.

En la boda, que no tuvo beso, sino un apretón fuerte de manos y un abrazo eterno, fueron aplaudidos por la familia cercana. Los dos jovencitos sonreían en medio de su elegancia marital.

La celebración matrimonial sería en la finca que había comprado Javier en esa tierra a la que llamaban Porce. Los dos iban recorriendo viejos caminos de arrieros a lomo de caballo para llegar a la casa, ella adelante y él atrás, custodiándola de cualquier trampa en el camino a la finca. Ella, cada cierto tiempo, miraba hacia atrás torciendo su cuello y dejando que el pelo le cayera sobre el lado derecho de la cara, para ver si todo lo que estaba viviendo era verdad, para asegurarse de que su matrimonio era cierto, que esa felicidad que sentía nadie se la robaba, y que su ahora esposo sí seguía allí atrás y no se había arrepentido de la decisión y del acto de vivir con ella, en la salud, en la enfermedad, en la riqueza, la pobreza, para toda la vida, amén.

Efectivamente, sobre el lomo del caballo, sonriendo y haciendo homenaje a ese hermoso paisaje de verdes de todas las tonalidades, iba Javier Aristizábal, el ahora esposo de Alicia Vásquez. Al llegar a la finca, el regalo de matrimonio que Javier le tenía a Alicia fue un libro de poemas escrito a pulso y letra, un libro que no escribió días antes, sino tiempo atrás, en sus momentos de soledad en la finca, trabajando y mientras alimentaba, día a día, visita a visita, ese amor, esa ilusión de tenerla para toda la vida y no lejos de él.

Las palabras iniciales que presentaban esta bitácora de amor eterno, escritas en un viejo cuaderno, decían...

"Alicia, como una débil prueba del amor que te profeso, como una ligera muestra de pura intimidad que me liga a ti, te dedico las palabras, estrofas, que este cuaderno contiene; ellas están desnudas de todo mérito, pero lo que a ellas falte en cualidades literarias, te sobra a ti en benevolencia. Es por esto por lo que me he atrevido a unir tu nombre, que por tantos títulos me es simpático a estas desaliñadas variedades. Dígnate pues aceptar y disimular los numerosos errores de que está plagada", Javier.

Pero esa celebración de ese amor de ventanas y de distancias que ahora era público, permitido, y además, ese amor que no se alejaría jamás, debía ser celebrado con ese libro amoroso, pero también en Medellín con algunas personas queridas; por eso, juntos viajaron al barrio San Javier a hacer la visita respectiva a las primas de Alicia que vivían cerca de la iglesia de San Javier, y justo allá, luego de la visita y de contarles la buena nueva que tenían en sus vidas, se dieron el primer beso, luego de mucho tiempo de conocerse, y ese detalle, íntimo y esperado, se deja a la imaginación de los curiosos.

UNA NUEVA VIDA

La familia Aristizábal Vásquez, con Javier y Alicia, estaba lista para enfrentar la vida, las dificultades propias de la vida en convivencia y las mieles del respeto, el disfrute y la compañía fuera de la soledad. Javier seguía con sus fuertes jornadas de trabajo en la tienda, en la finca, y con los negocios que de repente resultaran. Alicia, por su parte, comenzó a dedicarse al hogar y a planear su futuro como la madre amorosa y cariñosa en la que quería convertirse.

Al poco tiempo, luego de mucho trabajo acá y allá y algunos ahorros, compraron una casa en toda la plaza de Carolina del Príncipe. El amplio balcón, pintado de blanco y adornado con flores de todos los colores, permitía una panorámica privilegiada a la iglesia, a ese santuario mariano que acompañaba imponente a la plaza, a los negocios que bordeaban el tulipán africano, las cuatro palmas bismarck plateadas que hasta ahora crecían, el eucalipto, el casco de vaca y todos los árboles que custodiaban el centro de ese parque llamado Simón Bolívar.

Esta casa estaba en toda una esquina del parque principal de Carolina del Príncipe, al costado izquierdo de la iglesia del pueblo, llamada la Inmaculada Concepción. La gigante casona esquinera tenía dos pisos; el primero se destinó para locales comerciales: un expendio de carnes llamado El Vesubio, un local de comidas rápidas, la tienda de abarrotes de don Javier, y por supuesto, una cantina llamada Vinol, bar Los Recuerdos. Ya en el segundo piso se ubicaba la casa, con el balcón que rodeaba toda la esquina y tenía tres habitaciones gigantes, un patio y dos baños que quedaban por fuera de las habitaciones.

De repente, la familia empezó a crecer; ya no era solo la familia cercana que acompañaba a los dos recién casados a aprender a vivir, sino que el destino de la vida y el amor los empujaba a la aventura de la inexperiencia y a las ganas de convertirse en padres. Pronto vendría su primera hija, Luz Cecilia Aristizábal Vásquez; la planearon con amor y la esperaron con la ansiedad propia de los padres primerizos; compraron la cuna, los biberones, los pañales, y decoraron como pudieron la habitación de su primera hija, pero esa primera experiencia seguía los cursos del pasado. El 25 de agosto de 1961, en el momento del parto, Luz Cecilia, sin aún abrir los ojos del todo al mundo, falleció, su corazón dejó de latir, y con él, se iba la felicidad de sus padres, nerviosos e incrédulos. La tristeza inundó a la familia pero el sueño de ser padres no acababa ahí.

Luego del tiempo lo intentaron de nuevo; vendría un primer hijo, y su nombre sería Javier Emilio, y con él, la esperanza que mitigaba un poco la tristeza de su reciente pérdida, dolorosa y amada. Todo en el parto salió bien; Javier Emilio abrió los ojos, respiró, y fue el amor más grande del planeta para sus padres, además, trajo consigo el impulso de migrar a Medellín para buscar otras oportunidades sin dejar el campo, los negocios familiares, la nueva casa del pueblo y, por supuesto, el pueblo que les regaló su amor, Carolina del Príncipe.

Al llegar a Medellín, habitaron primero una casa en el occidente de la ciudad, en el barrio Laureles, y mientras aprendían con calma de los errores y de situaciones propias de ser padres con su primer hijo, empezaron a llegar los demás, no como un mandato divino, sino como un deseo fuerte por no sentirse nunca solos, por no tener silencio en esa casa. Ahora era el turno de una niña; Luz Cecilia fue la segunda hija, y con ella se acercaba el batallón de biberones, pañales, llantos en la madrugada, baberos y una felicidad indescriptible para los que poco a poco se convertían en experimentados padres.

Jose Luis fue el tercer hijo, y luego, como una manifestación del equilibrio divino, llegó de nuevo una mujer, María Victoria. Y no cansados de los cuatro hijos que empezaban a crecer, se acercaba el quinto, Jaime, y rápidamente, un par de años más tarde, el sexto, el bebé de la casa, el que cargaría con los mimos, con los regalos y con el significado de ser el número seis, con el simbolismo numerológico del amor, la comprensión y la responsabilidad; el sexto sería Juan Esteban, el anfitrión y dueño de esta historia.

TODO HOMBRE
ES UNA HISTORIA

El miércoles 9 de agosto de 1972 fue un día especial. Javier y Alicia lo vivieron con ansiedad y con la misma ilusión del recuerdo de sus anteriores partos. No eran primíparos en eso de tener hijos y sabían muy bien lo que significaban la espera, las contracciones, pujar, respirar, epidural, pitocin, el dolor, querer que llegue ya, ese apretón de manos en medio del sudor en la frente, "aguanta, Alicia, ya viene", y luego, escuchar ese llanto satisfactorio y refrescante que llega como un premio de montaña en plena carrera ciclística, ese preciado premio, envuelto en una manta, con los ojos aún cerrados, con 10 libras de peso y un corazón de frijol latiendo a toda velocidad. Tantos lunes y jueves, tantos marzos y abriles, pero fue un miércoles de agosto a las tres de la mañana en la Clínica del Rosario, en el centro de Medellín, que vio nacer al sexto hijo de los Aristizábal Vásquez, Juan Esteban.

Las enfermeras y el personal médico estaban fascinados con ese niño que nació grande y cachetón, y que en sus ojos iluminaban un par de estrellas radiantes, un brillo especial en esos ojos que aún no definían su color. En esa madrugada fría y luego ese día soleado de agosto, no sabemos a ciencia cierta si nacieron todas las flores, o si en la pila del bautismo cantaron los ruiseñores, pero para la familia el recibimiento de este último integrante generó una nueva llama en su cotidianidad.

Aunque también hay que decirlo, Jaime, el hermano que le sigue en edad a Juan, no entendía muy bien porque había dejado de ser el niño consentido y ahora todos, propios y visitantes, entraban a la habitación de la mamá a verlo, a llevarle regalos y a felicitarlos. Jaime se puso muy celoso, no quería comer; y en la soledad de su habitación lloraba y tiraba la ropa al suelo, porque pensaba que su mamá lo había dejado olvidado por un nuevo niño que había aparecido sin aviso en su familia. Curiosamente, serían Jaime y Juan Esteban los que compartirían habitación cuando el niño creciera un poco más.

Luego de algunos años, pasarían de vivir en Laureles a vivir en la casa de Argentina, donde don Javier, ya con muchos años más, se despertaba a las 5:00 en punto de la mañana, se bañaba rápidamente con agua fría, mientras silbaba y cantaba, y su voz, y ese hilo de aire entre sus labios, reverberaban en las baldosas húmedas del baño y llegaban a cada rincón de la casa.

"Negrita
Tú viniste en la noche de mi amargo penar
Tú llegaste a mi vida y borraste la herida
De mi pena letal
La ilusión de mi vida
Es amarte nomás
Implorarte el consuelo
El calor y el ensueño
Que jamás pude hallar".

Negrita de Garzón y Collazos, la misma canción que Javier le cantaba a Alicia para recordarle que la quería, que la amaba para toda la vida. Luego del baño, bajaba a la sala de la casa, se sentaba en la mesa del comedor, agarraba el periódico local *El Colombiano*, una página tras otra, y no se levantaba hasta que devoraba todas las noticias y secciones de ese diario, económicas, deportes, paz y derechos humanos, cultura, clasificados, opinión.

Cuando Juan Esteban bajaba a desayunar, ya lo veía ahí, muy bien vestido, sentado con un carrizo en sus piernas, oliendo a su colonia preferida y con el periódico tapándole la cara.

—Buenos días, hombre —le decía cuando veía a su hijo bajando las escaleras aún bostezando.

—Buenos días, papá.

—¿Cómo amaneciste?

—Muy bien, papá.

Los Aristizábal Vásquez eran una familia tradicional antioqueña, con unas costumbres muy paisas, desde las rutinas de trabajo hasta la religión, la comida y la convivencia familiar. En esta casa, ubicada a pocas cuadras del corazón palpitante, acelerado y extremo de Medellín, se comía antes de las siete de la noche; el televisor era exclusivo para que los adultos vieran las noticias, luego se rezaba el rosario antes de ir a la cama, con o sin sueño; la casa estaba a oscuras y en un silencio penetrante desde las ocho de la noche. Ya temprano en la mañana, todos se alistaban a toda velocidad para el colegio, la escuela, las labores del hogar y los negocios. Esta era una rutina que no se quebraba, pero los viernes, como no se tenía que madrugar al siguiente día, en la noche, luego de comer, la familia entera se reunía en la habitación que tenía el único televisor de la casa y allí se acostaban en el piso para compartir todos juntos.

—Vengannn, ya van a empezar *La familia Ingalls* y *Los Monroe*.

Y desde adentro de la casa, se sentía cómo cada uno dejaba lo que estaba haciendo, y corrían de inmediato para anclarse frente a ese viejo televisor de perillas.

La familia Ingalls y *Los Monroe* eran seriados extranjeros que trataban situaciones familiares de la vida, el hogar y las relaciones. *Los Monroe* se emitieron, primero, en el canal ABC durante 1966 y 1967, y cuentan la historia de cinco hermanos que quedaron huérfanos y tratan de sobrevivir como familia sin el acompañamiento de sus padres. Por otro lado, *La familia Ingalls* está basada en la serie de libros de Laura Ingalls, y cuenta diversas aventuras de la familia en un entorno rural. Ambas producciones llegaron a la televisión latinoamericana y se hicieron populares en muchos rincones de la región. Para los Aristizábal era una cita obligada de risas, lágrimas y diversión de viernes.

Lo pasaban muy bien juntos viendo la televisión. Siempre recuerdan con cariño cuando don Javier en medio de algún episodio o una escena triste, se paraba de su silla, prendía rápido la luz y los miraba de cerca, inmóvil, mientras todos se tapaban la cara con las manos o clavaban la cabeza en las almohadas.

—A ver quién es el que está llorando, a ver, quiero ver a los llorones.

Todos terminaban con lágrimas en los ojos y en ataque de risa por la presión del insistente padre. Esos viernes en la noche, en casa, en familia, son inolvidables para cada uno de ellos.

En realidad la vida en casa de los Aristizábal era muy normal. Los fines de semana llegaban algunas tías y algunos tíos de la familia, preparaban fríjoles con chicharrón, huevo frito y carne en polvo; se sentaban a la mesa, disfrutaban las delicias del almuerzo, luego se tomaban un café, conversaban en la sala, y de fondo se escuchaban sonar las guitarras y la música.

Ya Juan Esteban era más grande, de siete u ocho años, ya había tomado y escogido una de las cuatro guitarras que reposaban en la casa. Esa sería la primera guitarra de su vida.

LOS PRIMEROS ACORDES

Dentro de aquella guitarra de madera barnizada se veían con claridad un par de telarañas y el sticker con la inscripción de la marca y la procedencia: El Bambuco, fábrica de instrumentos de cuerda en Bucaramanga, ubicada a 400 kilómetros al norte de la capital colombiana. Tenía dieciocho trastes, un diapasón oscuro, los dos puentes blancos, el de arriba y el de abajo, y todo el cuerpo de la guitarra era de color madera quemada, aunque el cuerpo y la boca de la guitarra estaban bordeados por una cinta de color beige. El costado del instrumento era más oscuro, algo parecido a un color rojizo.

Los dedos de Juan Esteban aún no alcanzaban a rodear completamente el diapasón, y al verlo tocar, parecía que la guitarra lo estaba tocando a él. Era una guitarra muy grande para ese pequeño cuerpo que poco a poco crecía en tamaño y en ganas de ser el mejor guitarrista de la casa.

Y es que no solo de silbidos y de canciones cantadas por el papá se alimentaba esta casa. Todo el tiempo sonaba música, en la voz de Alicia o Javier, en el viejo radio de Ana Pérez incrustado en una esquina de la cocina o en el equipo de sonido que ambientaba todos los espacios de la casa.

Jorge Negrete, con "Ay, Jalisco, no te rajes"; Luis Dueñas Perilla o Silva y Villalba, con "Negrita"; Los Panchos y todo su repertorio eterno de boleros enamorados y despechados, sin hablar del Morocho del Abasto, Carlos Gardel; Los Visconti, Los Chalchaleros, Lucho Gatica, Silvio Rodríguez o Julio Jaramillo. En esta casa sonaba música todo el tiempo, como un bucle interminable de esas canciones que se metieron sin permiso por las delgadas líneas estrechas de los ojos, por los poros luego de la ducha, por la membrana timpánica, recorriendo hemisferio izquierdo, derecho, sangre, venas, emociones, glotis, esófago, estómago, vísceras, y un nuevo recorrido hasta llegar al corazón y a la memoria, que, poco a poco, en algún momento, se nos va a esfumar.

La rutina musical también tenía un orden, las guitarras siempre estaban arrinconadas en una esquina de la casa, aburridas de tanto silencio, hasta que llegaban todos del colegio, corrían por los corredores, se quitaban los zapatos lustrados, tiraban las mochilas en las camas, y el primero que agarraba la guitarra tenía cierta inmunidad para seguirla tocando durante la tarde; ahí arrancaba el concierto diario de aprendizajes, errores y canciones viejas para aprender.

Javier Emilio, el mayor de todos los hijos, tomaba la guitarra y empezaba a tocar y cantar...

"Ódiame por piedad yo te lo pido, ódiame sin medida ni clemencia, odio quiero más que indiferencia porque el rencor hiere menos que el olvido...". "Juan Esteban, mire. Usted tiene que rasguear la guitarra así, apagando las cuerdas, y apréndase estos acordes: La menor, Mi siete, La siete y Re menor. Ya mañana le enseño los otros acordes", le decía uno de sus hermanos, mientras el niño miraba con atención los grandes dedos de su hermano y se aprendía la melodía de aquella canción despechada y adolorida, creada originalmente por Julio Jaramillo y populatizada por Los Visconti. Al día siguiente, repitiendo esa escena desesperada al llegar del colegio, quitarse los zapatos, descargar la maleta, Juan corrió por su guitarra y en busca de su hermano. "Javier, ya la saqué, mire...".

Acomodó la guitarra sobre sus dos piernas, la abrazó como su tesoro más preciado y arrancó a tocar, con esos dedos diminutos deslizándose por todo el diapasón, no haciendo los acordes, sino punteando la melodía mientras con la boca seguía cada una de las notas, como si estuviera repasando la lección que le había dejado su hermano. De manera sutil agachó la cabeza para ver dónde iba a poner los dedos, con sigilo observó a Javier, y seguía tocando, orgulloso de su tarea cumplida.

Luego de las felicitaciones de su hermano, juntos se sentaban a tocar, Juan Esteban punteando y balbuceando la canción con timidez, y Javier haciendo los acordes y cantando. Y así cantaron juntos valses criollos, música popular, tango, rancheras, boleros, música parrandera, al lado de los demás hermanos, compartiendo esas cuatro guitarras, ofreciendo canciones propias y ajenas a las visitas, al papá, a la mamá y a ellos mismos.

Al ser un batallón de seis hijos no salían mucho de la casa, además por el peligro de ser atropellados por un bus, un taxi, una motocicleta o cualquier vehículo que pasara a toda velocidad frente a la acera de la casa. No era un barrio tradicional, era una de las avenidas alternas del centro histórico de Medellín. Sin embargo, puertas para dentro tenían todo para estar bien, para estudiar, jugar y divertir esa infancia que tanto recuerdan.

A diario, además de la música que compartían juntos, tenían alguna actividad para hacer; muchos juegos como *Hágase rico* eran entretenimiento luego de las clases. También iban al cine en el centro de la ciudad, al teatro del imponente edificio Coltejer, una de las empresas de telas icónicas de la época, y cuyo edificio de Medellín simboliza el desarrollo industrial y la pujanza de sus habitantes. Pero aparte de los juegos y las películas, la imagen que todos tienen de Juan Esteban es la de verlo aferrado a su guitarra, día y noche, tratando de aprender y retar a sus hermanos con las canciones que su papá y su mamá escuchaban; incluso, en la celebración de su primera comunión no hubo músicos contratados, él interpretó la música durante su celebración.

Y no solo eso, también, siendo un niño, fue profesor de guitarra de los pretendientes y enamorados de Luz Cecilia y María Victoria. Juan Esteban se sentaba en medio de la visita enamorada, sacaba la guitarra y les enseñaba canciones que había aprendido, mientras las señoritas se morían de las ganas de estar un rato a solas con sus enamorados. Hasta que don Javier gritaba: "Juan Esteban, son las siete, a dormir".

Hasta el día siguiente que volvía a aplicar la misma intromisión y, poco a poco, incluso, logró que un novio que tenía María Victoria, que no tenía ni idea de tocar guitarra, terminara tocando y cantándole canciones a su enamorada. Todos los que llegaban a esta casa terminaban contagiados con ese bicho musical y guitarrero.

Gradualmente, luego de que los cuatro hermanos, Javier, Jose, Jaime y Juan se metieron de lleno a tocar canciones juntos, notaron con rapidez que el más pequeño de todos tenía unas habilidades especiales para sacar las melodías y los punteos de oído. Se quedaba calladito, con la guitarra entre las manos; empezaba a tantear los trastes de su diapasón, como un ciego con su bastón caminando en medio de una transitada ciudad; llegaba, apuntaba con afinación, sacaba las canciones, y todos quedaban sorprendidos con la rapidez de esa *tábula rasa* que se pintaba de armonías, color y melodías. De repente, era él quien les explicaba las canciones a ellos.

Muchas veces, don Javier, los llamaba a todos.

—Javier, Jose, Jaime, Juan, vengan, me hacen el favor.

Los niños corrían y llegaban a la sala de la casa, donde estaban su papá, su mamá y algunos amigos haciendo visita.

—Toquen alguna cosa, "Pueblito viejo", a ver cómo les suena.

Y todos arrancaban, como si hubieran ensayado por meses, y Juan tomaba el liderazgo en la melodía, mientras Javier cantaba y los demás surrungueaban la guitarra con los acordes. Todo fluía, todo era natural como la lluvia cuando besa la tierra y siembra el aroma. Recibían aplausos y cada uno seguía en lo suyo, cantando, tocando y disfrutando de la música.

—Oiga, don Javier, y sus hijos ¿de dónde sacaron eso de la guitarra y de cantar? —le preguntó el vecino que los visitaba esa tarde.

—Yo no sé, hombre, lo que sí sé es que yo silbo muy bonito, pero no sé de dónde todos estos sacaron el don de cantar y tocar la guitarra.

Incluso don Javier al ver que su hijo menor tenía unas habilidades especiales con la guitarra, decidió una Navidad regalarle un pequeño acordeón, colorido y sonoro. Juan Esteban nunca había agarrado un instrumento diferente a la guitarra, pero fue amor a primera vista. Fueron suficientes un par de minutos para que entendiera las progresiones melódicas; de repente, ya estaba tocando el himno nacional de la república de Colombia.

Después de algunos los meses, el pequeño acordeón desapareció de la casa sin ninguna explicación, y entonces el mundo se perdería de un acordeonero más en el mundo de la música; pero el sueño por su amor eterno, la guitarra, continuaba.

APRENDER GUITARRA EN UN GARAJE

Oír la guitarra en la casa de Argentina se volvía un ritual cada vez más seguido: esperar a que suene la campana en el colegio, guardar los cuadernos rápidamente, salir corriendo, llegar a casa, tomar la guitarra y cantar hasta que fuera hora de las tareas, de comer, rezar o dormir. Los hermanos Aristizábal les dedicaban muchas horas a aprender, cantar y compartir con esas cuatro guitarras disponibles y siempre afinadas en la sala de su casa.

Sin embargo, su aprendizaje autodidacta se quedaba corto para lo que querían lograr, cantar más canciones, aprender los acordes difíciles y poder cantar con técnica y sincronización mientras hacían solos y arpegios de más dificultad. Por eso, Javier, el líder de los guitarristas de la casa, sin permiso de su mamá y su papá, en alguna oportunidad caminando de regreso a casa vio un garaje donde se dictaban clases de guitarra y entró, averiguó, habló con el profesor Gabriel Cañas, y ya tenía listas las primeras clases para él y para sus hermanos. Tres encuentros a la semana a dos cuadras de su casa definirían el alma musical y guitarrera de su familia.

Gabriel Cañas era un diestro en todo el esplendor de esa palabra; tocaba la guitarra con la izquierda y la derecha sin cambiar de orden las cuerdas, era veloz, desprevenido y poco presumido con sus habilidades. Casi siempre tenía una alta barba, que jugaba bien con su altura, su barriga y su personalidad bonachona y bohemia, con comentarios ácidos y sarcásticos. En algunas clases, sobre todo los lunes, se sentía un pequeño tufillo de los vinos que acompañaron las canciones y la tertulia del fin de semana. Las clases de Gabriel Cañas se dictaban en el centro de Medellín, a dos cuadras de la casa de los hermanos Aristizábal. Y ahí ofrecía las clases, en el garaje de su casa, completamente abierto y acondicionado con unos biombos que generaban una suerte de salones de clase, pero en realidad eran unos pequeños y estrechos cubículos que servían de espacio para la enseñanza. Muchas veces los cuatro hermanos entraban en un solo cubículo mientras otros estudiantes, igual de apretujados en otro salón improvisado, aprendían canciones para cantarles a sus familiares.

Entre los ejercicios que Gabriel ponía a hacer a sus estudiantes estaba el movimiento de dedos para calentar y para ganar fuerza, puntear la guitarra y aprender a apretar con precisión los trastes, escuchar muchas canciones y tratar de sacarlas de oído. Allí aprendieron las primeras canciones de Los Visconti y Los Chalchaleros; dentro de ese repertorio no faltaron "Mamá vieja" y "Zamba para olvidar".

Ana Pérez, además de las múltiples labores en la casa, la comida y el aseo, era la encargada de llevar a los cuatro hermanos hasta el salón improvisado de clases. Tres veces a la semana, recorrían las mismas calles, cargando a sus espaldas las guitarras, para vivir hora y media de aprendizaje y volver a la casa a practicar lo mismo durante horas y horas.

Y la emoción con la música también venía en forma de disco, pues cuando salía la nueva música de Los Visconti, todos los hermanos juntos salían corriendo a las tiendas discográficas del centro de Medellín para comprar esas emociones empacadas en celofán. Compraban el disco con los ahorros del colegio y algunas ayudas de pesos de su papá, y luego llegaban a casa a ponerlo en el tocadiscos. Juan Esteban se sentaba a escucharlo tres y cuatro veces con la guitarra en la mano, mientras intentaba imitar los punteos y rasgueos. Horas después, ya tenía las canciones listas para poderlas montar y luego tocar con sus hermanos. Desde allí, además de una habilidad con el oído, había disciplina y amor a la música, que el papá con una complicidad cariñosa compartía con sus hijos.

DE VIAJE A LAS MONTAÑAS

Ya con estas clases y con algunos conocimientos más específicos de guitarra y de música, justo cuando salían del colegio para las vacaciones de mitad y de fin de año, llegaban a la casa y ya estaba la camioneta Toyota de color blanco preparada, aceitada, tanqueada y lista para arrancar de inmediato, rumbo a carretera destapada, bordeando el río Medellín, recorriendo hermosas pineras y montañas de todos los verdes, azulados, esmeralda, cian, irlandés, persa, trébol, pino y verde botella, para poco a poco, kilómetro a kilómetro, sumergirse en la aventura vacacional de Carolina del Príncipe mientras las llantas empantanadas y valientes de esta camioneta cruzaban todo tipo de obstáculos.

A todos los empacaban en ese carro como podían, a presión, como a tabaquitos, uno al lado o encima del otro, apretujados entre maletas, guitarras, víveres, y con la compañía musical de Raffaele Attilio Amedeo Schipa, el conocido Tito Schipa, el virtuoso cantante lírico italiano que los acompañaba en estos viajes a Carolina con su voz sonando en ese viejo casete de inicio a fin, de lado A a lado B hasta que llegaban a la cabecera del pueblo de sus cuitas. Todos, sin excepción, aprendieron no solo las canciones de ese clásico casete, sino el orden exacto de inicio a fin.

Rápidamente, con guitarras en mano, arrancaban todos los hijos a cantarle a la abuela Merceditas y a las tías que vivían en el pueblo, Pastora, Marta, Ana Cruz y Noemí. La llegada de los Aristizábal, de los hijos de don Javier con guitarras en mano, se convertía en conciertos de pueblo afuera de la tienda de abarrotes.

Tangos, guascas y boleros sonaban en ese grupo musical familiar que empezaba a ser conocido en las calles de este jardín colonial. Además, por petición de muchas otras abuelas y tías del pueblo llegaban a salas, cocinas, habitaciones ajenas, para cantarles a más ancianas que ya estaban en cama. Como recompensa, aplausos y un cafecito, para ese plan de vacaciones que se volvió un compromiso que disfrutaban mucho.

Ya en la amplia casa del pueblo, en esa esquina de nostalgia y felicidad, entraban por una puerta de madera maciza, ubicada en la dirección 49-12 del centro principal del pueblo; subían veintisiete escalones agarrados de dos barandas y ya estaban ahí, en una vieja casona con un balcón con corredor que tenía vista privilegiada a la iglesia y a su inmenso reloj, que entre las agujas tiene la palabra "Carolina". Justo desde ese mismo balcón decorado con flores multicolores podían ver las tres naves que sobresalen sobre el techo de la iglesia y escuchaban en sonido estereofónico cuando la gran campana llamaba para la misa de aurora. Ya en la casa, se acomodaban en tres habitaciones Alicia, don Javier y los hombrecitos de la casa, Javier Emilio, Jose, Jaime y Juan Esteban, en un solo espacio; en otra habitación, justo al frente de la otra, la tía Adiela, María Victoria y Luz Cecilia, y en la habitación restante, cerca de la cocina, Ana Pérez.

Allí, en esa temporada de vacaciones, que en muchas ocasiones duraba dos meses en mitad de año y tres meses a fin de año, pasaba de todo. En familia, en la finca o en la casa, escuchaban día y noche todas las canciones de Gardel, y a esa maratón, le sumaban las películas donde actuaba el Morocho del Abasto, películas como *El tango en Broadway*, *Tango bar*, *Cuesta abajo*, *Espérame*, *Las Luces de Buenos Aires*, entre muchas otras. Todos los hijos, de tanto repetir las películas, se aprendieron los diálogos de Gardel al pie de la letra.

Los hermanos mayores tenían oportunidad de emparrandarse con varios amigos de otras fincas. Muchas de esas primeras parrandas, bailando y tomando aguardiente, las vivieron en la finca La María, un cuartel general de disfrute entre las montañas del norte de Antioquia. A Juan Esteban, por lo pronto, no le interesaba mucho el tema de la fiesta, así que él se quedaba solo en la casa tocando guitarra; es una imagen que todos los integrantes de la familia recuerdan, un niño solo, con una guitarra, tocando canciones viejas que les gustaban a sus papás.

Pero además de estar en soledad con su instrumento, en muchas oportunidades Juan Esteban era el conductor de sus hermanos cuando todos estaban de fiesta y tomando con amigos, novios y novias; manejaba la gran camioneta de la casa con los pies lejos de los pedales y el pecho pegado en el volante, para llevarlos del pueblo a la finca y de la finca al pueblo; era el responsable de la vida y la seguridad de todos.

Él no hacía mucho más que eso, estar detrás de ellos, tocar guitarra, y de vez en cuando, jugaba con la hija de unos vecinos que tenía su misma edad. Con ella construyó un recuerdo imborrable que lleva aún en los labios, cuando en esa misma casa de Carolina del Príncipe, jugando a las escondidas, se metieron juntos en un clóset repleto de ropa y zapatos, y en la oscuridad se miraron a través de algunos trazos de luz que llegaban desde las persianas de las puertas, y con los nervios en las pupilas y en la respiración por el riesgo de ser descubiertos por los otros niños que jugaban con ellos o por sus padres; se tomaron rápidamente de las manos sudorosas, con tanta energía y estática en ambos que si se pudiera aprovechar la energía de ese momento, alcanzaban a iluminar y llenar de alta potencia eléctrica esa casa y las demás casas vecinas. Los dos con sus manos entrelazadas fingieron cerrar los ojos por un segundo y por instinto acercaron sus caras, y sus inexpertos labios no sabían si moverse, quedarse estáticos, abrirse de par en par o esquivar el uno al otro. Juntos vivieron su primer beso inocente y fugaz.

Otro recuerdo nostálgico no solo para la familia, sino para muchos otros habitantes del pueblo, eran las Navidades; ese gran pesebre que ocupaba toda la sala de los Aristizábal, que los niños construían con musgo, patitos de plástico y espejos como oasis de agua, era recordado por los visitantes de la casa. Un hijo por día, con ansiedad, movía paso a paso a los Reyes Magos hasta llegar a ese pesebre hecho de cartón. Cuando llegaban y se estacionaban al lado del buey y la vaca, con su mirra, su incienso y su oro, era el día en el que la generosidad de don Javier brillaba en esa plaza amplia de hermosos y coloridos balcones. Días antes Javier salía a comprar muchos regalos para los niños del pueblo, y junto con su familia, en esa noche fría de Navidad, los ofrecía desde el balcón de la casa, con todos sus hijos, mientras los demás niños desde abajo recibían con ilusión pequeños detalles que la familia del señor de la tienda de abarrotes ofrecía.

Don Javier, como buen trabajador, era amplio con su gente; los primeros días de diciembre mandaba a matar un marrano, y con helecho y buena candela, lo quemaban en el patio trasero de la casa. Allí se reunían varias señoras del pueblo para cortarlo, prepararlo y tajarlo. Ese era un momento que todos disfrutaban mucho, porque sabían que vendría comida deliciosa, morcilla, chorizo, chicharrón, y todo tipo de manjares para empezar a celebrar el mes de diciembre y la alegría contagiante que irradia. Pero Juan Esteban nunca había vivido una atrocidad tan aceptada socialmente, y justo cuando llegó al patio de la casa y vio al animal muerto patas arriba, quemado y además a punto de ser cortado por la mitad, se llenó de rabia, gritó enfurecido y salió corriendo, tiró la puerta principal de la casa con fuerza y huyó por unas horas. Desde ese día, no hubo nunca más la tradición de matar un marrano en la familia Aristizábal.

Sí que eran especiales estas Navidades, sobre todo por la música que cambiaba y se tornaba parrandera, fiestera, liderada por esas guitarras punteras, brillantes, y por esas letras de canciones de doble sentido que tanto los hacían reír.

Rodolfo Aicardi, Gustavo el Loco Quintero, Pastor López, Guillermo Buitrago y Octavio Mesa eran las voces que se escuchaban como ambiente en esas calles campesinas de Carolina del Príncipe. La música no era un impedimento para dormir; en diciembre había licencia para la parranda, el aguardiente y el sonido a todo volumen hasta las seis de la mañana.

Justo cuando Juan Esteban tenía solo ocho años, se contagió de ese ambiente festivo y hasta vulgar, y escandalizó a sus papás y hermanos cuando temprano en la mañana, un diciembre enguayabado de 1981, se le escuchó cantando, casi gritando por los pasillos de la casa, una canción políticamente incorrecta del arriero y parrandero Octavio Mesa "Apure el paso mula hijueputa, que ya muy pronto va a anochecer y en la posada me están esperando el aguardiente y una mujer".

De inmediato su hermano Javier Emilio lo persiguió por toda la casa para regañarlo.

—Oiga, oigaaaaa, pelaíto, ¿usted por qué está cantando esa canción y diciendo palabras?, le voy a decir al papá.

—Pues a usted yo lo vi ayer acá abajo, por las ranuras del piso, en la cantina, cantando y bailando esa misma canción, entonces ¿yo por qué no puedo?

Javier quedó de una sola pieza, mientras el niño de la casa seguía coreando a Octavio, al arriero de Santa Rosa de Osos, otro pueblo del norte de Antioquia cercano a Carolina del Príncipe.

LA CANTINA

A veces dormir era imposible. El sonido del bajo de esa música a todo volumen no dejaba conciliar el sueño. El olor a cigarrillo invadía la habitación y perfumaba de cusca las cobijas, la ropa, el pelo, las fosas nasales. El choque de las copas que brindaban por la amistad o la borrachera eran proyectiles de pequeñas armas que entraban por un oído y traspasaban el cráneo para llegar a otro oído, a otro cráneo y a otro desvelo asustador. A veces dormir era imposible, pero como solo era la temporada de vacaciones todo se toleraba, todo se disfrutaba en aquella casa campesina.

No había que bajar por las escaleras y cruzar esa fuerte, resistente y crujiente puerta blanca de madera marcada con el número 49-20 para vivir la experiencia de estar en una cantina de pueblo, solo bastaba con agacharse al suelo de madera de la habitación y mirar por las rendijas de ese piso agrietado para estar en la fiesta, en la algarabía de cantar, tomar, llorar, escupir y fumar.

"Quisiera abrir lentamente mis venas
Mi sangre toda
Verterla a tus pies
Para poderte demostrar que más no puedo amar
Y entonces, morir después...".

Desde la calle, la cantina estaba custodiada por un letrero diagonal de color café y blanco, a veces iluminaba, a veces no: "Vinol, bar Los Recuerdos"; la fachada vestía de adobes alrededor de esa puerta, estática, añeja, blanca, dura e indestructible que cuidaba con recelo las historias, los llantos y las borracheras de generaciones y generaciones.

"Desde un tétrico hospital
donde se hallaba internado,
casi agónico y rodeado
de un silencio sepulcral...".

Al entrar, la cantina era un cuadrado pequeño pintado de blanco, adornado con algunos cuadros, un retrato a lápiz de Carlos Gardel, también un espejo con el grabado "Pepsi-Cola, Delicious Healthful" y en la pared más amplia, un enorme paisaje de árboles otoñales con su follaje amarillo, naranja y rojo, y un tapete de hojas secas. El piso, con baldosas de 25x25, gruesas y frías, percudidas y hermosas, eran mosaicos de manchas negras sobre un blanco uniforme, como si fuera un cachorro o 1001 cachorros de dálmata dispersos por todo ese local. El techo estaba construido con tablones pegados, que además de techo era el piso de la casa de arriba, pintado de verde claro, con aberturas para espías y con el peligro de que todo lo que arriba se regara caía sin cuidado al piso de abajo.

En el costado izquierdo estaba el bar, una barra de 1.20 de altura, de tablillas pegadas entre sí con dos maderos grandes como mesón, y detrás de ella una estantería con cuatro cajones con llave, un lavaplatos pequeño con tazas tinteras colgando de la pared y espacios arriba y abajo para exhibir las botellas empolvadas de aguardiente, ron, brandy y cerveza; también, una vieja nevera oxidada por el tiempo, y el viejo cantinero callado y malgeniado que atendía los pedidos de todos.

> *"Adiós muchachos, compañeros de mi vida,*
> *Barra querida de aquellos tiempos.*
> *Me toca a mí hoy emprender la retirada*
> *Debo alejarme de mi buena muchachada...".*

Detrás de la puerta estaba el orinal, sucio pero no maloliente; siempre tenía unas pastillas de cloro que hacían lagrimear al que allí orinaba y que recibían toda esa secreción de los riñones, toda esa cebada, todo el anís, y la expulsión del urocromo saliendo a alta velocidad. Al lado, un pequeño cuarto de tres baldosas, donde estaba el inodoro para las mujeres, con el papel higiénico sobre la tapa y como compañía una escoba y una trapera apoyadas sobre la pared.

La puerta de ese cuarto se cerraba introduciendo una varilla redonda en un hueco hecho entre la la madera y la pared. Al lado derecho del pequeño salón estaba la mística pianola tocadiscos que iluminaba con colores y sonidos todo el lugar. Parecía un enfriador de supermercado y vibraba cada que alguien depositaba una moneda de diez centavos y escogía una letra, un número, para poner a sonar su canción preferida. Esa acción era acompañada con los ojos de los demás asistentes al bar, que ansiosos esperaban una elección que también los complaciera, y cuando empezaba a sonar la música, todo cambiaba. Los Relicarios, Los Panchos, Carlos Gardel, El Dueto de Antaño, Octavio Mesa, Lucho Gatica, Los Trovadores de Cuyo, Julio Jaramillo, Olimpo Cárdenas, guasca, tango, bolero, porro, y toda la música vieja que se quisiera, una canción, tres o cuatro minutos de felicidad por diez centavos de vida.

"No puedo verte triste porque me mata
Tu carita de pena, mi dulce amor
Me duele tanto el llanto que tú derramas
Que se llena de angustia mi corazón...".

Don José, luego de ordeñar siete vacas, siempre llegaba a Vinol, se tomaba tres aguardientes, por cada uno un cigarrillo barato, y acomodaba su sombrero cada que Eliécer le hablaba de la lotería, del café y del ganado que no vendió. Argemiro no salía de ahí, hablaba duro, escupía en el suelo y a veces cuando hablaba. Tomaba brandy Domecq con leche para que su señora no lo regañara por el olor en su boca, en sus poros, y por la cirrosis que empezaba a apoderarse de su cuerpo. A él siempre lo sacaba la Policía, remolcado entre hombro y hombro de los oficiales, porque luego de las dos de la mañana seguía acostado, al borde de la silla, a punto de caer y con mitad del brandy nauseabundo en el vaso, porque el resto del trago había caído en hilos delgados de leche cortada con licor sobre la mesa, en gotas despaciosas que acompasadas con la música desfilaban, silenciosas, sigilosas, maliciosas, esperando no ser descubiertas por cualquiera de los borrachos, o peor aún, por el trapo rojo del cantinero, pero no, caían como un proyectil delicado sobre las baldosas frías, pasaban por las botas empantanadas de otros borrachos, que se abrazaban en medio de una canción que dice que vale más cualquier amigo, sea un borracho, sea un perdido, que la más linda mujer; huían a las pisadas para no morir en la melcocha, traspasando la puerta, recorriendo la acera empolvada, para terminar secándose consumidas por diminutas hormigas ejemplares y trabajadoras.

En la misma cantina, la señorita Josefa, luego de su trabajo en la farmacia, se tomaba tres cervezas al clima, hablaba con quien la acompañara, mientras se lamentaba por el amor que se le fue y que lo tenía que seguir viendo con otra o con otras frente al atrio de la iglesia. La pianola era de don Leo, un comerciante amante de los boleros que solo tomaba café oscuro con dos cubos de azúcar a escondidas porque su glucosa y sus hijos no se lo permitían; él escuchaba siete o quizá ocho canciones en una noche.

Sin hablar de las peleas que Leonardo y Alonso protagonizaban los domingos en la noche luego de haber bebido quince cervezas cada uno. Como algo rutinario, cada uno desenfundaba su peinilla, un machete afilado con el que habían trabajado todo el día juntos, desyerbando potreros y fincas de veraneantes, y ahí, en la acera contigua a la cantina, rastrillaban el machete hasta hacerle sacar chispas para amedrentar al otro.

Muchos de los que allí pelearon, cantaron, dejaron los pesos, las jornadas extenuantes y les dieron vida a sus manos de tierra y corazón, y cuyos nombres reales nunca sabremos, fueron observados a través del piso agrietado por las pupilas aceleradas de Juan Esteban cuando sus papás ya se habían dormido. La habitación donde estaban era justo en el segundo piso del bar. Las malas palabras, las conversaciones ininteligibles, el olor a cigarrillo, la música del campo y ese hilo de brandy rebosando el vaso y traspasando el bar hasta la acera de la calle, entraron por los ojos curiosos de ese trasnochado niño que no se perdía nada de lo que pasaba en Los Recuerdos.

De ese lugar, de esas noches tirado en el suelo, de esas malas palabras y de ese olor a trasnocho, estiércol y sudor, quedaron las canciones como ADN de ese muchacho que aprendió a tocar la guitarra para algún día quizá tocar ahí, en las puertas de Vinol, a la puerta de los recuerdos, cuando la pianola no funcionara.

Y así, entre finca y finca, vistazo en las rendijas de la vieja casa a la cantina, serenatas a las mujeres del pueblo, montañas, olor a café recién tostado, lluvia y niebla en la noche y sol ardiente en la mañana, se pasaban las vacaciones en Carolina del Príncipe, este terruño montañoso de Antioquia que vio nacer y crecer a la familia Aristizábal, y además, fue testigo de las primeras canciones cantadas por un héroe, no de los que se trepan en edificios, tienen superpoderes y atacan con valentía a los malhechores, sino de los que deciden no soltar nunca una guitarra para hacerles la vida más bonita a los demás.

LA FAMILIA PARTRIDGE DE MEDELLÍN, COLOMBIA

El asunto musical en la familia Aristizábal no tenía pretensiones comerciales ni mucho menos de fama, pero desde que los hijos empezaron a crecer, a tomar guitarras y a cantar canciones viejas todas las tardes en la casa, los sueños se hicieron tan grandes como lo eran las ganas de volver del colegio para seguir intentando y aprendiendo más.

Pero el mismo colegio que los recibía a todos, el Instituto Jorge Robledo, un enorme colegio laico, mixto y privado ubicado en la calle 51 N° 65-72 de la ciudad de Medellín, era testigo de cómo la música se convertía en agua para beber de una familia de hermanos muy apasionados por las guitarras y las canciones. Poco a poco, y luego de ser llamados a las eucaristías, a los actos cívicos, a las presentaciones especiales y hasta a las reuniones de profesores, los hermanos Aristizábal, Javier, Jose, Jaime y el más pequeñito, Juan Esteban, se convertían en algo parecido a la familia Partridge, esta familia que recreaba la serie de televisión inspirada en esos cuatro hermanos que armaron una agrupación músico-vocal a mediados de los años sesenta, y que se hicieron populares por cantar canciones pop en Newport (Rhode Island).

Pero no eran solo ellos, también había una especie de Gardel, un niño afiebrado con los tangos que su papá escuchaba en la casa; él era Luis Andrés Penagos, un valiente cantante que cantaba, sin guitarra y sin pista, tangos de Gardel y del Polaco Goyeneche.

Sin embargo, quien arrancó en el colegio con esos días afiebrados de canciones, guitarras e imitaciones musicales fue Javier Emilio, y tenía los dos ingredientes para ser el próximo cantante más popular del Instituto Jorge Robledo, pues era extrovertido y además se creía el cuento de cantar; por eso, en muchas ocasiones impostaba incluso su voz para presentarse.

—Yo soy Javier Emilio Aristizábal Vásquez —decía elevando el mentón e incluso simulando un acento ajeno, tirando a sureño, rioplatense. Y con esa misma voz y con la seguridad que le brindaron los ensayos diarios, extenuantes y felices en su casa al lado de sus hermanos, Javier estaba listo para ofrecerse ante profesores para cantar y tocar la guitarra acompañando las misas, las reuniones privadas y los actos cívicos en el aula múltiple.

> *"Iba yo pasando, vidrieras mirando*
> *y mientras soñando cuando te vi*
> *Tú estabas en pose, un poco filmando*
> *Parada en la puerta de la boutique...".*

Cantaba Javier Emilio frente a estudiantes y profesores, con una seguridad sorprendente, tomando el micrófono, cerrando los ojos e interpretando "La chica de la boutique", de Miguel Ángel Espinoza, conocido artísticamente como Heleno, este argentino cantante de baladas y música romántica que había llegado por esos días a oídos de la familia Aristizábal. Las profesoras lo miraban con amor y los profesores, al final, se acercaban y le decían: —Hee, mucho berraquito Javier, muy bien hijo, muy bien.

De repente, como llevando a su mascota, Javier invitó en algún momento a una presentación a su hermano menor, Juan Esteban; no podían creer que un niño tan pequeño ya tocara y punteara la guitarra de esa manera. Ese era su rol, puntear, acompañar, mientras Javier tomaba el micrófono y cantaba tangos y boleros. A Juan de repente se le veía balbucear con timidez, pero cuando miraba al frente y se sentía observado, se refugiaba con la mirada clavada en la boca de la guitarra, como un potente francotirador que apunta y dispara en silencio.

En otra oportunidad, no solo eran Javier y Juan Esteban musicalizando los actos culturales del Jorge Robledo, sino que el acto cívico permitió que todos los hermanos Aristizábal estuvieran juntos mostrando ese talento familiar y ese amor por las canciones argentinas y colombianas.

El lugar del recital fue la capilla, el centro de espectáculos de ese gran colegio que contaba con bosque, árboles frutales, piscina, una gran cafetería, canchas de fútbol, y hasta granja con animales. En esa capilla, como primer gran escenario de conciertos, cabían aproximadamente trescientas personas sentadas en unas viejas sillas de madera llenas de goma de mascar pegada debajo del asiento. El escenario era grande, a una altura de un metro 20 aproximadamente, construido en madera; se podía acceder a él por unas viejas escaleras ubicadas a ambos lados y era custodiado por viejas cortinas de color azul oscuro y con una especie de pantalla al fondo para las proyecciones y filminas, cuando era la hora del cine. El micrófono era el mismo usado por el sacerdote para oficiar la misa, y los cuartos ubicados a lado y lado del escenario eran la sacristía y el cuarto técnico de sonido, luces y utilería.

En aquella celebración en el colegio, empezó el orden del día con algunas estrofas del himno nacional de Colombia; luego, las palabras del coordinador académico aburrieron al gran fórum estudiantil; la oración, y luego, la primera intervención musical, pues cada salón tenía una participación dentro del acto cívico.

Luis Andrés Penagos cantó un tango de Carlitos Gardel llamado "Por una cabeza"; luego hubo un ensamble de la tuna, también un baile de música folclórica colombiana, y después, como la actuación estelar de esa presentación de colegio, como el show final que se hizo esperar para concluir la celebración de la Batalla de Boyacá, llegaron los ya famosos hermanos Aristizábal. Con curiosidad, todos los vieron subir al escenario con sus guitarras listas y sus cabellos lisos, medio rubios y peinados al estilo beatle, y con ellos, el más pequeñín, que siempre causaba gracia en el colegio, Juan Esteban.

Subieron al escenario; lideraba Javier Emilio, pero los demás, Jose, Jaime y Juan, tenían un rol protagónico en canciones como "Botellita de vino", donde además Jose intervenía en las voces con sus coros afinados.

> *"Un día frío de otoño*
> *Llegaba un barco al incierto*
> *Ahí ahí venía el abuelo*
> *Era pobre su equipaje*
> *Una pipa allí en su boca*
> *Un acordeón desteñido*
> *Y una mudita de ropa*
> *Se hicieron duras sus manos".*

Luego de la interpretación todos los estudiantes de secundaria reunidos en ese gran espacio religioso aplaudieron, y además, pidieron que tocaran otra canción. Se asomó "Zamba de mi esperanza" a cuatro guitarras y dos voces, un buen ensamble para muchachos que hasta ahora empezaban a tocar música en vivo.

Luego de los aplausos y del final del acto cívico, todos se levantaron de las sillas y regresaron a los salones de clases. Javier Emilio y Juan Esteban se quedaron tocando y cantando, aprovechando el sonido y la acústica del lugar, mientras Jose y Jaime empacaban sus instrumentos. Muchos estudiantes se devolvieron a la capilla al escuchar música de nuevo, y al verlos con guitarras en mano en el mismo lugar, muchos se sentaron, siguieron oyendo y esperaron a que los dos hermanos terminaran oficialmente un repertorio que, si había tiempo, nunca acabaría. Entre las canciones que cantaron, estaban "Mis Harapos" y "Veneno", autoría de Los Visconti, ese dúo folclórico argentino, que era más o menos como una religión musical para la familia entera.

UN SUEÑO CUMPLIDO
EN CANCIONES GASTADAS

Los primeros conciertos que vivieron como familia, con esa inclinación y ese fanatismo desbordante, fueron en uno de los teatros más tradicionales de Medellín, a solo unas cuadras de su casa, en el teatro de la gente, el Teatro Pablo Tobón Uribe. Allí pudieron ver a Los Visconti en vivo, sus ídolos con guitarras, voces como ruiseñores y trajes sureños argentinos, propios de la localidad de Coronel Dorrego. Este fue el primer concierto en la vida de Juanes.

Días antes, con las boletas en la mano y con la emoción por ver a sus ídolos en vivo, hicieron en la casa maratones de canciones para repasar los temas más conocidos y los más incógnitos. El día del concierto se prepararon con ropa especial; Juan Esteban vestía unos zapatos color café de material recién brillados, un pantalón negro sujeto con una riata y una camiseta tipo polo con varios tonos de café. Caminaron unas cuantas cuadras desde su casa y llegaron temprano a la puerta del teatro que recibiría a los ídolos del folklore argentino.

Ese día, el 8 de abril de 1981, el día en el que Juan Esteban, con nueve años, era el único niño del teatro, quedó para la memoria de todos. Las 1008 sillas del teatro estaban ocupadas por la felicidad y ansiedad de asistentes que nunca antes habían visto en vivo a Los Visconti en esta ciudad.

Ellos, Abel y Víctor Visconti estaban en los camerinos, en la parte trasera del escenario, al costado izquierdo; desde allí escuchaban el barullo de la gente pidiendo sus canciones, mientras ellos afinaban a sus compañeras de toda la vida.

Al salir, las luces los siguieron y el corazón de Juan Esteban estalló de emoción; mientras todo el mundo aplaudía, él se paró de su silla, frotó sus pequeñas manos frías sobre el pantalón y con los ojos saltones los persiguió hasta que se acomodaron en el centro del escenario, de esas tablas construidas en 1967 por el arquitecto Nel Rodríguez.

Frente a las luces, con sus guitarras criollas, en un recital soñado, los dos ídolos de generaciones folclóricas y costumbres argentinas, los dos, hermano y hermano, Abel y Víctor, Visconti y Visconti solos en el escenario, con sus trajes bombachos relucientes, acompañados de dos guitarras, que también servían como percusión cuando tocaban las maderas con los nudillos, respaldados por dos voces inolvidables polifónicamente perfectas, cuatro micrófonos, luces aquí y allá, las palmas del público emocionado y sus canciones eternas, "Mamá vieja", "Zamba de mi esperanza", "Y no es que me arrepienta", "Andate", "Ódiame", "Mis Harapos", "Veneno", "Merceditas", entre muchas otras.

La última canción del recital, dedicada a Colombia, la cantaron bajando del escenario, caminando juntos con guitarras empuñadas mientras recorrían las filas de gente sentada, emocionada y expectante por ver de cerca y poder tocar a los dos cantantes argentinos.

Al finalizar, cuando el telón se cerró y las luces se apagaron, Los hermanos Aristizábal, María Victoria, Javier y Juan Esteban, se atrevieron a agolparse en la entrada de los camerinos como los más fanáticos de todos, para poder fotografiarse con Víctor y con Abel Visconti, y lograr esa instantánea para no olvidar.

En ese mismo escenario, en el Teatro Pablo Tobón Uribe, también pudieron ver al gran grupo de música colombiana y serenata andina El Dueto de Antaño interpretar a todo pulmón esa canción himno de familia, "Pañuelito blanco", original del pianista, director y compositor argentino Osvaldo Pugliese.

> *"El pañuelito blanco*
> *Que te ofrecí,*
> *Bordado con mi pelo,*
> *Fue para ti;*
> *Lo has despreciado*
> *Y en llanto empapado*
> *Lo tengo ante mí".*

La música para los hermanos continuó, y ahora incluso el mismo Juan Esteban se atrevía a salirse del molde, de la alineación familiar, para juntarse a ensayar en su casa con Mauricio Mejía, un amigo de cuarto grado. Juntos hacían canciones y jugaban a simular ser gauchos argentinos. Mientras las niñas del colegio escuchaban Menudo y Luis Miguel, Juan y su amigo de curso solo escuchaban música argentina vieja.

Doña Alicia, su madre, y su tía Pastora diseñaban en sus máquinas de coser los trajes blancos a la medida, con pantalones bombachos, botas de tacón, pañoleta roja, sombrero, y toda la película montada simulando ser de esa tierra hermosa de América del Sur, con mezcla gaucha de indio con español, con voz y piel morocha, y todo eso conjugado con un andar de no ser de acá. Mauricio y Juan Esteban crearon su primer dúo gaucho, con el que también empezaron a protagonizar algunas jornadas inolvidables en el colegio que permitían que la música sonara.

Cantaban "Mamá vieja" y ponían a lagrimear a todos los profesores. Juan tomaba el micrófono, mientras los dos atacaban las guitarras con experiencia. No había nervios, ni penas, ni errores. Los estudiantes aplaudían, de pie, y ellos en una venia agradecida y sonriente terminaban su presentación. Eso sí, cuando Juan Esteban bajaba del escenario, se quitaba su traje valiente de gaucho cantor y bohemio y entraba de nuevo en el plano estudiantil; brillaban la timidez, el silencio y la poca participación, algo así como un superhéroe que esconde sus poderes detrás de una madera vieja con seis cuerdas tensadas, y al despojarse de ella, vuelve a ser un mortal más.

Por lo pronto, la timidez no habitaba en la casa de esta familia musical, no había silencio, siempre sonaba algo, arriba, abajo, en el fondo o en el frente de la casa. La transitada Avenida Argentina con los claxon a punto de estallar parecía una sinfonía inconclusa al desespero. Los motores, los frenazos y los gritos de vendedores ambulantes se acompasaban con lo que sucedía adentro de la casa desde muy temprano en la mañana. La olla a presión pitando los frijoles del almuerzo, el aceite hirviendo recibiendo papas, tajadas de maduro y tocino carnudo. El loro Roberto silbando melodías conocidas y gritando groserías no permitidas, don Javier, cantando y silbando sus canciones preferidas de la vida. Los encuentros luego del colegio seguían siendo una obligada rutina para reunirse con guitarras en mano en la sala del sofá terracota con flores disímiles.

Canciones, punteos, rasgueos, voces afinadas y desafinadas. Alicia y Adiela conversaban en una de las habitaciones, mientras cosían con la ruidosa máquina de doble aguja y remendaban pantalones entre susurros e historias. El radio de Ana Pérez en la cocina nunca se lograba sintonizar bien, los boleros se adueñaban de esos pequeños parlantes que se amplificaban como un delay lejano por toda la casa, mientras ella, con un cariño desbordado por sus hijos adoptivos, iba de habitación en habitación ofreciendo su diligencia y laboriosidad: "¿Quiere comer ya, mijo?¿Quiere sopa o seco? Ya se lo traigo, mijito". Mientras, los gritos frente al televisor pedían el antojo, "Anaaaaaaaa, las papassssss", gritaba el más pequeñito de la casa, sentado en un sillón, descalzo y sin quitar los ojos de las caricaturas televisadas, pidiendo papas fritas con salsa roja para acompañar el momento de ocio luego de estudiar y tocar la guitarra.

"Llegó el mercadooooooo", gritaba don Javier desde la puerta de la casa, mientras todos corrían a ayudarle a entrar las cajas, los costales y hasta las golosinas que se repartirían entre peleas infantiles. Todo sonaba en esta casa, las guitarras nunca estuvieron en silencio, ni solitarias ni olvidadas. Pero al final, en la noche, cuando todos los hijos se arrodillaban con los codos apoyados en la cama para rezar y luego apagaban la luz y se metían entre sábanas y cobijas, solo quedaba un eco que transitaba con sigilo cada espacio, cada habitación que se abrazaba a la otra cuando todos dormían, cuando todos soñaban lo mismo.

CAMINANDO TRAS EL SUEÑO

Juan Esteban, con doce años, encontraba el camino de una vida que quería recorrer; el colegio en el que estudiaba, el Instituto Jorge Robledo, y algunos compañeros con los que compartía, enrutaban en gran medida su destino. En su habitación la guitarra siempre estaba dispuesta, no había un día en que no se tocara, y en la parte de atrás de los cuadernos del colegio, escribía historias, letras que quería volver canciones.

Todo eso lo conjugaba con las múltiples opciones de aprender a hacer música, con sus hermanos, con los discos que empezó a escuchar, con su intimidad tratando de sacar canciones y perfeccionando solos, e incluso con clases de guitarra posteriores que compartió con dos amigos del colegio, Andrés Cock y Mauricio Mejía. Al llegar a las clases, en una casa vieja cerca del Parque de San Antonio, por la calle Bomboná en Medellín, el profesor sentó a los tres estudiantes, se presentó, y como ya sabía de las habilidades de Juan y de sus hermanos, le pidió que sacara y afinara las tres guitarras.

"Bueno, Juan Esteban, ¿usted conoce esta canción?", le dijo el profesor con camisa a cuadros, pantalón café oscuro y zapatillas, mientras le daba play a una vieja grabadora que reposaba sobre un archivador.

Empezaron a sonar unas cuerdas andinas, con varias guitarras interpretando la misma melodía al unísono.

"Panameña panameña
Panameña vida mía
Yo quiero que tú me lleves
Al tambor de la alegría".

Sonaba "El tambor de la alegría" en la versión
de Los Chalchaleros desde Argentina, de su disco
A Latinoamérica del año 1961.

"Sí, sí señor, yo ya la he tocado", respondió. "Listo, entonces muéstreles esas notas del inicio a ellos y cómo se tocan y ahorita yo vengo para ver cómo les queda", afirmó el maestro.

Y así fue, Juanes terminó siendo el profesor de esa clase a la que volvieron algunas veces más y luego desistieron para encerrarse juntos a ensayar otras canciones y tratar de imitarlas lo mejor que pudieran.

Fue justamente con su amigo Mauricio Mejía con quien puliría esa manera rudimentaria de estudiar, ensayar y hacer música. Como un ritual deportivo, como un atleta exigiendo su cuerpo a diario en las mañanas para llegar a la meta en el menor tiempo, Juan y Mauricio, al salir de clases en el Instituto Jorge Robledo, tomaban acelerados el bus y se iban a aprovechar el tiempo haciendo música; llegaban a la casa de Juanes, y al entrar siempre estaba doña Alicia; los saludaba a ambos con un beso, y ellos, sin descargar las maletas, corrían hacia la parte de atrás de la gigantesca casa, pasaban por las habitaciones, la cocina y el patio trasero; la lora de la casa les silbaba y les parloteaba algún insulto, y ellos, en medio de risas, seguían corriendo hacia el cuarto de Juanes; ambos tomaban las guitarras y empezaban a tocar; el uno punteaba, el otro hacía armonía y cantaba. Horas encerrados perfeccionando notas, formas de tocar y aprendizaje mutuo. Ese ritual de imitar canciones, sacarlas a oído y ensayar día a día después del colegio se convirtió en un dúo que nunca tuvo nombre pero sí una canción que creó Juan Esteban con su hermano Javier.

El ritmo era una chacarera argentina con algo de Zamba, con toda la influencia de música vieja que ambos escuchaban en la casa.

"Recuerdo cuando las olas te besaban
y tu cara de niña hermosa las esquivaba...".

Ese fue el primer fragmento de la primera letra con música que salió de las ganas animales de Juanes por escribir canciones. Unos lo llaman suerte y otros simplemente entienden que a algunas personas los ilumina una estrella para convertirse con el tiempo en una de ellas.

Pero faltaba algo; esa alma aún con inocencia, con sueños de ambición y con rasgos profundos de timidez en la mirada, cambiaba cuando agarraba una guitarra o asistía a un concierto, expulsaba todo lo demás y salían bocanadas de fuego rugiendo desde dentro, pero faltaba algo que él mismo iba a encontrar.

LA LLEGADA DEL ROCK

Los sueños de uno de los integrantes de la familia empezaron a atravesar esas viejas paredes de tapia, a caminar deambulando de noche, sin temor, por muchas partes del mundo para regresar en la mañana con la influencia, la cadencia y la energía de un ritmo musical foráneo que pintó los días adolescentes de Juan Esteban de distorsión, rebeldía y cabellos largos.

El Instituto Jorge Robledo le abrió los ojos y el mundo a muchos de sus estudiantes, o bueno, no propiamente el colegio, pero sí su ambiente, su energía juvenil, sus libertades, sus ganas de salir afuera y explorar lo diferente, las oportunidades que estaban más allá de los salones de clases y de los hogares familiares. Y justo ahí, en el medio, entre la exploración, el miedo, las ganas, la curiosidad y las reglas, estaba Juan Esteban, ese muchacho acarrazado a su guitarra, embelesado en su sonido, su textura y sus infinitas posibilidades desde ese nueva energía que había llegado a su vida, el rock.

En los recreos del colegio, cuando los cuadernos metidos en la mochila y apilados en el pupitre quedaban estáticos, todos los amigos se sentaban en el patio a hablar de rock, y él no entendía nada, se quedaba en silencio, con los ojos bien abiertos y aferrado a su guitarra de palo, con las canciones de Los Visconti, Los Chalchaleros y Gardel en la cabeza. Su universo sonaba diferente, entre el tango, el bolero, el candombe, la ranchera y todas esas canciones que se escuchaban en su casa. Pero desde ese momento, empezó a conocer nombres como Kiss y Mötley Crüe; de hecho, su amigo Felipe le prestó algunos casetes de estas bandas. Toda una epifanía extrema y reveladora.

Los días continuaron con la curiosidad de ese visitante extraño en un país tropical. A sus manos llegó el primer álbum completo de metal, *Sabotage* de Black Sabbath, el sexto disco de esta banda británica de heavy metal liderada por Ozzy Osbourne, y apareció gracias a Carlos, el primer novio de María Victoria, que se lo llevó a casa de regalo luego de uno de sus viajes a Estados Unidos. Esa primera melodía rockera, esa sorpresa sonora, fue inmediata. De ahí en adelante todo fue un éxtasis por conocer más, por saber cuál sería su banda preferida, por entender cómo funcionaban las guitarras, las distorsiones, la pinta y todo ese universo que se abría a sus pies y a su cabeza mientras en su casa seguía sonando la misma música con la que creció.

AC/DC, Rush, Yes, Bruce Springsteen, Kraken, Kiss, Metallica, Kreator, todos sus amigos hablaban de estas bandas. Federico López, Mauricio Mejía, Kaloma, Felipe Martínez, Memo Arias, Andrés Cock, y él no podía creer de todo lo que se había perdido tanto tiempo.

Y para terminar de dibujar la arquitectura de la llegada del metal y del rock duro a la vida de Juan Esteban, una noche, a las 10, cuando todos descansaban en su casa, él sigilosamente se levantó, se subió a la camioneta de su padre y desenfundó un disco que le habían prestado para seguir explorando ese nuevo mundo ensordecedor y extremo. El *Reign in Blood* de Slayer del 7 de octubre de 1986 se posó frente al pasacintas del carro, y él, emocionado y ansioso, cerró las ventanas con sigilo y subió el volumen al máximo para disfrutar de esas diez canciones en la soledad de una camioneta en un garaje, mientras los demás dormían. No lo podía creer, esa potencia, esa rapidez, esa dureza, no entendía cómo los integrantes de Slayer hacían esa música. Desde esa noche, su cabeza no funcionó igual, fue un estallido veloz y eterno en su corteza cerebral, en su encéfalo, en sus fibras nerviosas y en los hemisferios, que guardaron ese sonido para siempre.

En Medellín, el punk y el metal se habían convertido no en el sonido de moda, sino en la música necesaria para hacer catarsis a la violencia. En ese, el colegio de Juan, muchos ahora empezaban a dejar crecerse el pelo y a escuchar una estridencia maravillosa con golpes de batería como la guerra, con voces viscerales ahogadas por la rabia y el dolor, y guitarras que como afiladas cuchillas apuñalaban cualquier vestigio de indiferencia. El niño que los profesores habían visto creciendo al lado de una guitarra en forma de tango, bolero y ranchera, ahora empezaba a dejar crecer su pelo, vestía de negro al salir de clases, tenía botas al estilo vaquero y sus orejas eran adornadas con un par de aretes.

La habitación que compartía con su hermano Jaime, ahora estaba forrada de algunos afiches de esas bandas que había conocido y que se convertían en banda sonora permanente en sus audífonos. Al abrir sus ojos lo primero que veía era a Metallica pegada en la pared frente a su cama, un afiche que decía Garage Days, Metallica, y cuatro tipos con espesa melena sonriendo y disparando con sus instrumentos a la cámara; era su manera de decir buenos días, adelante Juan, es momento de enfrentar el mundo. En las otras paredes de la habitación compartida, Kreator, Slayer y más agrupaciones de rock duro engalaban esas paredes que antes estaban limpias, inocentes, y solo percibían el eco de la música vieja de sus papás.

Llegó el rock a su vida y a la de su familia.

—Alicia, no lo molestes, déjalo que él se aburre y ya se corta el pelo y se quita las aretas.

—No, mijo, ese muchacho se nos está descarrilando. Hoy encontré una de esas aretas que él se pone en el baño y al inodoro fue a dar.

La vieja guitarra de madera comenzó a estorbar, su clóset se tornó en negro; las botas vaqueras dejaron de ser un adorno y salieron a recorrer el pavimento en busca de discos, conciertos y un nuevo instrumento, una nueva guitarra, pero en esa ocasión eléctrica, una guitarra que le brindara esa potencia que el nuevo rock que corría por sus venas le pedía.

Mientras eso pasaba, con algunos amigos cercanos al sonido rock, empezaron a ensayar nuevas canciones desconocidas para la familia, y como todo lo toleraban y lo acompañaban con cariño, fue el mismo Jose, su hermano, quien le ayudó a construir una ramada en el solar de la casa. Un espacio pequeño donde podía meter sus nuevos instrumentos, sus amigos de banda, y poder darles candela a esas canciones extrañas, ruidosas e inentendibles pero poderosas.

En ese pequeño espacio construyeron una batería rudimentaria con latas de galletas saltinas y radiografías de viejas fracturas. Además, amplificaban con micrófonos las guitarras haciendo un estruendo que ponía a vibrar la casa, y que llegaba hacia la casa de los demás vecinos, que estaban hartos con el nuevo hobbie del menor de los Aristizábal.

Ahí, en ese solar en el centro de Medellín, con instrumentos rudimentarios y con una fuerza de león hambriento, Juan Esteban recibió ese nuevo sonido que le cambió la vida y que logró construir al lado de sus nuevos amigos. Una nueva historia se escribía en forma de canción, el inicio de Ekhymosis se escribía con guitarrazos descontrolados en una ramada en el patio de su casa.

UN BAUTIZO DE ROCANROL

Uno de esos primeros hallazgos fue su primer concierto de rock, justo antes de cumplir quince años. Desde que se levantó, abrió los ojos, sobre sus paredes y el techo de su habitación, custodiados por sus bandas de rock y metal más queridas. Ese mismo día iría a ver a una de las bandas que en Medellín en la época de los ochenta estaba causando furor y una energía desbordante en una cantidad inimaginable de muchachos. Juanes, días antes, había tenido en sus manos un disco de 45 revoluciones de la banda colombiana Kraken, por un lado la canción "Escudo y espada", y por el otro, "Soy real". Cada una de esas canciones las escuchó hasta saberlas de memoria, y ahora, cerca de su casa, tendría un concierto de Kraken, donde se presentaría una de las figuras recordadas en la historia de su colegio, el guitarrista Hugo Restrepo, con cabello largo y guitarras afiladas; y además, el hombre que con los años se convertiría en la leyenda, el héroe y titán del rock latinoamericano, Elkin Ramírez.

Para ese primer concierto, Juanes, tres semanas antes, fotocopió los logos de algunas bandas, Judas Priest, Celtic Frost, Destruction, Venom; además, compró en el centro de la ciudad cuatro camisetas blancas, chinas, baratas y de mala calidad. Reteñía con lápiz los logos y luego ponía esa fotocopia encima de las camisetas ejerciéndole presión para que quedara el logo marcado en la tela blanca. Luego, con un pincel y pintura, empezaba a darles color a esos difíciles logos de bandas de metal.

El día del concierto se levantó muy ansioso, buscó la camiseta con el logo de Judas Priest, un par de botas, y salió caminando algunas cuadras cerca de su casa, en el centro de Medellín. Ese día pensaba, ¿qué sentirá Elkin en este momento? ¿Qué estará pensando? ¿Cómo se preparará?¿Tendrá susto? Para él era algo espiritual y fue un pensamiento que lo acompañó desde que abrió los ojos ese día de concierto.

Allí, en el complejo de una de las primeras edificaciones habitacionales de la ciudad de Medellín, en Las Torres de Bombóná, construido en 1974 por el arquitecto Eduardo Arango Arango, entre las calles Bombóná, Pichincha y las carreras Córdoba y Girardot, Juanes vería por primera vez en vivo una banda de rock, una banda de rock colombiana.

Llegó al lugar con algunos de sus amigos, Felipe Martínez y Kaloma. Por los pasillos ya se veían algunos rockeros tomando cerveza y esperando con ansiedad el concierto organizado de manera independiente por Kraken, esa banda que estaba en boca y oídos de muchos de los rockeros de la ciudad.

El ingreso al concierto fue emocionante, una cantidad considerable de muchachos haciendo fila, con camisetas rockeras, pelos sueltos, botas platineras y ganas de ver en vivo lo que fantaseaban en revistas o en lo poco que llegaba gracias a la televisión.

Fue en un pequeño lugar en los bajos de las torres de Bombóná, lugares que con los años se convirtieron en bares y pequeños teatrinos para el arte. Era un concierto para poca gente; Kraken contaba con pocas canciones, unas cuatro a lo sumo, entre ellas

las dos que Juanes se sabía de memoria, "Escudo y espada", "Soy real", y se sumaron "Nada ha cambiado aún" y "Todo hombre es una historia". Muchos se hicieron cerca del escenario, casi tocando los pies de los músicos; ahí estaba él, mirando con ojos de emoción cómo tocaban las guitarras, cómo Elkin era un frontman parecido al de los grupos gringos, con pelo en pecho y una actitud muy experimentada en el escenario; se aferraba al micrófono, cerraba los ojos, corría de un lado para el otro, ponía a cantar a los asistentes, se recostaba sobre la espalda de sus guitarristas y siempre tenía buenas e indicadas palabras para quienes lo escuchaban. Fue un lindo acercamiento al sonido en vivo del rock, fue su primera experiencia musical rockera como espectador, como otras que vendrían con Kraken. Fue el primer concierto, el primer encuentro con una influencia determinante en su vida como artista.

UNA LLUVIA DE PIEDRAS

Juanes se hizo fanático de Kraken, compraba sus discos, seguía sus canciones en radios independientes como Radio Disco ZH, una emisora importante en la difusión del rock. Y fue allí que escuchó la promoción, no ya de un concierto pequeño, sino de un gran concierto de Kraken, ahora en el templo del rock en la ciudad, el Teatro Al Aire Libre Carlos Vieco, un teatro en forma de media torta en la mitad de una montaña, en el Cerro Nutibara, donde queda ubicado el Pueblito Paisa, un atractivo turístico de las tradiciones antioqueñas.

Para este concierto que se realizaría el sábado 14 de marzo de 1987, Juanes organizó la misma camisa de Judas Priest que había pintado meses antes y se embarcó en otra aventura que cambiaría su visión de la música.

El montaje de este concierto fue impresionante para la época, una infraestructura con luces, buenos equipos, organización en la entrada, cámaras y logísticos dispuestos para la tarde noche de rock. Allí, además del concierto, Kraken grabaría el video de algunas de esas canciones que ya tenían en repertorio.

Allí estaba Juanes viviendo el concierto de una de las bandas de su vida, en un teatro al aire libre repleto de gente. La banda iba por la quinta canción, entre propias y covers de otros proyectos rockeros de la época; la gente vibraba, cantaba y saltaba. Elkin no paró de moverse de un lado a otro, vestía una camisilla azul oscura, un pantalón café, y tenía una manilla ancha de color blanco en su muñeca derecha; Ricardo Posada tenía una camiseta negra y una guitarra tipo Les Paul; por su parte, Hugo Restrepo, una camisilla roja y su guitarra tiplo flying b blanca con rayas rojas. Las canciones fluían, la gente cantaba y gritaba, los músicos lo disfrutaban. En un momento, Elkin cargó en brazos a Hugo y desde esa altura empezó a alentar al público con un solo en su guitarra virtuosa.

De repente, ocurrió lo que algunos integrantes de la banda y fanáticos temían, llegó una lluvia de piedras, envases y objetos contundentes dirigidos al escenario. El concierto se convirtió en una batalla campal. Kraken era una banda que tenía muchos contradictores de la escena punk y metal; las razones, injustificadas, un radicalismo absurdo que se extendió no solo a esta banda, sino a los diferentes gustos de muchos rockeros de la ciudad, pero con Kraken, sentían una rabia por considerarlos "los burgueses del rock". Muchos metaleros y punkeros planearon este ataque, reunieron las piedras, hasta tenían tanques repletos de gasolina para incendiar el escenario. Los contradictores esperaron este día para el ataque a la banda que odiaban. Por otra parte, a Kraken muchos los amaban, muchos se quedaron en el lugar esperando que todo se calmara; los integrantes de Kraken trataron de seguir a pesar de la arremetida, pero cuando vieron un hueco en el bombo de la batería y a varias personas del público heridas, decidieron salir del escenario escoltados por la Policía y dar el concierto por terminado para cuidar su integridad.

Y justo todo lo que pasó en estos actos musicales revolucionarios desde una ciudad en un conflicto interno y un amor esperanzador por la música, justo todo lo que pasó gracias a esa banda, gracias a ese titán que ahora por cosas de la vida ya no está, fue inspiración, fue el primer aliento musical que recibió gracias al bautizo de rock.

Además del primer concierto de rock, en vivo y en directo, Juan Esteban empezó a coleccionar todo tipo de producciones y canciones en formato casete, tenía una maleta donde guardaba las canciones regrabadas en esas cintas de música vieja de su papá, su mamá y su tía. Black Sabbath, Slayer, Metallica, Sepultura y muchas otras bandas de metal y rock eran llevadas a todo lado, al colegio, a la finca, y hasta a los encuentros con sus amigos. En alguna oportunidad, en unas vacaciones de medio año, la familia entera salió rumbo a Carolina del Príncipe a vivir sus aventuras pueblerinas. La camioneta cargada hasta el techo arrancó desde el garaje de la casa, y cuando llevaba media cuadra de recorrido, todos vieron detrás de ella, corriendo y con la maleta de los casetes a Ana Pérez, la consentida de Juan.

"Ana, usted está loca, ¿qué hace corriendo por acá?", le preguntó don Javier. "Es que se le iba a quedar la música a Juanes", respondió agitada por la maratón detrás de la camioneta, mientras le pasaba la maleta musical por la ventanilla.

Sus búsquedas como rockero en un país tropical no tenían final. Otro de sus hallazgos fue encontrado por él mismo. Juan Esteban, ahora con quince años, al salir del colegio recorría las calles del centro de Medellín, Bolívar y San Juan, arterias fundamentales para el comercio paisa. Se lo pasaba de arriba para abajo desde meses atrás, con su mochila colgada en la espalda, y sus ojos enfocados en un solo objetivo, una motocicleta de trial; estaba enamorado, obsesionado con esa moto; la quería comprar como fuera, para eso había ahorrado de las mesadas y del dinero del descanso. Al final encontró a alguien que se la podía vender y todo estaba listo para la entrega, el día, la hora y la emoción.

Al llegar al lugar, las noticias no fueron buenas.

—No, hermano, ya no se la puedo vender, qué pena con usted.

—Pero ¿por qué? Yo acá tengo la plata lista, vea —le respondió el motociclista que no había montado una moto en su vida, mostrándole una bolsa con el dinero completo.

—No, es que ya no puedo, en serio, discúlpeme, hermano.

Y justo, con la desilusión en los ojos y el paso lento al caminar por la tristeza, tomó camino a su casa, y en el Paseo Bolívar, en Medellín, entre prenderías atiborradas de televisores, VHS, equipos de sonido, cadenas de oro, bicicletas, anillos y parlantes, vio la guitarra de sus sueños, no una de madera como las que tenía en su casa gracias a sus hermanos, sino una eléctrica de verdad, con la potencia de la distorsión, los micrófonos relucientes, y la vida del rock que veía en las revistas y en los librillos de los discos.

Todo, para encajar en esa actitud rock que vivía la ciudad y que poco a poco le llegaba gracias a los amigos del colegio y a esa fuerza inexplicable que empezó a recorrer sus venas, su cuerpo, y llegaba a sus ojos soñadores y musicales. El metal y el sonido extremo en la ciudad no eran una moda, sino una forma de transpirar lo que la misma ciudad emanaba en sus calles, en sus miedos e incertidumbres; el pequeño Juan, así deseara con todas sus fuerzas una motocicleta trial, también quería hacer parte de esto, de la efervescencia rockera de su ciudad.

Así que, luego de conocer ese lugar de la ciudad que tenía guitarras eléctricas, gradualmente, día a día, en soledad, se le veía a Juanes transitando las calles de Medellín, gastando sus suelas buscando algo que no sabía si encontraría, buscando algo incluso que no sabía si podría comprar, como cuando uno camina buscando un amor por las calles; de repente lo ve, pero sabe que es imposible o que quizá ese amor ya tiene dueño o no está a la altura, o simplemente se le ve pasar frente a la ventanilla y se aleja con el tránsito vehicular.

Y es que para esa lejana y clásica Medellín de los años ochenta, era difícil ver una guitarra eléctrica, ese era un objeto del futuro

muy raro para el pequeño pueblo paisa que hasta ahora empezaba a crecer. Las guitarras eléctricas eran contadas en la ciudad,
muchas eran cambalaches que circulaban de grupo en grupo,
de mano en mano, muchas de ellas eran hechizas, construidas
incluso con pedazos de pupitres escolares. Las guitarras que se
veían en la ciudad, exhibidas, eran las típicas guitarras criollas,
coloridas, construidas por la familia Arbeláez en el municipio
de Marinilla (Antioquia).

Fueron muchas las visitas a estas calles desordenadas de Medellín, para los músicos era un paso obligado, una suerte de ruleta
de la suerte al caminar, mirar y encontrar una guitarra, preguntar
por ella y darse cuenta de que era imposible de comprar, o que
las que se podían obtener eran maquilladas y de mala calidad.

Juan, sin embargo, con sus ahorros destinados a la moto en
los bolsillos seguía soñando con encontrar ahora su guitarra. Su
cuerpo, esa bolsa de piel de 55 kilos de ilusiones, sangre, disciplina y sueños, caminó entre vendedores ambulantes, prostitu-
tas y otros soñadores rocanroleros que alucinaban cuando veían
una guitarra eléctrica de verdad. Todo esto pasaba ahí, en la Calle
Bolívar, ese sector repleto de prenderías y almacenes dedicados
al sonido, también a la mecánica automotriz. En esa zona, en el
pasaje electrónico había una prendería que usualmente recibía
guitarras eléctricas, y allí, en ese pequeño local atiborrado de
todo tipo de baratijas y accesorios insignificantes para unos y
valiosos para otros, Juan encontraría el elixir de la vida traduci-
do a una madera de 13 libras, con seis cuerdas de acero, circuitos
eléctricos, potenciómetros y el sonido de la felicidad.

UNA GUITARRA
POR EL ESTILO DE CACOPHONY

Los años ochenta marcaron una brillantísima época para el metal en el mundo, incluso para bandas que llegaron, que dieron un paso corto y se esfumaron como el viento en medio de la fría noche. Eso sucedió con Cacophony, una banda gringa que solo estuvo activa tres años, pero dejó un recuerdo imborrable en el corazón de acero de muchos metaleros. Ellos tenían una atención especial en el speed metal y una atención preponderante en las guitarras virtuosas y aceleradas. Jason Becker y Marty Friedman fueron los responsables de darles vida e ilusión a sus canciones, y que esas mismas melodías llegaran a los oídos de algunos jovencitos gomosos en un país suramericano, en una ciudad compleja reseñada por la guerra.

Jason era considerado uno de los guitarristas más virtuosos dentro del heavy metal y Marty tenía toda la experiencia compositiva y arreglística con su anterior banda, Hawaii; juntos eran indestructibles; sus canciones contenían una atmósfera de guerra campal que llevaba a todos los que las escuchaban a tomar valentía para enfrentar la vida y sus vicisitudes.

Sus guitarras eran recordadas por miles de metaleros en todo el mundo, no solo su sonido, sino esas dos bellas guitarras, las Hurricane blanca y negra que engalanaron la portada del disco *Speed Metal Symphony*. Y como si la vida estuviera dictando una sentencia, como cuando suena duro el mazo de un juez en películas gringas, Juanes miró a través de la vitrina y encontró la misma guitarra que Marty Friedman tenía en sus manos en aquella portada.

No lo podía creer, le sudaron las manos, escuchó a su corazón galopando en sus oídos, y su única reacción fue acercarse más a la vitrina para cerciorarse de la marca, el estado, el color. Era negra, muy brillante, se notaba que había llegado hace pocos días a la tienda y la habían limpiado con cuidado; en la cabeza tenía unas líneas rojas y amarillas, al lado de la marca. No había duda, era esa la guitarra, la había visto tantas veces en ese disco metalero que no tenía ninguna duda.

—¿Señor, cuánto vale esa guitarra negra? —preguntó tímido Juanes, con labios trémulos detrás del vidrio que estaba empotrado a la pared y que sostenía radios, cadenas de oro, una licuadora y un betamax.

—¿Qué dice? —Respondió el señor acercando su oreja al vidrio templado. Afuera, el pregón de ventas no lo dejaba escuchar.

—Que si me puede decir cuánto vale esa guitarra negra —le repitió.

—Uyy, esa guitarra, espéreme que llegó apenas ayer.

Se retiró del mostrador y la bajó del anclaje al que estaba atada, la volteó y buscó alguna marca adherida con cinta que le mostrara el valor.

—Esa guitarrita es importada, muy buena, tiene un sonido muyy bueno y es para rockeros, vale 95.000 pesos.

—¿Y viene con estuche? —respondió de inmediato.

—Sí, con este, espéreme.

El vendedor dejó el mostrador por un momento y se internó en un pequeño cuarto que, además de tener un sanitario y un lavamanos, tenía varias estanterías repletas de cajas, bolsas y otros artículos que no le cabían en el mostrador principal.

Salió de allí con un estuche duro, un poco gastado y pelado, pero al parecer muy resistente. Sin lugar a dudas, protegería la guitarra que Juan Esteban había visto tantas veces.

—Este no es de esta guitarra, pero se lo podría dar para que la cuide bastante, es duro, muy bueno.

Ante eso, Juan no respondió nada, solo se quedó mirando el color negro brillante de la guitarra; con sus ojos de arriba a abajo y de derecha a izquierda repasó la tensión de las seis cuerdas de la guitarra, MI, LA, RE, SOL, SI, MI; luego, MI, SI, SOL, RE, LA, MI. Ya estaba fantaseando con el sonido, con la pinta que tendría para tocarla.

Al ver el silencio del muchacho, el vendedor dejó el estuche sobre una mesa y siguió con su trabajo; tal vez pensaba que solo era un capricho adolescente, pues en repetidas ocasiones ya el muchacho había pasado por el mismo local haciendo las mismas preguntas: "¿Señor, tiene guitarras eléctricas?", pero la compra nunca se había hecho realidad, quizá el muchacho no tenía el dinero para comprar esa guitarra. Sin mirarlo, se puso los anteojos y siguió con sus labores, observar un anillo de oro, y luego, ajustar la antena de un pequeño televisor para seguir mirando un programa de la cadena local.

De repente, Juanes cruzó la maleta hacia su pecho, esculcó lo que tenía, y dentro de la misma maleta, en la bolsa plástica, empezó a contar algunos billetes, sin que el vendedor lo viera. Luego sacó los billetes y los puso sobre la estantería de vidrio; los anteojos del dueño de la prendería se deslizaron por el tabique hasta la punta de la nariz; los ojos miraron por encima de los lentes, y el muchacho, sin revisar la guitarra, pagó su sueño con billetes recogidos en el colegio con largas jornadas sin comer en los recreos, sumados a los ahorros de mesadas de los fines de semana.

Cuando abrieron el cristal de la vitrina para pasarle su guitarra, sus ojos solo se fijaron en la cabeza del instrumento, en la marca de esa nueva compañera que lo acompañaría: Hurricane, Stratocaster by Morris, y sí que fue un huracán todo lo que sucedió en ese momento mágico e inolvidable, los pies cansados por buscar su sueño entre calles, el ruido de los autos, el cántico de los pregoneros ambulantes vendiendo todo tipo de cosas en las aceras, el ruido de las máquinas de los talleres de mecánica de esa congestionada Calle Bolívar, la falta de credibilidad del vendedor, los billetes de días de ahorros esparcidos en una maleta estudiantil, las manos sudorosas, el corazón en bradicardia, y, por fin, tenerla en las manos.

Así son las cosas de la vida. Caminó detrás de una motocicleta y terminó con una guitarra que rugiría más fuerte que el motor de dos tiempos. A pesar de la emoción había una realidad, Juan nunca había tocado una guitarra eléctrica, no sabía cómo funcionaban los botones, los potenciómetros, y menos, agarrar el pick para hacerla sonar, pues toda la vida tocó con los dedos esa música popular con la que creció. Pero nada importaba, todo era felicidad.

Y fue así como Juanes tuvo su primera guitarra eléctrica, la misma guitarra que había visto en la portada del disco de Cacophony, una Morris Hurricane Stella, construida en Japón en los años ochenta por Moridaira, muy pesada, con algunos defectos de sonido pues amplificaba feedbacks de manera natural.

Ese regreso a casa con la guitarra en la espalda, saludando al sol con la sonrisa plena y la satisfacción brillando en sus pupilas, se convirtió en un hermoso recuerdo que nos engaña, que nos hace devolvernos a los gloriosos y temidos años ochenta, pero en realidad el recuerdo de "hace mucho" es una mentira, es un abrir y cerrar de ojos, como pasa con el recuerdo de los padres que ven minuto a minuto crecer a sus hijos. Ese flashback dura un momento y es inolvidable; por eso, esas caminatas por el centro de Medellín buscando un anhelo para ese muchacho que pronto llegará a los 1.577.836.800 segundos de vida y que no para de recitar como un mantra, "Esto apenas comienza..." ocurrieron hace unas horas, de hecho hace unos minutos. Sentimos que tocamos el tiempo con las dos manos, y el tiempo se desvanece en un parpadear.

Pero para completar esa imagen del joven con alma de diamante y rocanrol, ese muchacho con la meta en las pupilas y con ese sueño sonoro que le atraviesa la carne, seguía faltando un elemento con el cual poner a sonar esa guitarra, faltaba el amplificador, el resonador, el potenciador de distorsiones y algarabía. Así que lo consiguió de la misma manera que la guitarra, caminando, preguntando, alucinando con equipos incomprables. Esta vez llegó a un almacén de música ubicado cerca del Hotel Nutibara, un representativo estandarte arquitectónico de la Medellín de los años cuarenta. El nombre del pequeño local era Musicalia, atendido por don Jorge, un señor un tanto malhumorado y poco paciente.

Este lugar, en el pasado se llamó Música Linda y era de un argentino de nombre Roberto Rey, quien, además de vendedor de instrumentos, tenía un estudio de grabación en el sótano. Juanes frecuentaba este lugar, curioseando y mirando cómo podía adquirir un buen equipo. Y fue allí donde consiguió la potencia ruda que necesitaba para poner a tronar su guitarra: se trató un amplificador Crate de 40 vatios que sonaba con ímpetu y que se convirtió, además, en el amplificador de conciertos de muchas otras bandas de la época.

Con esa misma guitarra y ese poderoso amplificador, Juanes empezó su travesía soñada creyendo ser un rockstar en la intimidad frente al espejo, con suspiros hidráulicos de felicidad y la comisura de los labios extendida. La guitarra también trajinó en festivales subterráneos, garajes, fincas, para convertirse poco a poco en esa primera herramienta de creación y en el recuerdo de su primer instrumento a disposición para el rock.

Otra de las guitarras que ayudó a que sus canciones tomaran vida fue una Yamaha RGX blanca con humbucker, micrófono sencillo y de color negro y puente flotante. Esta ya era nueva, importada por Amadeus Musical Instrumentos en su primera oficina en Medellín, en la Avenida Oriental, una de las calles importantes en la historia de la ciudad, avenida que, como escribió Héctor Abad Faciolince en *Angosta*; uno de sus libros, "La Oriental fue como una 'cuchillada' que partió en dos el corazón del Centro de Medellín". La guitarra valió 180 mil pesos y fue una compañía de muchos años para Juanes, hasta la mitad de los años noventa. Esta guitarra sufrió cambios en su parte eléctrica, también le reemplazaron los micrófonos y fue modificada por él en varias oportunidades, primero con algunas calcomanias, una calavera entre los micrófonos y un sello que decía "Drogas X" en la parte inferior, también una calcomanía verde que se empezó a borrar por tanto pajueleo al tocarla.

Del paradero de la primera guitarra de Juanes, la Hurricane, nadie sabe nada, la memoria y el paso de los días borraron su imagen, su historia y su destino, pero justamente esa guitarra sería el inicio de todo.

EKHYMOSIS, UNA HISTORIA ESCRITA SOBRE EL AGUA

La guitarra sonaba mal, su parte física estaba intacta, brillaba como una obsidiana; además, era un privilegio tener el mismo instrumento que interpretaba Marty Friedman con virtuosismo. Al conectarle el cable al amplificador empezó un ruido insoportable, un feedback que solo terminaba cuando se tocaban las cuerdas. Eso significaba que para que no sonara ese estruendoso ruido, la guitarra siempre tenía que estar en ejecución, no podía haber ni un segundo en silencio porque empezaba el chillido agudo y molesto. Algo estaba mal, quizá sus circuitos eléctricos, quizá sus pastillas amplificadoras o algún cable con mal contacto.

A Juan Esteban le hablaron de un muchacho de su edad que arreglaba algunas guitarras y además las tocaba muy bien, era Andrés García. Ese mismo día tomó un bus, el Circular Coonatra, en la Avenida El Palo; recorrió calles y avenidas representativas como San Juan, La 33, hasta llegar a la zona del Cerro Nutibara, uno de los cerros tutelares de la ciudad de Medellín. Allí caminó hasta llegar a la casa de Andrés García, y además de encontrarse con él, se encontró con una guitarra que él había construido rudimentariamente, una guitarra que tenía una característica particular, estar llena de clavos oxidados por todo lado.

Entre los dos revisaron y destaparon la tapa frontal de la guitarra de Juanes y revisaron el circuito eléctrico, soldaron un punto, dos, y los cables ahora estaban listos. Conectaron la guitarra al amplificador y el ruido había desaparecido, los dos se miraron, rieron; Juan le agradeció con un abrazo a Andrés, y, como una forma de celebración, Andrés le enseñó algunas canciones y diversos trucos, pues Juan Esteban nunca había tocado una distinta a su clásica guitarra criolla. Los dos tocaron la que ahora parecía nueva.

A los días, la reunión se repitió; ambos tenían ideas y bandas a las que amar; algunas cosas los distanciaban, pero tenían una sensación en común, tocar juntos y quizá armar una banda. Fue así como poco a poco les dieron orden y energía a algunas canciones de bandas que juntos seguían, pero para eso necesitaban a otros músicos, para considerarse una banda de verdad, y fue ahí que empezaron la búsqueda de amigos musicales. Así fue que llegaron Esteban Mora y Alex Oquendo para completar la nómina de esa primera formación de la banda que aún no tenía nombre. Esteban tocaba con una batería rudimentaria; Andy y Juanes siguieron enraizados en las guitarras, y Alex, un enérgico muchacho con una voz gutural prodigiosa, se encargó de la voz.

Juan era muy tímido, el protagonismo se lo llevaban sus dedos ágiles y rocanroleros, y su voz ni se atrevía a aparecer.

Pero faltaba algo para el primer concierto y para considerarse una banda de verdad, el nombre, porque dicen por ahí que lo que no se nombra no existe. Así que se reunieron a buscar formas de llamarse. Tuvieron algunas opciones, nombres raros como El Martillo de la Bruja, Kayser, Belfegor, entre otros, muy influenciados por la oscuridad del black metal de la época, pero nada los convencía, hasta que Esteban Mora tomó algunos libros de la biblioteca de su casa para ver qué se le atravesaba, y en un libro de medicina apareció la palabra Equimosis, que en la terminología clínica significa moretón, así de simple. Les gustó, lo dibujaron en un papel con la estética propia del black metal, casi inentendible, y ahí empezó el tira y afloja entre los integrantes.

Al ver que la letra K era predominante en algunas bandas como el caso de "Kreator", decidieron cambiarlo a Ekhymosis, y fue con esa nueva identidad y esos nuevos integrantes que decidieron comenzar los ensayos para lo que sería el primer concierto, el debut de ese sueño de rock que nació gracias a una guitarra barata con el sistema eléctrico jodido.

Las primeras canciones de Ekhymosis llegaron gracias al director de cine Víctor Gaviria, recordado por películas como *La vendedora de rosas* y *Rodrigo D No futuro*, esta última, una cinta cronista de la vida del punk, metal y la violencia en los años 80 y 90 en Medellín. Gracias a esta realización cinematográfica, muchas agrupaciones tuvieron sus primeras grabaciones profesionales en estudio, y para Ekhymosis, la primera canción, "Niebla y Calor".

Luego vendría el primer EP de la banda, con dos canciones, "Desde arriba es diferente" y "Escrito sobre el agua". Así, la historia discográfica empezaba su propia ruta.

Juanes, en estos mismos planes musicales por la ciudad, con los amigos y en muchos conciertos, terminaba de tocar y bajaba del escenario y él mismo vendía su disco.

"Ey, parce, vení, comprame el disquito que con la compra de este podemos ahorrar para sacar el otro '¿sisas?'".

Así, Juanes y su banda construían una suerte de industria discográfica del Do It Yourself, hazlo tu mismo, una industria casera y autosostenible, que empezaba a fraguarse con poder en la mente creativa y valiente de un muchacho que solo soñaba con hacer música, y nada más.

UN CORAZÓN ROCK

La música en los años ochenta en Medellín fue una escapatoria necesaria para una cruda realidad social y violenta. Medellín entró en una epilepsia peligrosa, en un cataclismo emocional; la ciudad se sacudía a diario las esquirlas de los estallidos, la muerte, la inseguridad y el miedo al anochecer. Vivir en Medellín era una utopía, todos los habitantes de esta ciudad lo saben.

Justamente la música fue una hermosa escapatoria, una necesaria banda sonora para los jóvenes de la época. Ekhymosis hacía honor a esa intención sanadora y catártica de esquivar la muerte con música, de burlar las balas y el peligro con canciones. Desde mediados de los años sesenta, Medellín y Colombia recibieron las primeras pinceladas de la herencia rockera de Estados Unidos e Inglaterra; el rock llegó a una ciudad pequeña en desarrollo, y, como una olla a presión, estaba a punto de expulsar tantas cosas que sirvió como una válvula de escape para el dolor y el no futuro.

El año 1966 presenció la consolidación de uno de los primeros conciertos rock en Colombia, el Milo A go-go; este festival fue una iniciativa de la empresa Cicolac y se convirtió en el primer festival itinerante de rock; tuvo visitas a las ciudades de Cali, Bogotá y Medellín. No había que comprar un ticket para ingresar, solo llevar una etiqueta de la bebida para niños y jóvenes Milo, y ya estaba, a disfrutar la música. Muchos jóvenes corrieron a los supermercados a robar las cintas que rodeaban las latas que contenían esta bebida achocolatada que recibió el nombre Milo, en honor al atleta griego Milón de Crotona, quien, según la leyenda, poseía una fuerza descomunal.

Más adelante, en 1971, llegó a Medellín otro festival, el Woodstock colombiano, una versión criolla del mítico festival que cambió la historia del rock para siempre. Nuestro Woodstock fue el Festival de Ancón. Este festival fue un sueño de libertad hippie que convocó a las bandas del momento, y en una gran montaña, reunieron a cerca de doscientas mil personas en un sueño libertario de paz, rock y amor. Pero el sueño sonoro de Medellín apenas iniciaba.

El año 1985 fue crudo en todo sentido, 1.749 muertes violentas quedaron marcadas en los anaqueles de la memoria. Mientras la ciudad veía su sangre correr por el pavimento, el rock, el punk y el metal convertían esa realidad en distorsiones extremas, en crónicas reales y en gritos ahogados de dolor para darle forma al punk medallo y metal medallo, movimientos que, además de ser cronistas reales de la desesperanza, la desigualdad y el dolor, fueron presa de persecuciones violentas; por esa razón, ese llanto subterráneo era acompañado con guitarras lúgubres, voces como gritos de dolor, bajos encapsulados en el pavimento y baterías como marchas de guerra que buscaban espacios clandestinos para sonar sin ser perseguidos; a esos conciertos a escondidas se les llamó "las notas". Ese es el verdadero underground; por eso, el apellido subterráneo encajó también en la piel sonora de Medellín, que buscó garajes clandestinos y terrazas privadas para hacer propios conciertos con público privado y limitado.

Ese mismo año se llevó a cabo La Batalla de las Bandas, un encuentro de metal multitudinario en la Plaza de Toros de Medellín. Allí, el 23 de marzo de 1985, el metal, la arena, el sudor y la rabia flotaron por los aires y le pusieron a esta ciudad un apellido distorsionado.

Mientras eso sucedía, Juan Esteban, el más pequeño de los Aristizábal, recorría las calles del centro de Medellín viviendo el rock, su crudeza en las calles. Él veía en ese estilo de vida una atracción potente que le aceleraba el corazón. Los cabellos largos, la pinta, la actitud.

Pero esos buenos años de sonidos extremos, como esa instantánea fotográfica de La Batalla de las Bandas también cambiarían y mutarían a ser recuerdo de días inolvidables para esos demenciales chicos acelerados. Por su parte, 1988 traería más desesperanza y más miedo para la ciudad, 3,603 asesinatos conducían poco a poco y a punta de fuego y dolor, a que Medellín, ese valle con olor a flores, se convirtiera en la ciudad más violenta del mundo. Pero fue en ese año, 1988, mientras en la radio sonaban grandes éxitos de George Michael, INXS, George Harrison, Michael Jackson, cuando se publicaron discos como el *South Of Heaven* de Slayer, y el *... And Justice for All* de Metallica, el *So Far, so good... So what* de Megadeth, y U2 recibía el Grammy al disco del año por *The Joshua Tree*, mientras todo eso pasaba, en Medellín había un batallón de jovencitos haciendo música y queriendo tragarse el mundo con distorsiones hechizas, guitarras baratas, baterías construidas con retazos de elementos de construcción y sueños por las nubes; uno de ellos, Juan Esteban Aristizábal.

LOS ENSAYOS

Los primeros ensayos no tenían un lugar definido, algunos eran en una cancha de squash en una unidad residencial llamada Sorrento, en el occidente de Medellín; algunos en La Aguacatala, al sur; otros, en una bodega gigante para proyectos de arquitectura que Javier, el hermano de Juanes, les prestaba en algunas ocasiones; otros, en el barrio Laureles, en la casa de los abuelos de Esteban Mora; también, en en la azotea y en el cuarto de ropas del edificio Bancoquia, en el centro, donde vivía Juanes; allí les tocaba bajar mucho el volúmen, y además, insonorizar la batería con toallas; y años más adelante, en una oficina en el barrio Manila, en El Poblado.

Eran músicos itinerantes deambulando por toda la ciudad; también en una temporada ensayaron en la casa de Luis Emilio, un veterano rockero de los años 70 que había acondicionado una habitación en su casa en el barrio La Castellana, en Medellín, y allí, por 500 pesos, alquilaba un cuarto de dos por tres metros, con amplificadores trajinados por el uso, una batería cuñada con una cama y un ventilador viejo y oxidado que no servía para nada. A los minutos de iniciar la música las paredes transpiraban y se hacía insoportable estar allí. Bandas como I.R.A, Masacre, Ekhymosis, Desadaptadoz, Dexkoncierto, Amén, Piroquinesis, Kraken, Neurastenia, Sargatanas, HP.HC, entre muchísimas otras, pasaron por este cuarto ruidoso y juvenil que se convirtió en una incubadora esencial para el sonido subterráneo del rock, punk y metal de Medellín en los años ochenta.

Pero el ensayadero más estable de la banda fue en el municipio de La Estrella, al sur de Medellín, en la finca de la familia de Esteban Mora, el baterista de Ekhymosis. El lugar que acondicionaron para ensayar era el garaje de la finca; el carro quedó a la intemperie, y ellos, a punta de cajas, icopor y otros elementos, armaron una insonorización que no funcionó, pero les permitía recrear los ensayaderos de otras bandas. La batería al fondo, los amplificadores en la mitad y a lado y lado una pared de icopor que con el tiempo y el ruido se fue volviendo ripio que les quedaba en el pelo y en la ropa.

A esta finca, todos, con instrumentos y hasta batería, iban en un Renault 6 de color blanco, pues entraban los cuatro integrantes de la banda, más tres amigas, más dos amigos y todos con la energía de una excursión rocanrolera a una finca que les cambió los días, no solo a ellos, sino a otras bandas que eran invitadas porque no tenían donde ensayar.

Ya en la finca, se compartían instrumentos y se distribuían los horarios de ensayo; mientras una banda tocaba, las otras practicaban frisbee, hacían sesiones de fotos o incluso otras actividades no tan lúdicas y divertidas, como el juego del desmayo. En corrillo, iban pasando de a uno para broncoaspirarse moviendo la cabeza de adelante hacia atrás; alguno de los risueños observadores le daba al conejillo de indias un golpe en la garganta, entre el músculo esternocleidomastoideo y el músculo tirohioideo; luego le presionaba el cuello hasta inducir el desmayo, y con ese golpe seco, gracioso, punzante, caía desmayado por unos segundos, mientras los demás reían a carcajadas esperando su turno.

Pero ya en el momento de ensayo, Ekhymosis se la tomaba en serio, casi hasta el punto de parecer un grupo teatral. Tenían un libreto que armaban imaginando cómo querían que la gente los viera, y así preparaban el guion musical para ensayarlo.

Lo hacían tal cual, como si fuera un concierto ante miles de personas, pero allí, solo tenían cuatro paredes vigilandolos y un batallón de rockeros afuera esperando su turno para ensayar.

Usualmente, por recomendación de su sonidista, arrancaban con una canción instrumental, luego unas palabras de bienvenida. "Buenas noches, nosotros somos Ekhymosis de Medellín, qué chimba, sóyensela".

Y arrancaban a tocar, cada dos canciones hablaban sobre la canción anterior y la siguiente y trataban de mover la cabeza, para generar energía y fuerza en escena.

Desde ese momento inicial, Juanes mostraba un liderazgo exigente, pedía esfuerzo, que se escuchara cada vez mejor, y exigía orden para que el tiempo rindiera. Si una canción no sonaba bien en el ensayo, no se tocaba en concierto.

En los ensayos, además de preparar sus canciones propias, se daban la licencia para montar algunas canciones de bandas famosas como Nirvana o Queen, y canciones como "Smells like Teen Spirit", "Stone Cold Crazy", y casi todo lo de Metallica.

Esas, otras, y otras más, desfilaron en esos encuentros ruidosos en el sur, en el norte, en el occidente, o donde les abrieran las puertas para ensayar.

Pero la magia de esos años que poco a poco se empiezan a olvidar, no solo se recuerda por el sonido, sino por los curiosos instrumentos musicales que existían en la Medellín de los años ochenta. Muchos de ellos eran una suerte de epifanía repetida por las revistas, los videos musicales y los anhelos de ser como los rockeros gringos o ingleses. Esos instrumentos rudimentarios eran algo así como los inventos y prodigios que los gitanos llevaron a Macondo gracias a Melquiades en *Cien años de soledad* de García Márquez.

Guitarras de palo roídas por la humedad, los golpes, engalladas con calcomanías o pintadas con aerosol barato, eran modificadas con circuitos eléctricos improvisados. Incluso, dentro de sus cajas de resonancia cabían las bocinas de los teléfonos públicos de la calle, los que conectaban y saturaban para generar un efecto parecido a la distorsión. Parlantes hechizos con restos de equipos de sonido familiares, se convertían en los amplificadores, y tener una batería sí que era una cosa exclusiva de los hijos de la alta sociedad, pero ese no era un limitante; los mezcladores de cemento en las construcciones civiles empezaron a desaparecer de las obras; las canecas, las tapas de ollas de cocina, los tambores de bandas de guerra, los cueros y las radiografías de fracturas de la familia fueron los insumos más recursivos para improvisar una batería real, y sí que funcionaba. Toda esta precariedad generó un sonido envidiado por los gringos, por los ingleses, y hasta por los noruegos que se dedicaban a hacer rock con instrumentos de verdad.

A pesar de eso, la batería de Ekhymosis era genuina y además envidiada por muchos músicos de Medellín. Los integrantes de la banda hicieron algunas colectas, ahorraron pesos y vendieron algunas cosas, y gracias a un viaje que Esteban tenía a Panamá, pudieron comprarla y traerla para sus nuevas travesías.

No cabía duda, los músicos de los ochenta en Medellín no tenían ni la menor idea de instrumentos, solo conocían las guitarras campesinas con las que los papás y los abuelos daban serenatas en medio de noches alicoradas.

Guitarras con cuerpos de mesa o "pupitre" de colegio, con pedazos de tablas con comején, hasta con forma de ataúd, empezaron a aparecer, y justo esta última fue una de las raras guitarras que pasaron por el sonido inicial de Ekhymosis. Andy era el dueño; era de color naranja y con forma de féretro; se la había regalado su abuelo y no era del todo funcional; de hecho, existía un plan para conseguir otra guitarra para Andy, y así, todos estar más preparados para conciertos y ensayos.

Andy fue el primero de la banda que se dejó crecer el pelo, y aunque se pareciera a Mafalda, la protagonista de la conocida tira cómica argentina creada por Quino, fue el primer peludo de Ekhymosis. El plan era concreto, pedirle a la abuela de Andy dinero a cambio de su pelo; ella no soportaba verlo así. Todos estaban emocionados con este cambio, con esta transa aprovechada, porque por fin contarían con una guitarra más para la banda, ochenta mil pesos por pedazos de pelo que sobrepasaban las orejas y que luego serían destinados para la compra de la guitarra.

Efectivamente Andy fue a la peluquería a cumplir con ese pacto capilar con su abuela; los demás integrantes de la banda quedaron ansiosos esperando a que Andy llegara con el dinero para ir a comprar la guitarra. Sin embargo, las cosas tomaron otro rumbo.

Andy llegó para reunirse con Juanes, Esteban y Alex; su cabeza y su pelo tenían el tradicional corte de caballero, y sus manos ancladas a la espalda ocultaban algo.

Al llegar todos rieron.

—¿Y la plata? —le dijeron al unísono.

—Hmmmm —respondió mientras subía los dos hombros a la vez y cerraba los labios.

Las risas nerviosas acompañaban el silencio de la sala.

—No, nada, miren lo que me compré —les dijo Andy mientras sacaba lo que ocultaba a sus espaldas. Era una viola, brillante y nuevísima.

—Boboooooo, hijueputaaaa ¿Qué hiciste? —le gritaron todos.

Y Andy, con su pelo por el estilo del de caballero, solo sonrió y les avisó que quería aprender a tocar viola y que se ausentaría de la banda. Todos entraron en shock.

Sin embargo, este fue solo un impulso momentáneo; a los días, la viola se vendió y compraron un bajo, y justo en ese momento Andy asumió el rol de bajista de la banda y entró en su reemplazo en la guitarra Jose Uribe. Alex también decidió salir y conformar su proyecto de metal: Masacre.

Y justo Ekhymosis con esta alineación empezó una correría inagotable de conciertos, canciones, peleas, fanáticos y metal por todo Medellín y otras ciudades de Colombia. En muchos lugares, en conciertos o en entrevistas, el nombre de la banda era una dificultad, los presentadores no lo sabían pronunciar y muchas veces cambiaban la identidad del grupo con nombres como Equinoccio o Esquismosis. Sin Alex, a Juanes le tocó asumir la voz de la banda, el liderazgo en conciertos y enfrentar una tarima con su timidez, su guitarra y un micrófono en frente.

Esta no fue la única formación de la banda; unos saldrían por un rendimiento no tan superior, y otros, por el desgaste natural y las búsquedas personales. En toda la historia de la banda pasarían aproximadamente diez integrantes, y al final, quedarían Jose Lopera en la batería, Andrés García en el bajo, Fernando Tobón en la guitarra y Juanes en la guitarra y la voz.

PRIMERA EXPLOSIÓN
DE METAL

Y sí que fue una explosión, pues sería el último gran año del metal underground en Medellín, representado en un concierto, en una época cruda, ruidosa, extrema, crítica y poderosamente creativa. El metal y el rock duro no se acabarían, por supuesto, pero la noche del sábado 19 de marzo de 1988 sería una de las fechas que terminaría por sellar indiscutiblemente la historia de Juanes. Ese punto rojo en el calendario colgado en la pared representaría el primer concierto que él ofrecería en público.

La ciudad estaba empapelada; postes, paredes, puertas, ventanas y cualquier muro limpio que no estuviera escoltado por la Policía eran víctimas de ser embadurnados con engrudo y revestidos con esa invitación que se convirtió en una cita obligada para los metaleros de la ciudad.

Era un concierto importante porque tendría a las bandas que sonaban con furor en el momento; una de ellas viajaba desde Bogotá y se convertía poco a poco en la banda más representativa de metal en el país; "tocan igual que Metallica", decían muchos cuando se referían a Darkness. Las otras bandas eran Ekrion, Amén, y, por supuesto, el sueño sonoro y juvenil de Juanes, Ekhymosis.

El afiche, impreso en papel periódico color beige y letra en tinta roja, anunciaba la primera explosión de metal; citaba a las personas en el Polideportivo Sur de Envigado, a 15 minutos de Medellín, el sábado 19 de marzo a las 6:30 p. m., con un valor de 400 pesos colombianos la boleta, dos dólares de la época. También, el afiche invitaba a la buena conducta a través de una frase final: "De su comportamiento depende que existamos y nos respeten"; esta fue una frase que empezó a mencionarse en la escena metalera en Medellín; no era un pedido institucional o gubernamental, era la construcción de una nueva escena musical: si no había buen comportamiento era posible que no se hicieran más conciertos, y lo que querían aquellos chicos acelerados era ruido, sonido, estridencia, distorsiones, música.

Los días anteriores a esa noche del 19 de marzo, Esteban Mora, Andy García, Alex Oquendo y Juanes, integrantes de Ekhymosis, se prepararon para tocar; ensayaron algunas veces las tres canciones que tenían preparadas, "Intimidad religiosa", "Niebla y calor", "Sangrienta muerte" y montaron una intro larga y rara, que tenía estética medieval. Tres canciones y una intro, y con eso se querían comer el mundo. A cada una de estas canciones le agregaron fragmentos instrumentales, para hacerlas más carnudas y largas y así enfrentar el concierto con más gallardía.

En los ensayos previos al concierto, definieron cómo se vestiría cada uno, y además, aferraron clavos oxidados a las correas de las guitarras, al mejor estilo *Show no Mercy* de Slayer. La banda aún no tenía bajista; sonarían dos guitarras, batería y voz, y para ellos, el ruido era eso, más que suficiente y satisfactorio.

EL PRIMER GRAN CONCIERTO DE JUANES

Juanes tenía dieciséis años, aún estaba en el colegio y soñaba con convertirse en el gran guitarrista de su banda de metal, de solo un mes de formación. Sus ídolos permanentes estaban enmarcados con cuidado en su habitación, Slayer, Kreator, Metallica, y esa noche, ese sueño de convertirse en lo que quería empezaba a hacerse realidad.

La cita era en un recinto deportivo al sur de Medellín, en Envigado; lo habían adecuado para recibir a miles de metaleros que se aferraban a las distorsiones para llevar su vida con felicidad en medio del caos oscuro que vivía la ciudad. Las graderías a lado y lado estaban dispuestas para recibir al público; el escenario al fondo era una mole de construcción que solo generaba temor entre los músicos; todos tenían miedo de caer desde esa altura exagerada de siete metros. Y es que la tarima no generaba mucha confianza, estaba sostenida por andamios de construcción y estibas de madera aferradas con alambre y clavos salidos. El sonido era precario, solo había dos luces, una blanca que perseguía al líder de la banda y una violeta que iluminaba desde un costado todo el escenario.

Juanes llegó con una guitarra colgada en su espalda; se la prestó Carlos Mario Pérez, a quien en la escena musical metalera le decían "La Bruja"; él, un gran pionero del ultra metal con su banda Parabellum, prestaba su guitarra para que muchos aprendieran a tocar; por eso, una generación de rockeros de la ciudad conoce la historia de este instrumento de forma angular, por el estilo de Flying V, una guitarra dividida entre color blanca y negra y de una marca japonesa llamada Maya. Juan vestía una camiseta blanca y sobre ella una chaqueta negra de cuero; hasta ahora su cabello empezaba a crecer, al igual que el de sus compañeros de banda.

Allí, en el polideportivo, no había camerino, ni refrigerio, ni una alta producción al servicio de los músicos o su sonido; el cuento en los años ochenta era otro, y sí que lo estaban viviendo al límite. El ingreso al lugar se vio abarrotado por un mar de melenas despeinadas por el exceso de rocanrol y botas platineras; había ansiedad por sentir el bombo de la batería pegar en el corazón y por ver las nuevas caras del metal colombiano.

La requisa para el ingreso no se hizo esperar, todos los asistentes debían recibir el aval para la entrada. No drogas, no armas, no objetos cortopunzantes. Quienes hacían esta labor no eran agentes logísticos, no eran productores del concierto, ni policías, era el Ejército Nacional, con decisiones arbitrarias como no dejar ingresar con botas platineras o "punta de acero" a los muchachos, y eso para la escena metalera era un crimen, pues símbolos importantes del metal en ese momento eran el pelo largo, las botas, las camisetas y los pantalones entubados, los que no cumplieran ese protocolo callejero eran simplemente "casposos". De hecho, por el accionar del Ejército, muchos metaleros tuvieron que llamar a sus padres para que les llevaran tenis para poder disfrutar del concierto.

Ya adentro todo eran nervios para los músicos, sobre todo para Juanes y su banda, pues Ekhymosis era la banda novel encargada de abrir el show. Más de dos mil corazones rocanroleros expectantes en las graderías, para presenciar el primer concierto de una banda que sería raíz musical de uno de los artistas más importantes del planeta.

Los fanáticos estaban repartidos en las graderías del lugar, pocos estaban en la cancha, cerca del escenario. Esteban, Alex, Andy y Juanes se ubicaron en la parte de atrás, esperando por su llamada. 7:15 p. m., solo oscuridad en el lugar, gritos y ansiedad traducida en sudor en las manos y vacío en la boca del estómago. Era el momento de tocar.

Los cuatro soñadores subieron asustados por escaleras improvisadas; al llegar a la cima de esos siete metros abrumadores no vieron a nadie; la gente estaba muy lejos y el lugar muy oscuro, solo se escuchaba la intermitencia de voces inentendibles que buscaban lo mismo, música, acción, saltos, golpes, sonido, poder batir sus cabezas al ritmo del rock duro para romper todo el silencio.

Ya arriba, en esa cúspide rudimentaria y asustadora, se miraron, agarraron sus instrumentos, esperaron la indicación final y arrancaron. Andy empezó a hacer notas largas mientras Juanes lo seguía. Era el solo medieval, el público desde sus puestos no entendía muy bien qué era lo que sonaba, ¿esto era un concierto de metal, no?, y ellos, sin mirar al frente, solo agachados, mirando las seis cuerdas tensadas, seguían su viaje sonoro, mientras cabeceaban tímidamente y tomaban calor y confianza.

Juanes estaba ubicado a la izquierda del escenario; en su esquina, muy cerca, estaban las graderías; su guitarra se movía para arriba y para abajo, al igual que su cabello, que hasta ahora le tapaba las orejas. Andy estaba en el extremo contrario con una camisilla blanca y luciendo su correa de clavos aferrada a su guitarra. Esteban, extasiado por ver a tanta gente, lideraba los tarros desde esa batería imponente, con seis toms y tres platos; y Alex, con su garganta de volcán, estaba listo para cantar, con la altura del micrófono que sobrepasaba su estatura; él flexionaba sus piernas y erguía la cabeza, como regañando con fuerza al cielo; cada que gritaba movía sus manos como si tuviera una guitarra imaginaria. Lo que salía por el micrófono era inentendible, la acústica del lugar era un baño turco gigante repleto de metaleros.

Las canciones se esfumaron con rapidez; para ellos, el inicio fue una eternidad; luego de los primeros minutos, todo fue un abrir y cerrar de ojos de emoción, sudor y sangre caliente.

Los decibeles pegaban arriba y abajo de ese recinto deportivo; las paredes estaban aturdidas, la reverberación era brutal, la emoción de todos esos metaleros reunidos en su ritual de felicidad se traducía en las pintas que escogieron desde la mañana, en el simulacro que hicieron frente al espejo de ese movimiento de cabeza, en esa rudeza en sus botas, en sus manillas de taches, en el abrazo sudoroso que muchos se dieron luego de algunos empujones al finalizar una canción. Para ahora estar ahí, una noche oscura en Medellín, escuchando a una banda que con tres canciones y una intro soñaba con meterse poco a poco en una escena difícil, ruda y radical.

Para finalizar, en el último baquetazo de esa tercera canción, el operador de la luz principal hizo un paneo a las graderías, mientras todos los metaleros silbaban, gritaban y alzaban las manos. Llegaron los aplausos y terminó el show de Ekhymosis, era el momento de la banda Amén.

Todas las bandas hicieron lo propio; los metaleros de aquel brutal año 88 estuvieron felices y satisfechos con la descarga de dinamita en sus cerebros. Al final, a las doce de la noche, un mar de metaleros sin transporte público arrancó como un batallón de zombies a recorrer las calles desoladas, con todos los semáforos en intermitencia amarilla. Para ellos seguía la aventura del rocanrol a pie, traspasando municipios, de Envigado a Medellín, por la mitad de la calle y cantando al unísono canciones que sonaron aquella noche. Metaleros recorrieron kilómetros para retornar a sus casas, muchos encontraron su destino cerca de las tres de la mañana.

Y como si todo estuviera planeado para ser recordado como el primer concierto de un muchacho tímido, soñador y valiente, esa noche del 19 de marzo de 1988 fue grabada por un curioso fanático llamado Román González, que con catorce años y en su función de seguidor de Ekhymosis, ahorraba dinero de varios días para ir en bus a perseguir a esa banda, para comprar baterías y casetes para su grabadora VHS Panasonic; él dejó registrado ese momento estridente, juvenil y cinematográfico, como una bitácora de celebración, como una postal en el tiempo de la primera explosión de metal de Juanes.

DESDE ARRIBA ES DIFERENTE

Y aunque muchos de los conciertos no fueron propiamente desde arriba, en varios sentidos, porque no eran una banda reconocida que estuviera en el top mainstream, y porque muchas de sus tarimas estaban a ras del suelo, en compañía del público, sí se recuerdan algunos conciertos que marcaron la historia de Ekhymosis para siempre.

Además de ese bello primer recuerdo del concierto en el Polideportivo de Envigado, en la primera explosión de metal, hay algunos recuerdos con breves baches que no se pueden dejar pasar por alto, como uno en la calle 33 con la carrera 80, en Medellín, en una casa que estaba desocupada porque en los días siguientes sería demolida para construir sobre ese mismo espacio un edificio. El celador que trabajaba en la propiedad era el baterista de una de las bandas punk más recordadas de ese momento, Dexkoncierto, y aprovechando el lugar se dedicó a hacer conciertos a diestra y siniestra hasta que su empleo se acabara. La casa era gigante, con un garaje triple, y allí metían a casi cien personas que convocaban con afiches creados a mano, luego fotocopiados y pegados en varias partes de la ciudad.

Allí tocó Ekhymosis, en un garaje, con sus propios instrumentos y amplificadores prestados. En ese concierto arrancaron con dos canciones instrumentales creadas para lograr robar un poco de tiempo y que el concierto no se hiciera tan corto. A mitad de la primera canción instrumental los interruptores eléctricos se bajaron y la casa se quedó sin luz.

—¿Hay algún electricista acá? —gritaron, mientras el alboroto por la falta de luz se convertía en una excusa más para disfrutar.

—Yoooooo —dijo un metalero del parque de Belén al que le decían Kaos, y de inmediato se subió a un muro frente a la casa y se robó la electricidad del poste abastecedor.

A los 10 minutos ya había energía de nuevo, y Ekhymosis otra vez estaba empezando sus canciones instrumentales. Al acabar la segunda canción, alguien gritó.

—¿Quiuboooo, secuestraron al vocalista o qué?

Y de repente Juanes se paró frente al micrófono, todos lo miraron.

—Eyyy, entonces qué, nosotros somos Ekhymosis ¡Sóyensela!

Y arrancaron a tocar, mientras se escuchó el mismo grito burlón.

—¡Tranquilos, sí hay vocalista, ya lo soltaron...!

UNA REVOLUCIÓN CON EL PELO LARGO

Todo en la vida de Juan Esteban estaba conectado a la música, de día, de noche, soñando despierto y en su cama con los ojos cerrados, mientras su altar repleto de afiches en su habitación lo invitaba a componer, a tocar la guitarra, a pensar en un futuro con esa dama de las seis cuerdas. Era tanta su locura con la guitarra que lo acompañaba a todo lado; en la sala de la casa había varias, en su cuarto otra guitarra y hasta al baño entraba con una de ellas para componer mientras el eco de los baldosines y la cabina de la ducha le ayudaba a cantar, a tocar y perfeccionarse; curioso es que esas sesiones musicales las hacía justo unos minutos antes de salir para el colegio. "Juan Esteban, muévase pues, nos vamos", "Juan Esteban, lo cogió el día, muchachito", "¡Ey, Juanes, vamos yaaa", le decían su hermana, sus hermanos y su mamá, tocándole la puerta mientras él seguía en ese espacio íntimo tocando la guitarra.

Así era la obsesión de ese muchacho con la música. En el colegio era igual, guitarra para arriba y para abajo, y eso le trajo algunos problemas. Tanto así que siendo incluso un buen estudiante, pues aunque no era entregado a los cuadernos, le iba bien en las notas de final de trimestre, en aquel año las notas finales bajaron y llegó la noticia de pesadilla para cualquier estudiante. Las tareas, los talleres y algunos exámenes le cogieron ventaja y perdió cinco materias, y además el décimo grado, todo por estar metido de lleno en la música, y eso implicaba cambiar de colegio. El Jorge Robledo perdía a una de las voces históricas y predilectas de los actos cívicos y de cualquier celebración estudiantil.

El Instituto Miguel de Unamuno fue el colegio que lo recibió para repetir ese año que no dejó culminar la guitarra, las canciones e incluso el mismo sonido rocanrol que tímido se asomaba en su vida. Todo esto le quitó horas y horas que no usó en las actividades académicas.

En el nuevo colegio descubrió también un mundo asombroso lleno de agrupaciones de rock que no conocía, con otros amigos con el pelo largo, toda una explosión a un nuevo mundo. Todo esto existía en su anterior colegio, solo que en este nuevo curso le llegó de forma directa.

En el Miguel de Unamuno se le abrió otro horizonte musical con nuevos amigos y nuevos sonidos. La música nunca se fue; igual, a pesar de su año académico perdido, en su casa la música no fue prohibición. Luego de un año regresó de nuevo al Jorge Robledo, ese colegio que lo vio crecer al lado siempre de una guitarra, desde que era un gordito cachetón, tímido, y que cantaba a Gardel, Los Visconti y Los Chalchaleros en los actos cívicos.

Al regresar, Juanes era otro; la pinta de metalero, su pelo largo y una actitud más extrovertida fueron sorpresa entre sus amigos, el rock había llegado definitivamente a él.

Al retornar, fue muy importante el colegio en ese último año estudiantil; sus ojos se abrieron a nuevas posibilidades, a nuevas causas sonoras y a nuevas luchas, entre ellas, el pelo largo, su revolución personal.

Justo cuando sonaba la campana para salir hacia sus casas, Juanes y los demás pelilargos soltaban los ganchos y las pinzas que camuflaban la extensión del pelo. El colegio Jorge Robledo no les permitía a sus estudiantes tener pelo largo, estaba en el manual de convivencia y eso se hacía respetar, hasta que llegó la influencia de bandas rock y metal y la revolución capilar, aunque no era directa, era inminente.

Los chulos, los ganchos, las pinzas y todo tipo de artimañas cosméticas no fueron suficientes, ahora todos los estudiantes estaban en fila, temprano en la mañana en el patio principal del colegio para ser revisados. Presentación personal, orden en el uniforme y, por supuesto, el pelo, y los que no cumplieran con una extensión razonable según las directrices del manual de convivencia no podían entrar a clase. Muchos salones se vieron vacíos, con pocos estudiantes.

Las ausencias fueron recurrentes, los rockeros de ese colegio no querían dar su brazo a torcer y esta era una lucha no propia de los muchachos de los años ochenta en Medellín; de hecho, desde los años sesenta la ciudad cayó en un estigma violento contra los jóvenes peludos, tanto así que había una cuña radial que sonaba varias veces al día en los radios de las familias antioqueñas, "contribuya con el aseo de Medellín, motile a un peludo", y así era, una orden desde la alcaldía de Medellín que les daba licencia a policías para motilar a los muchachos a punta de navaja.

114

El rock, la intelectualidad y la poesía no fueron ajenos a este flagelo; de hecho, Gonzalo Arango, el fundador del movimiento poético e intelectual nadaísta, junto con la banda de rock paisa Los Yetis, una de las bandas pioneras del rock en Colombia, compusieron la canción "Llegaron los peluqueros".

"Los peluqueros
A la guillotina
Caos
Tumban estatuas del libertador

Los amotinados
Afeitan a los héroes
Mueran los peluqueros
Vivan las melenas
La revolución".

Pero en esta ocasión, la suerte estaba del lado de los rockeros peludos del colegio. El rector Alfonso Restrepo, un tipo conservador, amante de las buenas costumbres, el orden y la música vieja, y además seguidor de los hermanos Aristizábal con sus canciones en los actos cívicos, renunció a su cargo; era la oportunidad perfecta para actuar.

A los días llegó un nuevo rector para la institución, era Federico García. De inmediato Juanes tomó el liderazgo y pidió una cita con él. Allí, de tú a tú, de estudiante con pelo largo y actitud rockera a rector nuevo con nuevas ideas. Juanes lo confrontó. "Señor, yo soy músico, tengo el pelo largo y eso no me hace malo, ni drogadicto, ni vándalo. Soy responsable, mi familia apoya mi decisión de vida y esperaría que mi colegio también, ¿no cree?", le dijo Juanes con manos trémulas y ojos fijos. El rector no tuvo mucho que decir; el muchacho tenía razón, el libre desarrollo de la personalidad para los músicos sería su bandera para darle nuevos aires a la institución.

La lucha del pelo largo para los músicos se ganó gracias a Juanes; muchos tuvieron el pelo hasta la cintura, era una revolución evidente no solo en el colegio, también en la ciudad. A los músicos peludos los dejaron asistir tranquilos a las clases; sin embargo, la norma sí recayó sobre los demás que no fueran músicos.

Además, el rector Federico empezó a apoyar las causas musicales permitiendo horas de ensayo en la capilla del colegio para todos los que armaran una banda, y fue así que nacieron nuevas figuras musicales.

Además de aquel año inolvidable de libertad y pelo largo surgiría una nueva banda, la banda de rock del Jorge Robledo, que hacía covers de The Clash y The Police. Este proyecto estaba integrado por Federico López, Felipe Martínez, Juan Ignacio Vieira y Juan Esteban Aristizábal.

Desde ese último año, el colegio tuvo un espíritu rockero; las generaciones posteriores recuerdan con agradecimiento la valentía de Juanes por ayudar a abrir la mente a la libertad y a la vida del rock dentro de las aulas.

Todo eso no hubiera pasado sin las primeras canciones, sin las primeras clases de guitarra, sin la fuerza sanguínea de su familia musical, sin las reuniones en torno a canciones viejas, sin los conciertos en actos cívicos y sin esa valentía por ir detrás de su sueño como lo hizo desde niño.

SOLO Y UN VIAJE SIGUIENDO LA LUNA

Y justo los viajes, los ensayos y el tiempo juntos empezaron a materializar las canciones que harían parte de su primer disco de larga duración, llamado *Niño Gigante*. Y precisamente un viaje a un concierto en la ciudad colombiana de Cali, en 1992, ayudó a materializar la canción "Solo", uno de los éxitos inolvidables de esa banda que cambió parte del rumbo sonoro de una ciudad y un país.

El concierto tendría un ingrediente especial, sería Ekhymosis como única banda, no había telonero, ni banda para cerrar; serían ellos convocando a su público y respondiendo por la energía de todo un lugar.

La noche anterior salieron de Medellín rumbo a las hermosas carreteras del Valle del Cauca repletas de salsa y cañaduzales. Iban, como casi siempre, acompañados de un par de botellas de aguardiente y escuchando Metallica en el camino de más de 400 kilómetros. El concierto se haría en un lugar dedicado al sonido reggae en Cali llamado Nuestra Herencia.

Juanes, por esos días, estaba enganchado con "Nothing Else Mathers", uno de los rotundos éxitos del disco negro de Metallica. Antes de subirse a la camioneta para emprender rumbo, ya estaba con audífonos puestos y con una libreta escribiendo, como era usual verlo, componiendo canciones para su banda.

Ya en la camioneta y rumbo a Cali, empezó a hablar con Andy y a contarle una idea que había tenido un par de horas antes mientras escuchaba a Metallica. Juanes quería hacer una balada rockera y ya tenía algunas frases para empezar ese camino pedregoso de componer una canción.

Juntos, Andy y Juanes no pararon de hablar en todo el camino; construían un cadáver exquisito en una libreta mientras los demás tomaban y disfrutaban el viaje como si fuera una fiesta ambulante. La luna guiaba el camino en ese trayecto nocturno hacia la sucursal del cielo, y justamente la luna fue inspiración para esos primeros versos que contendría la canción "Solo".

"Estoy solo y pienso que,
sólo puedo ver allá
Donde la luna,
no es un horizonte más que alcanzar".

Al llegar a Cali, al bar, se sentaron en la acera de enfrente y no se pararon de ahí hasta justo tener la letra de esta canción que fue la punta de lanza del cambio sonoro de Ekhymosis y de su posicionamiento comercial dentro de la escena musical emergente colombiana.

Terminaron la canción sentados en el pavimento sucio, antes de dar el concierto. A los días grabaron, como decisión, el piano, y como característica, el crescendo de una canción balada rock que le cambiaría la vida a Juanes y a sus amigos de banda.

"... Paso a paso siempre voy,
construyendo mi vida

Tropezando
constantemente con lo que sueño
Es imposible de lograr lo sé
tal vez con ambición
Es la razón de la vida
Me pregunto cómo hallar,
un espacio en que confiar
Si es necesario
que mis palabras hablen por mí
Cómo poder aparentarlo,
Si no lo puedo ser
Cómo expresarlo sin sentirlo,
eso no puedo ser
Es imposible de lograr lo sé
tal vez con ambición
Es la razón de la vida
Es duro estar en soledad
Es reprimir el corazón
Es caminar sin libertad
Es destruir lo que no está
Mira mis ojos y verás,
es demasiado ser el mismo".

Las canciones de metal extremo de Ekhymosis ya habían sonado en varias oportunidades en un programa de radio llamado "La cortina de hierro", conducido por Diego Ramírez en la emisora Veracruz Estéreo en Medellín. Sin embargo, con esta canción, con "Solo", pudieron sonar y entrar por primera vez en rotación en emisoras comerciales en todo Colombia. Esa fue una gran victoria para todos los integrantes de la banda y para Juanes. Era la primera vez que su música llegaba a una infinidad de oídos, y ahora desde una radio con expansión y con un movimiento comercial y económico potente. Ekhymosis sonaba en la radio.

Todos los integrantes de la banda, emocionados, llamaban fingiendo otras voces.

—Hola, es que quiero pedir la canción de Ekhymosis, la banda de Medellín. ¿La pueden poner?

—Yo quiero que pongan "Solo", la canción de la banda de Juanes

—Hola, ¿tienen la canción de Ekhymosis, la banda de Medellín?

No solo ellos eran los encargados de llamar, también los demás amigos, los papás, las mamás, los tíos y tías, las novias. Todo el mundo llamaba, repetía llamada y fingía ser fanático a muerte de Ekhymosis y de su nueva balada rock llamada "Solo".

Cuando Juanes escuchó esta canción en la radio enloqueció. Era un verdadero triunfo, un escalón menos de esa montaña inalcanzable de querer vivir de la música. En su casa en el centro de Medellín, mientras el radio sonaba en la cocina, él gritaba, saltaba de un lado para el otro.

—Mamá, mamá, me están poniendo en la radio, no lo puedo creer, mamá.

Con esas mismas canciones que ya tenían producidas de su EP inicial, de su siguiente producción llamada *De rodillas* y con el *Niño gigante*, intentaron licenciarlas en el extranjero. Mandaron cartas con casetes a discográficas como Megaforce, Osmose Productions, Deathlike Silence Productions, Cyber Music Productions, entre muchas otras, pero solo recibían cartas de regreso con negativas profundas debido a que no encajaban del todo en las reglas del mercado metalero radical, cuestión que desdibujó el sueño de Juanes pero también aterrizó su búsqueda sonora.

Además de los conciertos que empezaron a vivir en la pequeña escena musical de Medellín, Ekhymosis y los amigos cercanos tenían algunos sitios para compartir, como los vinachos, en el barrio Manila en El Poblado, allí se encontraban en una vieja casa, hacían vino casero y se iban al Parque de la Bailarina a escuchar metal en grabadoras. Compartían también en algunos bares como Selva, Bodega Bar, Blue Rock, Casa Verde, e incluso Oporto, donde ocurrió la nefasta masacre comandada por Pablo

Escobar, el 23 de junio de 1990, de la que Juanes y sus amigos se salvaron por solo unos minutos.

Pero también buenos recuerdos de los primeros viajes de conciertos a ciudades como Pereira, Cali y Bogotá, en hoteles de una estrella. Recuerdos de conciertos como el inolvidable Calavera Rock I, donde tocaron Reencarnación, Féretro, Némesis y Ekhymosis, por Medellín, y por Bogotá, y además haciendo sentir la casa, el coliseo cubierto El Campín, el más importante de la capital colombiana, bandas como Hadas, La Pestilencia y Darkness. Estos viajes tenían toda la efervescencia de la juventud, el desarraigo, la libertad utópica, el aguardiente, las carreteras, las camionetas incómodas y el tiempo dedicado a la guitarra y a no dormir. También el recordado concierto en el coliseo del colegio Santa Librada en Cali, fue el 21 de marzo de 1992. Viajaron en una van sin aire acondicionado, en una desnudez graciosa y con algunos momentos para detenerse en el camino a salir corriendo y tomarse fotos. Todo el trayecto fue ambientado con aguardiente. Este concierto fue al lado de las bandas Perseo e Inquisition, con una entrada que valió 1.500 pesos, cerca de 2 dólares de la época.

En la ciudad costera de Barranquilla, ofrecieron un recital el viernes 9 de julio de 1993, en el Baja Club. Allí, según una nota de prensa del diario *El Heraldo Juvenil*, "Ekhymosis desató la fiebre del punky en barranquilla, pues los niños gigantes inspiraron una danza agresiva, un juego peligroso en el que los jóvenes daban vueltas sobre la pista chocándose unos contra otros, liberándose de toda clase de sentimientos, dando la sensación de que han entrado en un trance gracias a las armónicas y fuertes notas que esta banda trash interpretó".

También hicieron presencia en un famoso festival colombiano llamado El Concierto de Conciertos, en su cuarta edición. Allí compartieron cartel al lado de Franco de Vita, Alejandro Sanz, Wilfrido Vargas, Enanitos Verdes, y los colombianos Marcelo Cezán, Aterciopelados y EX-3. Esto fue el 25 de septiembre de 1993, en el único escenario grande de la época en Bogotá, un hecho histórico para ellos, porque además empezaban a integrar una escena musical comercial, toda una catapulta hacia los sueños venideros de internacionalización.

De hecho, luego siguió el concierto en el que fueron teloneros del argentino Miguel Mateos, que llegó al país y a la ciudad de Medellín para presentar su más reciente disco, *Cóctel*, en la Plaza de Toros de la ciudad de Medellín, el 4 de junio de 1994.

También historias curiosas, divertidas, asustadoras, e inolvidables en el exterior como una presentación en México, en la que los organizadores olvidaron decirle a la banda que en cierta parte del concierto estallarían un cañón de confetis y todos saltaron tres metros a un lado cuando intempestivamente el cañón multicolor sonó duro como la guerra.

DÍAS A TODA VELOCIDAD

La vida pasada de Juanes estaba construida de emociones rodea-
das de rock, de metal duro, de días cargados de tantos decibeles
y velocidad que ahora, a su edad, difícilmente podría vivir, él o
cualquiera de nosotros. Los días no eran de 24 horas, se dormía
poco, se arriesgaba mucho en la calle y se soñaba de más. Ese
sortilegio constante hacía que el rock apareciera en cada minuto, en cada respiración, en cada uno de sus actos juveniles, en su
pelo que ya sobrepasaba los hombros, en un arete que apareció
en una de sus orejas, en sus botas platineras, sus blue jeans rotos, su guitarra rápida y distorsionada y los afiches que engala-
naban con orgullo su habitación compartida. Metallica, Slayer,
Kreator y otras imágenes se posaban en las paredes que lo veían
dormir para recordarle que ese camino, así fuera casi imposible,
era importante soñarlo, vivirlo.

Justamente sus ídolos de adolescencia eran líderes de bandas de rock y metal que tenían un prototipo bastante marcado
y a veces hasta difícil de seguir. Buenas bandas, con increíbles

guitarras, vestimenta con actitud, dinero, mujeres, personalidad agresiva, y muchos de ellos, siempre a la sombra de una motocicleta Harley Davidson.

Si bien la personalidad de Juanes siendo aún un muchacho cercano a la mayoría de edad era construida desde cierta inocencia y timidez, su anhelo por la libertad y por algunos estereotipos de estas figuras musicales era incontrolable. Quería tener su ropa, sus botas, sus camisas, el cabello sedoso y esponjoso de muchos ídolos del metal y, por supuesto, sus motocicletas, quería tener su propia moto para ir a los ensayos, para recorrer la ciudad y entender por qué ellos lo disfrutaban tanto, por qué era un símbolo de libertad y de rocanrol. ¿Qué otra cosa es un árbol más que libertad? Pero una motocicleta, su ruido, su olor a gasolina y su velocidad también lo eran. Tiempo atrás lo intentó, pero el destino lo llevó a comprarse una guitarra, ahora era el momento. El problema era que aún no sabía manejar, no lo había hecho nunca, y lo más importante, no tenía moto y en su familia no había tradición de tener vehículos de dos ruedas.

Incluso Juanes en esa época universitaria y de conciertos para arriba y para abajo, se la pasaba en una camioneta clásica muy pintoresca, una Chevrolet modelo 54 de color violeta; era de sus hermanos y se la prestaban para moverse por toda la ciudad, de la universidad a la casa y de la casa a un ensayo o a un concierto. Hay recuerdos de muchos rockeros viendo a Juanes llegar en esta gran mole con motor, parqueando fuera del teatro al aire libre Carlos Vieco, uno de los epicentros históricos del rock en Medellín; de hecho, esta camioneta sale en uno de los dos videos de la canción "Solo".

Pero es eterno el sueño que no ha sido y el que busca encuentra y de eso ha estado hecha su vida. Juanes quería una moto, no quería pedirles prestada la camioneta a sus hermanos, quería tener su propio medio de transporte y parecerse, así fuera solo un poco, a sus ídolos rock dispersos por todo el mundo.

Luego de mucho buscar, apareció, por un amigo, la oportunidad de comprar una gran moto, del tamaño de su ilusión y de su goma. "Parce, hay una moto muy chimba en el barrio Antioquia, pero está desarmada. ¿Le interesa?". "Uyy, sí, de una, y ¿cuánto vale?". "No, venga a verla primero y ahí miramos".

Era una moto de segunda, desarmada y empacada en dos grandes cajas de cartón. Kawasaki KZ900 custom modelo 1972; no se veía con colores, ni con nada atractivo en esas grandes cajas engrasadas, pero la marca y la referencia se acercaban al prototipo de moto para rockeros.

Hasta ahí todo estaba muy bien, sin embargo todo empezó a cambiar cuando supo el precio de la moto, dos millones de pesos colombianos, cerca de 520 dólares, a precio de hoy. El dinero que había ahorrado no alcanzaba para comprar esa mole desarmada de grasa, tornillos y gasolina.

Ahí arrancó la correría, plata prestada con amigos y familiares, pero el dinero seguía sin alcanzar. Visitó algunas entidades bancarias a pedir un pequeño préstamo para comprar su moto, pero era simplemente difícil porque no tenía historial crediticio y además no tenía ingresos fijos mensuales. Su pinta de rockero fue un estereotipo que los bancos usaron en su contra. Todas las solicitudes fueron negadas hasta que apareció Juan Carlos Vásquez, un primo suyo que trabajaba en un banco por aquel entonces y pudo ayudarle a conseguir el préstamo. Ya con el dinero la historia sería diferente.

Fue y compró la caja con el motor, el manubrio, los accesorios y engranajes. En realidad no tenía aún nada, solo una caja con una moto desarmada. ¿Andaría? ¿Sería capaz de armarla?

La moto se la vendió Alex Gutiérrez, baterista de otra banda importante para el underground de Medellín, Némesis. Gutiérrez, además de tener las motos como afición, las tenía como negocio, compraba, customizaba y las vendía de nuevo, ganaba una buena suma de dinero y repetía la ecuación muchas veces y con diferentes clientes. Y ahí apareció Juanes con su inmenso deseo de tener otro tipo de velocidad en su vida.

Antes de armarla, Juanes decidió llevarla a un taller de latonería y pintura, escogió un color amarillo quemado y empezó a darle personalidad a ese vehículo que de una u otra manera significaba libertad e independencia en su vida.

A los días la moto estaba lista. Ya armada era una moto extraña, sonoramente desesperante, despertaba a los vecinos al llegar y hacía activar las alarmas de los carros que estaban estacionados por donde pasaba. El amarillo era un color distinto para una moto y esta marca y referencia no eran muy vistas, según los mecánicos que la ensamblaron, solo había dos o tres motos de este tipo en la ciudad.

Estaba modificada, era más deportiva que la versión original, tenía unas llantas gruesas y grandes, aspecto que le daba un gran soporte, sumado a un buen sistema de amortiguación. Lindos espejos, dos mofles sonoros, el manubrio era ancho, por el estilo de la Harley Davidson, y el sillón era amplio, el copiloto quedaba a una altura mayor que el conductor. Mucho humo, mucha velocidad, cabellera al viento, pantalones rotos, botas altas, y un sonido estruendoso se escuchaba cuando Juanes pasaba con esta moto cuatro tiempos por muchas partes de la ciudad. Su sueño otra vez se había cumplido, tener días a toda velocidad.

El día para estrenarla y además para aprender a manejarla estaba en compañía de su novia de aquel entonces, Tatiana Sánchez. Juntos fueron a visitar a su familia que estaba en una finca en el oriente de Antioquia. Ya los dos, embarcados en esta aventura arriesgada y emocionante, empezaron a subir por la Avenida las Palmas, una de las arterias importantes para llegar y salir de la ciudad, la vía que conduce al aeropuerto más importante de Medellín, el Aeropuerto Internacional José María Córdova. "Nos vamos a caer, nos vamos a caer, agárrate fino", le decía Juanes a su novia, mientras ella nerviosa miraba para qué lugar tirarse si algo ocurría.

Todo el camino Juanes repitió esta oración asustadora, "nos vamos a caer, nos vamos a caer", pero al final no pasó nada y estrenaron la moto, el primer viaje y la primera correría a toda velocidad.

A pesar de su gran originalidad, su color y su imponencia sonora, la moto se la pasaba en el taller mecánico, pero Juanes, sin importar los arreglos y el dinero gastado, se sentía el hombre más afortunado al tener su moto rodando. Esta moto, la Kawasaki KZ900 amarilla quemada, ruidosa e imponente y que echaba humo como una chimenea, fue una representación de libertad, de irreverencia e independencia de su espíritu rockero y juvenil.

12 HORAS POR LA VIDA
Y UNA MUERTE INESPERADA

La plaza de toros La Macarena estuvo siempre lista para recibir a los rockeros de la ciudad de Medellín. Históricamente fue un lugar que siempre tuvo puertas abiertas para las melenas, las descargas de metal, los pogos, el punk, las crestas, el rock, la contracultura, y por desgracia también la crueldad, el sufrimiento y la sangre en la arena. Los grandes artistas que visitaban la ciudad tenían esta plaza como único recinto de conciertos con un aforo superior a las 10 mil personas.

Justo este lugar recibió en varias oportunidades a Ekhymosis y esa tarde noche ningún integrante de la familia Aristizábal Vásquez fue a ver al orgullo de la familia, a Juanes. Todos se perderían su voz en vivo, las chicas gritando, los aplausos luego de cada canción, el recordado "Eyy, nosotros somos Ekhymosis, soyensela" y los solos virtuosos con la guitarra mientras el público no parpadeaba de la felicidad. Esa tarde noche del 20 de febrero de 1995, el corazón de la familia dejó de latir, don Javier Aristizábal murió en la Clínica Medellín.

En la familia todo estaba en equilibrio. Don Javier era un hombre muy saludable que trabajó hasta el último día de vida, que caminó su pueblo sin cansarse y que, como ingrediente especial y característico, nunca tomaba medicinas, ni iba al médico, detestaba sentarse en una camilla a que lo analizaran. Pero luego de un tiempo, y con algunos dolores y manifestaciones en su cuerpo, decidió ir y allí las cosas no estaban tan bien.

De hecho, como historia curiosa de orgullos y amores nunca pensados de parte de don Javier, en algunas de las citas médicas de chequeo a las que lo acompañaba su hijo Jaime, vieron en un revistero de la sala de espera a Juanes en una de estas revistas para entretener a los ansiosos pacientes. Juanes en aquella revista aparecía con una guitarra cubriendo su cuerpo semidesnudo; la emoción de su papá fue incontrolable, hasta el punto de luego decirle al médico Alberto Restrepo y a la secretaria que si podían regalarle la revista, pues estaba muy orgulloso de su hijo famoso y rockero. Ninguno en la familia pensó que el pensamiento tradicional de don Javier estaría tan satisfecho de lo que había logrado su hijo con pelo largo, tatuajes, una guitarra y mucho rock.

Le practicaron una cirugía, nada riesgosa, y a los días, en la recuperación de la intervención, luego de algunas complicaciones murió el pulmón y el corazón de la familia, el sonriente trabajador de Carolina del Príncipe del que nadie en el pueblo habló mal.

En la familia nunca nadie pensó que su padre y esposo moriría tan pronto, fue toda una tragedia que aún recuerdan con dolor.

Y esa misma noche, mientras don Javier era velado en el barrio El Poblado de Medellín, se realizaba el festival 12 horas por la vida organizado por RCN Radio con sus emisoras musicales y la recordada emisora juvenil Cristal Estéreo. El festival proponía un encuentro ciudadano por la no violencia y en pro de la vida. Invitaron, entre otras bandas, a Bajo Tierra, Bailo y Conspiro, Kraken, Estados Alterados, Luna Verde y Ekhymosis, todas estas bandas citadas por su alto impacto en la juventud.

Algunas cosas curiosas pasaron en este concierto agitado que empezó con el pasodoble al estilo punk de la canción "Maniza-les del alma". Por ejemplo, cuando Camilo Suárez, vocalista de Bajo Tierra, se tiró al público confiando en que sería atrapado por muchas manos sedientas de rocanrol, al mejor estilo Iggy Pop con sus stage diving, pero nadie puso sus manos y terminó de bruces en la arena con su cabeza sangrando. El chichón era como media pelota de tenis en todo el centro de la frente. Del suelo lo pararon dos servidores de la Defensa Civil, volvió al escenario y dijo: "¡Tranquilos, nada pasó!", y la respuesta de la gente fue gritar, aplaudir y el concierto siguió.

En el momento del concierto de Kraken apareció la banda, con una ovación como era costumbre, pero para sorpresa de muchos, sin distorsiones en una inolvidable presentación acústica que marcó la diferencia con las otras bandas que se presentaron.

Y lo que sería un homenaje para la vida se convirtió para Juanes en una de las decisiones más duras, trascendentales y valiosas, dar un concierto promulgando la vida, solo a unas horas de la muerte del hombre que le enseñó a vivir haciendo el bien, su papá.

En medio de lágrimas y presión en el pecho, Juanes conversó con su madre y sus hermanos y decidió hacer el concierto, en homenaje a Javier Aristizábal, el hombre de buen vestir y actitudes intachables.

—¿Será que voy al concierto mamá? ¿Usted cómo se siente?

—Váyase tranquilo mijo, su papá va a estar feliz si usted lo hace, vaya tranquilo.

Juan no se fue tranquilo, pero sí se fue con la convicción de hacer el concierto en honor a su papá.

La noticia se había regado por la ciudad, los fanáticos y organizadores del evento sabían de la circunstancia dolorosa por la que pasaban Juanes, su familia y su banda. Sin embargo, allí llegó, afinó su guitarra, secó sus lágrimas y subió al escenario entre aplausos y abrazos de sus compañeros de banda.

Cantó, entre lágrimas, miradas al cielo y recuerdos poderosamente cariñosos con su papá silbando en casa, trabajando en el granero en el pueblo, cuidando los animales y caminando por pastizales en la finca.

—Muchachos, perdonen si me quiebro en algún momento. Mi papá murió hoy y acá estoy, porque así lo hubiera querido él —dijo con voz trémula, mientras toda la plaza conmovida lo aplaudía. Juanes acomodó su guitarra de nuevo en sus manos y allí vivió el real homenaje mientras su madre y sus hermanos acompañaban el cuerpo sin vida de Javier Aristizábal.

—Esto es para vos, papá —dijo mientras limpiaba sus lágrimas.

Sonó su guitarra, sin la compañía de su banda, y empezó a cantar la misma canción que su papá entonaba en las mañanas cuando aún no amanecía, la misma canción que en muchas ocasiones sus mismos hijos le pedían, la canción que se convirtió en el himno afinado y refinado que acompañaba el eco de esa gran casona amorosa y familiar.

"Señor capitán dejadme salir
A extender las velas, a extender las velas de mi bergantín
El cielo nublado y no quiere abrir
La mar está brava, la mar está brava y hay que partir.
No siento el barco, No siento el barco que se perdió
Siento al piloto, siento al piloto y la tripulación
Pobres muchachos, pobres pedazos del corazón
Y la mar brava, Y la mar brava se los tragó.
¿Dónde está mi barco que ya se perdió?
La culpa la tuvo el señor capitán que se emborrachó.
Salió de Jamaica cargado de ron
Izando sus velas, izando sus velas rumbo a Nueva York
No siento el barco, No siento el barco que se perdió
Siento al piloto, siento al piloto y la tripulación
Pobres muchachos, pobres pedazos del corazón
Y la mar brava, Y la mar brava se los tragó".

Esta postal rocanrolera, en una plaza de toros repleta y con la tristeza por la pérdida de una de las personas más importantes en la vida de esta familia, se convirtió en un antes y un después en la vida de Juanes. Ese día no solo decidió que quería ofrecer el concierto como homenaje, con valentía a pesar de la tristeza, sino que supo que ese era su lugar, el espacio donde nada le puede hacer daño.

Al día siguiente del concierto, Juanes y su familia viajaron en silencio, con una tristeza inexplicable, para dejar reposar por fin el cuerpo de su amado padre y esposo, en el cementerio municipal de Carolina del Príncipe, un lugar muy bello con una arquitectura colonial en forma circular inspirada en la Plaza de San Pedro, en Roma.

DÍAS DE MÚSICA ENFERMA

Los grandes momentos de Ekhymosis fueron una escuela para Juanes. Los conciertos, los viajes y los instantes de sacar de adentro la música se convirtieron en una hermosa catarsis para seguir soñando con que se podía vivir de hacer canciones y entregarlas sin apego a quien las quisiera hacer suyas.

La banda empezó a tener una gran fanaticada; después del lanzamiento del disco *Niño gigante*, el nombre "Ekhymosis" resonaba con poder, la historia estaba destinada a cambiar. Ese era un gran momento para la banda, jalaban muchos públicos diferentes pues no eran tan extremos como el metal duro de la ciudad ni tan mainstream de agrupaciones como Kraken, eso les permitía ser una banda de odios evidentes, pero más de amores de muchas personas. De hecho, muchos raperos, grunges, rockeros, metaleros, new waves y hasta punkeros eran fanáticos de la banda que poco a poco generaba una historia musical.

Lograron llegar a muchas ciudades del país para hacer conciertos en bares, colegios, escenarios grandes, y cuando el MTV

Unplugged estaba de moda con recitales de artistas como Alice in Chains, Café Tacvba, Bruce Springsteen, Caifanes, Oasis, George Michael, Charly García, Nirvana, La Maldita Vecindad, Sting, Elton John, Fabulosos Cadillacs, Aerosmith, The Cure o Soda Stéreo, ellos mismos al lado de su casa disquera, Codiscos, se inventaron su propio unplugged sin necesidad de MTV.

Mientras en la radio juvenil de Colombia y Latinoamérica sonaban los Vilma Palma e vampiros, Maná y canciones como "Mariposa Tecknicolor" de Fito Páez o "Afuera" de Caifanes, en Medellín Ekhymosis presentaba "Sin rencores", una canción que ingresaba a los rankings nacionales de las radios, para dejar ver el mejor panorama de un fenómeno llamado rock en español.

Ekhymosis estaba imparable, sus shows ratificaron un buen momento, los músicos estaban aceitados de tanto ensayo y concierto y sus canciones cada vez eran coreadas con más fuerza por el público. La noticia de la llegada de Bon Jovi al país generó otro "sueño cumplido" para ellos, y es un sueño entre comillado porque como un film de terror, ese día, el 2 de noviembre de 1995, mientras Bon Jovi y la banda telonera, Ekhymosis, ya estaban en el hotel en la ciudad de Bogotá, ocurrió un doloroso asesinato en la capital: el del dirigente político conservador Álvaro Gómez Hurtado.

A raíz de esto, el concierto arrancó con un minuto de silencio ofrecido por más de 50 mil personas que disfrutarían el concierto, y además, con un silencio inexplicable por parte de Ekhymosis, pues no podrían tocar. Bon Jovi y su equipo técnico y de seguridad decidieron que iban a tocar cuanto antes y se marcharían del país por la situación de violencia. No hubo tiempo para que Ekhymosis mostrara sus canciones al público, a Bon Jovi y a los ejecutivos de Fonovisa que habían ido expresamente al concierto para ver a la emergente banda. Las lágrimas de algunos de los integrantes de Ekhymosis no dieron tregua. A pesar de eso, la banda que hasta ese momento había vendido más de cincuenta millones de discos en todo el mundo sonó fuerte durante dos horas y ofreció un concierto inolvidable en la ciudad de Bogotá.

Pero fue en esa misma ciudad, Bogotá, en un evento denominado El concierto del rock hecho en Colombia, el 20 de abril de 1996, en el Estadio El Campín, donde pasaría lo que tanto esperaba la banda que creció en un garaje, con sueños adolescentes de rock y juventud.

Este concierto de aquella tarde del 20 de abril estaría integrado por la banda liderada por Andrea Echeverri y Héctor Buitrago, Aterciopelados, el sonido de revelación de Ekhymosis y el puertorriqueño Ricky Martin, quien en ese punto de su carrera era toda una sensación en Estados Unidos y toda Latinoamérica y llegaba a Colombia a presentar su disco *A medio vivir*.

El estadio estaba a reventar, la boletería en VIP valió 25 mil pesos, 25 dólares de la época, 15 mil en gramilla, 15 dólares de la época, y 10 mil pesos, 10 dólares, para gradería occidental. Y justo allí, luego del concierto que abrió Ekhymosis, fueron abordados por una mexicana cazatalentos llamada Marusa Reyes, conocida por trabajar con Caifanes, la banda mexicana dueña de canciones inolvidables para el cancionero rock iberoamericano.

La propuesta de Marusa fue clara, trabajar con ellos, impulsarlos al mercado gringo y latino, y firmar con el sello Fonovisa, la disquera estadounidense del poderoso conglomerado mexicano Televisa. Los ojos de aquellos cuatro muchachos saltaron de felicidad en medio del silencio, y sin aceptar, ya habían empacado maletas para seguir cumpliendo el sueño rock de su niñez.

Luego de esto todo cambiaría.

Ekhymosis tuvo su primer viaje internacional para tantear terreno en junio de 1996, a la ciudad de Miami. Allí los recibiría Memo Arias, un amigo cercano a la escena metalera paisa. Memo nació en Nueva York, pero cinco años de su vida los vivió en Medellín y solo eso bastó para convertirse en uno de los imprescindibles amigos de Ekhymosis.

Al confirmar el viaje, Juanes llamó a Memo para ver si los podía recibir en el aeropuerto y efectivamente así fue, los amigos para todos los momentos. Al llegar Memo encontró a alguien de la disquera Fonovisa con un letrero en los arribos internacionales. Moretón, decía entre comillas, en esa cartulina blanca.

—Ey, hermano, ¿usted está esperando a una banda de rock colombiana, cierto?

—Sí, yo soy.

—Ah, bueno, pero ese no es el nombre, aunque sí, pero el nombre clínico. Es Ekhymosis, así se llaman ellos.

—¿En serio?

—Sí, pero tranquilo que yo soy amigo de ellos.

Este viaje de Ekhymosis a Miami fue bastante efectivo. Lograron lo que les prometieron y en marzo de 1997 firman con Fonovisa para su proyección a nivel internacional.

Grabaron su último disco, Ekhymosis, entre abril y mayo de 1997 y se sumergieron en una extensa gira por Miami, Guadalajara, Monterrey y Colombia. Algo así como volver a comenzar porque así estuvieran alternando con agrupaciones como Fobia, Molotov y otras más, estaban tocando en bares, algunos grandes, otros solo unos garitos de poca asistencia, pero al fin y al cabo, viviendo de la música.

Conciertos en el House of Blues de Hollywood junto con Fobia, participación en el festival del Rock y Pop Mundial en Puerto Rico, gira en California, presentándose en Los Ángeles, San José y San Francisco y conciertos acá y allá, bares, plazas, emisoras y todo lo que los pusiera en algún punto de exposición.

Regresaban cada tanto a Colombia para hacer promoción y conciertos lanzando su disco homónimo, *Ekhymosis*, grabado en Los Ángeles, un disco que los tenía felices gracias al trabajo con grandes como Greg Ladanyi, Mike Piccirillo y Don Was. Lo lanzaron en el Teatro Metropolitano de Medellín y ese quizá fue su momento de mayor euforia, de mayor orgullo con esa ciudad que los vio crecer como metaleros en un rudimentario concierto en un coliseo deportivo lleno de metaleros, y ahora se reafirma-ban, diez años después, en uno de los teatros más importantes de la ciudad, con aforo completo y con presencia de la prensa, que fotografiaba cada movimiento, cada palabra.

—Esta es la raza, Medellín —dijo Juanes para empezar este concierto resolutorio en su carrera.

La vida les cambió, se radicaron en Hollywood, en Wilshire boulevard, en unos apartahoteles donde tenían un espacio Marusa y los Caifanes. Llegaban allí a esos pequeños apartamentos separados con drywall, a dormir un par de horas, y continuaban con esa rutina peligrosa de trabajo sin tregua. Solo tenían un rato de descanso los fines de semana, subían a la azotea a una piscina que solo les llegaba a las rodillas, tomaban algún trago y se relajaban por un par de horas; de resto, las jornadas de composición, ensamble y grabación en el estudio eran muy extenuantes.

Este apartamento era muy pequeño: solo dos habitaciones; estaba dotado con elementos de cocina, un sofá, un televisor, sillas, camas, y nada más. Allí dormían juntos Toby y Jose en una habitación y Andy y Juanes en otra, y los cuatro hombres en una casa, con el rocanrol como inspiración y el desorden como mandato, traerían en algún momento situaciones de convivencia. Camas sin tender, platos acumulados, cabellos en la ducha, y a eso sumado, las llamadas recurrentes de una mánager exigiendo más y un productor presionando por creación, por más canciones, más calidad, sin hablar de la lejanía con las familias y las llamadas a larga distancia que por el valor elevado no duraban más de tres minutos.

EL MUERTO

La paciencia de Toby, Andy, Jose y Juanes empezó a escapar, en forma de delgados hilos, por las pequeñas ventanas de este departamento. Estar juntos todo el tiempo, no tolerar algunas prácticas cotidianas, y sumado a eso el afán por crear y crear bien, estalló como una bomba atómica en medio de esos 40 metros cuadrados. Una noche, Toby, desesperado, empezó a golpear el suelo con un sartén, tan duro que los demás se asustaron. No paraba, tenía la cabeza caliente, luego Jose tomó un vaso de cristal y lo tiró contra una pared, Juanes agarró una de las sillas y la quebró, por completo, y Andy, con el control del televisor en la mano, observando el mundo arder a su alrededor, solo pudo reír y esperar a que pasara el ataque de ansiedad y de pánico que sus amigos vivían. Al final todos rieron y asustados apagaron la luz y se quedaron en silencio cuando la vigilancia del edificio llamó a su puerta.

Ahora debían recoger todo el caos en el suelo y en las paredes. Algunos afiches de Caifanes sirvieron para cubrir los huecos en el drywall, y la silla, desparramada con dolor en el suelo, tomó el nombre de "el muerto", y para no generar sospechas con Marusa y los administradores del edificio, la sacarían descuartizada por partes a la basura fuera del edificio. La rompieron por completo; en cada bolsa de basura, un pedazo camuflado, y así, nadie se enteraría de la muerte del mobiliario.

A los días, cuando Marusa los visitó, solo sintió orgullo por ver a sus pupilos apoyar a Caifanes con afiches dispersos y pegados por todo el apartamento, sin hablar del orden sospechoso dentro de esa impecable casa del rocanrol.

Seis meses entre Estados Unidos, Colombia y México, seis meses de intentar convivir con fuertes itinerarios, grabaciones extenuantes, sueños independientes, colectivos y convivencia en el rocanrol. Ese agite extenuante y peligroso los desgastó, más de lo que los había desgastado los años anteriores haciendo conciertos, canciones juntos y tratando de remar para el mismo lado sin que el bote se hundiera en el oleaje.

Y como los finales casi siempre son dramáticos, solo se puede decir que el final de Ekhymosis fue un eterno silencio que se veía venir, como una enfermedad terminal que causó una muerte segura y también dolorosa. Cada uno tenía búsquedas diferentes y esas diferencias terminaron por alejarlos para nunca más regresar. El retorno de todos a Medellín terminó con Ekhymosis, con canciones como "Una flor en el desierto", "De Madrugada", "Solo", "Ciudad pacífico", "Heridas", "La Tierra", "Raza" y por supuesto, también "Niebla y calor", con la que arrancó toda una historia mágica y quimérica que terminó cuando debía terminar.

Ahora los planes a futuro de Juanes no se podían dibujar en ninguna pizarra, así tuviera puertas abiertas en Fonovisa, en México y Estados Unidos; estos días, luego del silencio que ninguno quería que llegara, se convirtieron en una *tabula rasa* en la ciudad que los vio nacer.

EKHYMOSIS: UN SUEÑO HECHO REALIDAD Y UNA MUERTE NATURAL

Cada etapa de Ekhymosis fue un hermoso tatuaje imborrable en la historia de Juanes. Cada canción, cada disco, cada concierto, fueron la mejor preparación para una gran carrera como ser humano. Empezó siendo una idea sin definir, y entre 1988 y 1997 no se detuvieron, iban en una camioneta a toda velocidad. Todos, con las ventanillas abiertas, sonreían mientras veían sus sueños pasar raudos entre las líneas del asfalto. Ekhymosis fue un canto a la vida; en muchas de sus canciones narraron lo que sus ojos cansados y sedientos veían en las calles de Medellín y Colombia; por eso se convirtió en un sueño real, porque no hablaban de ficciones mentirosas, sino de una vida compleja, de muchos muertos juntos y de mucha vida por vivir.

Desde el inicio fue una banda construida a punta de utopías, de sueños juveniles. Entre sus integrantes, a punta de voz a voz, de mano a mano, caminando la ciudad entera, vendieron 500 copias de su primer sencillo y ese fue el inicio de un sueño que hoy recordamos.

Luego llegaron las empresas discográficas, los conciertos cada vez más grandes, el reconocimiento y la ilusión de convertirse en una banda continental. Ocho producciones, *Nunca nada nuevo (Demo* 1988); *Desde arriba es diferente (EP* 1989); *De rodillas (EP* 1991); *Niño gigante* (1993); *Ciudad pacífico* (1994); *Amor bilingüe* (1995); *Ekhymosis Unplugged (Concierto acústico* 1996*)*; *Ekhymosis* (1997); todas estas producciones modelando una historia real, unas más exitosas que otras, algunos discos grabados en apartamentos de manera rudimentaria y otros en estudios discográficos reconocidos en Colombia y Estados Unidos, algunos con productores locales y hasta con su misma producción, y otros con productores como Mike Piccirillo, el mismo de Smokey Robinson, Tiffany, Natalie Cole, Kim Carmes, Thelma Houston; o Greg Ladanyi, encargado de darles sonido a bandas como Caifanes, Don Henley, Clannad, Fleetwood Mac, Jackson Browne, Toto, David Lindley y TheTubes. Producciones que de una u otra manera marcaron un camino entre guitarras, ensayos en cualquier terraza, ramada en solar, oficina o cuarto desocupado, hoteles de una y de mil estrellas y cambuches en automóviles o garajes malolientes, amistad, amores, peleas, encuentros y desencuentros y el deseo ardiendo en los labios por vivir a toda costa de la música.

Entre las influencias el metal de Slayer y Metallica, el rock de Soda Stereo o Fito Páez, la contundencia acústica de Silvio Rodríguez y la tradición narrativa de Piero, Los Visconti o Los Chalchaleros, se fue desarrollando una historia musical tan genuina que fue indiferente ante la crítica, los abucheos, las burlas y las sonoridades diferentes a un rock duro. Ellos quisieron hacer música, más allá de caer en radicalismos peligrosos y delirantes.

Y esos doce años, todos esos discos, canciones, amigos, y ganas de tragarse el mundo, desde que inició todo gracias a una guitarra de segunda con problemas eléctricos, se convirtieron en una hermosa historia para todos los que por allí pasaron:

Alex Oquendo, Toto Lalinde, Esteban Mora, Andrés García, José Uribe, Fernando Tobón, José Lopera, Alejandro Ochoa, Felipe Zárate, Felipe Martínez y Juanes. Todos, en mayor o menor medida, le dieron vida a una banda que fue raíz de un hermoso árbol frondoso.

LOS DÍAS UNIVERSITARIOS

El final de Ekhymosis llegó con muchas incógnitas para la vida de Juanes. ¿Qué hacer?¿Para dónde agarrar? Seguir en la música no era una duda, la música siempre estuvo, de día, de noche, desde que era un niño. Pero su nueva vida era protagonizada por el cómo perderlo todo. Ahora no tenía banda, así las canciones siguieran sonando en la radio.

Por su lado, Juanes no paró de hacer canciones, ahora construía maquetas musicales con algunos aparatos que había comprado, una caja de ritmos, una zoom multiefectos de guitarra, una grabadora de cinta de cuatro canales y un micrófono; produjo demos y maquetas mientras su panorama a futuro se aclaraba. Por lo pronto, siguió asistiendo a la Universidad Pontificia Bolivariana a continuar su carrera de Diseño Industrial con la que llegaba al noveno semestre.

Su llegada al diseño industrial apareció luego de un primer fracaso en ingeniería mecánica, carrera que estudió solo seis meses. A pesar de saber que la música era su camino, su familia también quería y esperaba que hiciera otra carrera, aunque siempre apoyaron su labor de hacer canciones.

En esta etapa universitaria Juanes tenía el pelo largo, envidiado por las compañeras de clase; una pinta muy rockera, con botas y chaquetas de cuero, y su moto era la mejor compañía para ese prototipo rockstar que se replicaba entre los pasillos universitarios y que compartía al lado de otras personalidades musicales de la época.

Sus días en la universidad como diseñador pasaban entre figurines, medidas, colores, y también canciones, pues nunca las abandonó en ningún momento. A pesar de ser cero participativo en las clases y muy tímido, desde la última esquina del salón de clases mostraba las canciones nuevas que había compuesto a algunos de sus amigos cercanos.

La música era un imán potente que lo llevaba hacia rincones que muchas veces ni él mismo conocía, hasta el punto de ser su máxima decisión de vida, su proyecto a futuro, su decisión para ser feliz.

Justamente, la música omnipotente siempre en su vida apareció de nuevo en forma de oportunidad única, en forma de "tómalo o déjalo". Estados Unidos y su inmensidad abrumadora de nuevo tocaba a su vida, de nuevo Marusa Reyes deseaba trabajar con él desde Fonovisa para construir su proyecto solista luego de la disolución de Ekhymosis; la propuesta tentadora que le hacían era irse a Estados Unidos, radicarse allí y buscar oportunidades para tener un buen productor, definir unas canciones y empezar a hacer camino en medio de una industria musical agresiva, competitiva y en un estado de supremacía delirante.

Esto, sin lugar a dudas, generaría un enorme dilema en su vida, dejar su carrera un semestre antes de terminarla, dejar a su familia, sus amigos, su novia, y conseguir dinero para vivir en un lugar desconocido, sin dominar el idioma.

La duda estuvo latente algunos días, la conversación familiar antes de tomar la decisión no fue fácil, pero al final todos lo

apoyaron, hasta su mamá, la que siempre lo quiso ver gradua-
do de una carrera universitaria. "Hágale, mijo, usted es capaz,
no lo piense", le dijo.

Desde meses atrás, cuando estuvo con Ekhymosis de gira, enviaba los trabajos de final de semestre a través de fax, de Estados Unidos a Colombia, y obviamente con la ayuda de su amiga
Puli Logreira, pero era muy difícil: el trabajo, el viaje, la música,
más la universidad, responsabilidades que no podía sincronizar.
Así que en esta ocasión decidió avisar en la decanatura de su fa-
cultad que aplazaría sus estudios, mientras se lanzaba al abismo escalofriante por buscar su melodía, su real sueño de la vida.

Años después, luego de su retiro de la universidad, la cole-
giatura colombiana, homologando sus créditos y sus materias
faltantes, decidió darle el grado honoris causa en una ceremonia privada.

*"Honoris Causa a Juan Esteban Aristizábal Vásquez. Diciembre 3
de 2003
Juanes tuvo que escoger:
la música o el diseño… prefirió la música.
Una de las pocas cosas que no había logrado Juanes y quiso tener
fue su título profesional, y se le otorgó mediante Resolución
Rectoral número 10 del 3 de diciembre de 2003. Tenemos
estrategias pedagógicas orientadas a crear profesionales íntegros,
racionales y sensibles, gestores y agentes de valores estéticos,
éticos y cívicos dentro de un saber-hacer específico. Formamos
seres humanos cuya principal función académica y profesional
está al servicio de la dignidad individual, colectiva y de la cultura",
Humberto Palacio, rector.*

No había vuelta atrás, su viaje en busca del sueño se haría,
ahora tocaba conseguir dinero para tiquetes y para el sosteni-
miento inicial en este viaje utópico, quimérico, riesgoso, al que
tanto temor le tenía.

Vendió algunas cosas, entre ellas su guitarra Yamaha blanca, un amplificador de guitarra, un celular Nokia 5110, su computadora con Windows 95 y su amada moto Kawasaki, la misma que había ayudado a cumplir su sueño de libertad juvenil a toda velocidad. Preparó una de sus guitarras y una mochila color naranja con discos, libros y ropa. En un bolsillo de su maleta, como un tesoro, 3.000 dólares que logró reunir para sobrevivir unos meses, y en su corazón, un vacío insondable y esperanzador.

Año 1996. Su casa en la Avenida La Playa en Medellín, en el edificio Gualanday, estaba en silencio. Todos acompañaban la decisión de Juan Esteban, pero al igual que él estaban temerosos.

Se despidió de sus hermanos, de sus amigos, de su novia del momento, de su ciudad y de su querida madre, doña Alicia, el motor de su vida y la fuerza para intentar al menos vivir de la música. Con la maleta y la guitarra en hombros y con los ojos inundados de incertidumbres, vio cómo la puerta de su casa se cerraba, con la mirada amorosa de su mamá desvaneciéndose tras el sonido de las bisagras, y él, decidido, enfrentando con las piernas temblorosas y el corazón presionando el pecho uno de los momentos más duros y brillantes de toda su existencia, el viaje que le cambiaría la vida.

Estaba muy asustado.

—¿Qué estoy haciendo, por Dios, estoy loco? —Se preguntó él mismo al verse solo, saliendo hacia la nada, cuando en realidad lo tenía todo. Una casa, una familia, universidad, canciones, reconocimiento y un relativo éxito que empezaba a crecer.

Ahora, pendía de un hilo, solo tenía un contacto para tratar de darle rumbo a su carrera. Marusa Reyes, la mánager de Caifanes, había visto a Ekhymosis en algunas oportunidades y le había propuesto viajar para hacer su sueño realidad de vivir verdaderamente de la música, pero más allá de eso, no tenía nada; es más, no hablaba inglés.

EL VIAJE
QUE LE CAMBIÓ LA VIDA

La vida de Juanes parece sacada de una cinta cinematográfica, una vida de película dirigida por Danny Boyle, Hitchcock, Spielberg, Iñarritu, Scorsese, Tarantino o Cuarón. Una película con actores principales, secundarios, con locación propia, extras, luces, sueños, sacrificio, caídas, lágrimas, esfuerzo, triunfos y una estrella luminosa que lo cuida desde lo más alto de la Vía Láctea.

Esa vida está ambientada con el sonido de una guitarra, no importa de qué marca, si es eléctrica o acústica, si tiene distorsión o efectos envolventes, lo que importa es que esté cerca de él con las cuerdas bien afinadas.

La banda sonora tiene rock, por supuesto, pero también guasca, música carrilera, vallenato, tango, bolero, y esa infinidad de canciones que siempre escuchó desde que era un niño obeso hasta su adolescencia y adultez al lado de sus amigos y su agrupación Ekhymosis.

Pero esa escena emotiva y cargada de sueños debía mutar, tener otro clímax, recibir un claquetazo contundente para que la emoción de todos los asistentes a esa sala de cine viviera otra tensión, otra fuerza que los hiciera aferrarse a las sillas y soltar las palomitas de maíz.

Ahora, muchas de las canciones que había cantado, muchas de las guitarras que había tocado y de las calles que lo acompañaron a cumplir sus sueños de héroe sin capa lo dejaban, y dejaba su universidad empezada, a sus amores de Medellín, a sus amigos y a su familia, para emprender un nuevo reto, un reto que ni él tenía claro. Se marchaba de la ciudad buscando algo que no se le había perdido, pero que seguro le daría respuestas para su nueva ruta.

Llegó a la ciudad de Bogotá dispuesto para salir del país en un vuelo Bogotá-Miami, en la aerolínea American Airlines. Antes de abordar se tomó un whisky para los nervios. Revisaba cada 3.5 minutos el bolsillo de su chaqueta para cerciorarse de tener aún los dólares, y se aferraba al estuche de su guitarra para no perderla nunca.

Antes de subir al avión, Juan Esteban, el niño consentido de la casa, el menor de todos que ahora partía de la comodidad para luchar por lo imposible, llamó a su mamá para despedirse.

"Bendición, mamá". "Que mi Dios me lo bendiga y me lo traiga con bien", respondió Alicia haciéndole la señal de la cruz frente a la bocina del teléfono.

Al abordar el avión que lo llevaría a Miami, y a ese primer encuentro con el país que lo vería crecer como artista, de primerazo, en las primeras sillas, se encontró con la emblemática agrupación de rock colombiana Aterciopelados; Andrea Echeverri Arias y Héctor Vicente Buitrago estaban sentados, con sus estrafalarias pintas, preparados para dirigirse a la gala de los Latin Grammy.

—Muchachos, qué alegría verlos, ¿cómo están? ¿Pa' dónde van?

—Juanes, parce, vamos ya a recibir el Grammy que nos ganamos, muy felices.

—Uy, chicos, qué cool, qué felicidad y qué orgullo, de verdad. Que les vaya muy bien, parceros.

Por dentro, Juanes, además de la felicidad de ver a sus amigos cumpliendo sueños, en un espacio utópico para muchos músicos de toda Latinoamérica, estaba asustado, muy asustado; pensaba en su interior .¿Si ellos van para allá, con algo fijo, yo para dónde voy? ¿Qué voy a hacer? Esta es una locura tremenda.

—Y sumercé, ¿también va para la gala? —le preguntó Andrea Echeverri.

—No, muchachos, yo voy para varios lados, voy a buscar un contrato discográfico a ver cómo evoluciona todo.

El resto del vuelo fue de pensamientos dispersos visualizando en las nubes, y en el corredor de un frío avión, un futuro que no tenía ni pies ni cabeza. Se llenó de miedo, pero la fuerza de su guitarra y sus canciones le dio la tranquilidad necesaria para bajar del avión y enfrentar ese nuevo momento en su vida.

Al llegar a Miami, el viento vaporoso le pegó en la cara, su valentía se transformaba en fuerza, que iba de su cabeza al cuello, a los brazos, pasando por ese flujo hirviendo de su sangre por las venas, que se atrevían a tomar con dureza cada mano, cada dedo, que agarraban el estuche duro de su guitarra, su único anclaje a la vida, su único salvavidas en medio de esa oleada de incertidumbres.

Al llegar a la ciudad, Memo Arias, el mismo viejo amigo que tiempo atrás había recibido a Ekhymosis, le permitió quedarse una semana en su casa, ubicada en la 78 y 80 en el Gran Canal Drive, en el Palmetto, cerca de la calle 8 y la calle Flagler en Miami. Su estancia serviría para empezar a organizar sus planes, buscar oportunidades, oídos atentos y corazones dispuestos para sus canciones y su obra artística.

Memo vivía con dos amigos, y como no había habitaciones disponibles, Juanes dormía sobre un tapete, en el piso. Cuando Memo se iba a trabajar a su oficina de diseño lo invitaba a ir con él, pero Juanes prefería irse trotando para gastarse todos los minutos y las horas y poder pensar en soluciones para su vida.

Al llegar a la oficina de su amigo, cansado y sudado, Memo lo invitaba a almorzar y luego se quedaba usando el internet de la oficina, trabajando, y a pesar de tener una luz gracias a Fonovisa, él seguía escribiendo a diferentes discográficas, entre ellas a WEA Latina, quienes tenían a Maná entre sus artistas y habían mostrado en algún momento interés por Juanes.

Cuando Juanes no iba a la oficina de Memo, se quedaba solo en esa casa, sin saber qué hacer, sin conocer a nadie. Se levantaba del tapete que tenía como cama, miraba por la ventana, no veía a nadie caminando cerca, tomaba la guitarra, la tocaba 20, 30 minutos, una hora. Salía a la calle, trotaba 45 minutos sin descanso en medio del calor sofocante, regresaba, una ducha, se preparaba una lata de atún, tomaba tres vasos de agua, uno seguido del otro, y a las seis de la tarde, se abría la puerta y era de nuevo Memo luego de su jornada laboral.

—Ey, Juanes, ¿vamos por un drink?

Y salían, iban a un bar, se tomaban un par de cervezas y regresaban para dormir y empezar la misma rutina diariamente. Los días eran iguales, solo aumentaba la ansiedad y cambiaba la fecha en el calendario.

Juanes no hacía nada más que eso. Sus únicos contactos en Estados Unidos eran su amigo Memo Arias y Marusa Reyes, la mánager de Caifanes que descubrió a Ekhymosis en aquel concierto en Bogotá, la responsable de que él hubiera dado el salto y ahora estuviera en ese país solo esperando su llamada, sus indicaciones para empezar a trabajar.

La estancia en casa de Memo se alargó más de una semana. Allí Juanes tuvo tiempo de componer, de escribir textos e incluso de pensar en sus posibles nombres artísticos, uno de los que sonaba con fuerza era "Juan Escarlata".

—No, Juan, qué es ese nombre tan malo.

—En serio, Memo, ¿te parece?

La búsqueda, sin lugar a dudas, continuaría.

A los dos meses, con el desespero de noche y de día, con los sueños trastocados y la utopía a cientos de kilómetros de su pecho, decidió irse, Miami no le ofrecía lo que buscaba. Ahora Nueva York sería el lugar para ubicar un norte, para tomar el timón de su carrera musical y rebuscarse un nuevo futuro en un territorio donde nadie sabía quién era.

Un viejo conocido, Iván Benavides, el productor e investigador sonoro responsable de *La tierra del olvido* de Carlos Vives, un etnógrafo musical, un investigador sonoro, un enamorado del folclor que sabe muy bien cómo funciona la geografía musical de este territorio rico en ritmos, armonías, melodías, historias y poca memoria, y que en ese momento trabajaba en su proyecto musical Bloque de Búsqueda, le ofreció su apartamento en La Gran Manzana por un mes, y ahí estuvo.

Estaba feliz en esa ciudad sin sueño, con ese frenético ritmo, con esa diversidad cultural asustadora y con música en cada rincón. Pero la soledad se lo tragó, de pies a cabeza. Sin dinero, salía a caminar durante todo el día, no hacía nada más que eso. Mirar la gente pasar, entender los sueños de los demás desde sus ojos, desde sus pisadas apresuradas. Estuvo solo, comiendo mal, y esperando a que Marusa Reyes apareciera con la noticia que le cambiaría la vida. Nueva York tampoco fue la ciudad que lo descubrió sonriendo y con la vida enrutándose, pero sí fue la ciudad en la que recibió la llamada de Marusa.

—Juanes, ¿cómo estás?

Y aun sin que él respondiera, le propuso que tomara un vuelo de inmediato a Los Ángeles, ya que podría resultar algo importante para su música allá. Por supuesto, Juanes no tenía nada que perder, así que dejó el apartamento de Benavides en orden, organizó la maleta y tomó un vuelo hacia LA.

Al aterrizar y comunicarse de nuevo con Marusa, ella, en medio de un desespero incontrolable, le dijo que mejor hablaban luego, que su esposo había tenido un accidente que por poco lo mata.

—No puedo pensar, no puedo pensar, no puedo pensar. Sorry Juanes, sorry.

Colgó la llamada y el mundo, de nuevo, se le vino encima.

No sabía inglés, no tenía conocidos en esa ciudad, tenía una maleta, una guitarra y solo un fajo de dólares para subsistir en una ciudad costosa, alejado de su familia y sus sueños, y que día tras día parecían escaparse entre suspiros, dolores interminables de cabeza, vacíos estomacales y soledad. "¿Qué hago?¿Qué me quiere decir la vida? ¡Hijueputa!", pensó Juanes mientras caminaba de un lado a otro en medio de ese gigantesco y frío aeropuerto.

Su única opción era llamar a Mónica Escobar, una vieja amiga periodista que había conocido en Bogotá en la época de Ekhymosis y que se había involucrado en el mundo de la música.

Ella, muy amable, se ofreció a recogerlo y recibirlo por unos días en su casa. Llegó al aeropuerto en su carro Honda Civic azul claro, de dos puertas, un carro con historia pues el dueño anterior era el escritor de *Los años maravillosos*, el recordado Neal Marlens.

Mónica vivía en una vecindad con apartaestudios muy pequeños. La dueña de la vecindad era una señora de edad procedente de Grecia. Hablaba muy pausado, tenía un temperamento fuerte, el pelo tinturado de rojo, siempre usaba gafas de marco redondo, muy baja de estatura, bien maquillada en todo lugar, y olía siempre a fina colonia. Ella era Ms Mc Clayn, siempre estaba acompañada de su esposo, a quien se le veía a diario relajado en una gran mecedora frente al televisor.

Mónica habitaba uno de sus apartaestudios, un cubo de baldosas grandes, con una ventana que daba hacia adentro de la vecindad, un baño, una pequeña cocineta, una cama sencilla y un futón donde dormiría Juan, separados por un biombo para que los dos tuvieran privacidad.

Compartieron en una complicidad de amigos necesaria para la paz mental de Juanes. Fueron a la lavandería, alistaron su ropa, cosieron juntos una media averiada y le pusieron un botón a unos jeans.

La situación compleja de esta estadía era que la señorita Mc Clayn no le permitía a Mónica tener a nadie en el apartamento, era una de las normas de convivencia de la vecindad. "No, señorita, no y no se queda este muchacho solo acá... si va a estar tiene que ser cuando usted esté en la casa".

Así que la solución a esa medida restrictiva era que cuando Mónica se fuera a trabajar, Juanes tenía que salir del apartamento e irse a la calle a buscar algo para hacer mientras ella regresaba del trabajo. El problema complejo era salir a las calles de Los Ángeles sin hablar inglés y sin dinero. Los 3.000 dólares con los que salió Juanes de Medellín ya no eran 3.000, el paquete de ahorros ahora era una pequeña suma de dinero que cada día disminuía.

UNA LIBRERÍA, UN CAFÉ
Y UN LIBRO EN INGLÉS

Para contrarrestar el tema del idioma, Mónica le regaló a Juanes un diccionario de inglés para que lo leyera de inicio a fin las veces que fuera necesario. El diccionario era rojo y azul, el famoso *Merriam-Webster's, Pocket Dictionary*, así que la rutina de Juanes mientras su amiga estaba en el trabajo era tomar un bus para ir a las playas de Venice Beach o Santa Mónica, ir al Downtown y estar ahí, en una banca de bus, durante más de tres horas, sin hablar con nadie, leyendo el diccionario, memorizando vocabulario y soñando con esa fluidez para llevar una vida normal en Estados Unidos. Esta rutina la variaba tocando la guitarra y yendo al gimnasio. Esto, todos los días durante varias semanas.

—Yo nunca voy a poder hablar inglés, Moni.

—Claro que sí, Juan, péguese del diccionario, de inicio a fin, de inicio a fin.

—Voy al gimnasio, le hablo al profesor y hasta a las chicas y nadie me entiende nada.

—Paciencia y estudio, mi Juanes.

Intentó todo para aprender inglés. Veía todo el tiempo televisión estadounidense, revisaba revistas en inglés, dedicadas a las vidas de guitarristas y bandas de metal, y todo, poco a poco, parecía que empezaba a fluir, a entender muchas de las cosas que antes no entendía.

Hasta que un día, por invitación de unos amigos de Mónica, fueron a una fiesta. La casa estaba llena de gente, todos hablando en inglés, todos disfrutando de juegos de mesa y algunos licores. Allí, al final del pasillo había una rusa despampanante, con unos ojos hermosos y precioso cuerpo. Desde que Juanes entró en la casa se miraron fijamente, la conexión estaba. La chica se le acercó, lo miró de cerca y le preguntó algo que él no entendió. Quedó petrificado unos segundos.

—Hello. I don't speak English, sorry —le dijo Juanes.

—Oh, don't worry, fresh.

Se fue avergonzado a buscar a Mónica, se sentía diminuto ante esa barrera idiomática que lo apenaba.

—No, parce, esto es muy difícil, qué vergüenza. Si yo no aprendo inglés no voy a poder comunicarme con nadie.

A la semana siguiente su método de aprendizaje cambió. Tomaba el mismo bus, podía pasar tres horas mirando por la ventana esa gigantesca ciudad, pensando, buscando respuestas a preguntas aún no hechas. Llegaba a la zona de La Arbolada, en Los Ángeles, y se sentaba en Barnes & Noble, Bookstore, fundada en 1873; pedía un café doble y, como una búsqueda resiliente, caminó entre las estanterías repletas de libros y encontró uno para el aprendizaje del inglés. Desde ese día su ritual fue diariamente ir al mismo café, leer durante tres horas, con atención plena, con consciencia de su necesidad. Cuando ya estaba cansado y con los ojos cuadrados, tomaba un pedazo de servilleta y la introducía en la página en la que había quedado su lectura del día. Ese mismo ejercicio lo hizo por tres meses hasta acabar el libro, e incluso hasta complementarlo con otras lecturas. Diario, el mismo viaje en bus, el mismo café que podía pagar, el libro, la servilleta como separador de páginas y la disciplina de querer aprender.

Así, de esa manera, sin tutores, sin academias, sin escuelas, y solo por la necesidad y la fuerza de voluntad, Juanes aprendió inglés.

LAS NUEVAS CANCIONES

Para Juanes, la casa de Mónica Escobar no solo fue un refugio para el desesperante momento de soledad que vivía en los Estados Unidos, para el océano de incertidumbres y la falta de dinero; también fue un refugio de paz, oxígeno, compañía y aprendizajes. En esa misma casa Juanes tuvo grandes encuentros con su música. En las noches, cuando estaban juntos, se tomaban un par de copas de ron, y Juan aprovechaba para mostrarle música a Mónica: Robi Draco Rosa, Silvio Rodríguez, Beck, Juan Luis Guerra, Fito Páez, Metallica, aparecieron en esas noches de conversación, canciones y artistas que desde hacía años escuchaba con juicio, en tertulias musicales con amigos o en la soledad de su habitación. Luego, los dos, tirados en el suelo, escuchaban lo que Juanes había compuesto en el día, con la guitarra y su respiración solitaria.

—Negra, mira esta canción, pero me decís la verdad, decime qué te parece.

Allí empezó a construir las canciones de ese primer disco como solista, canciones que aún no tenían destino, ni futuro, pero que nacieron desde lo más genuino, desde esa intención artística que Juanes lleva por dentro, como un motor aceitado, lubricado y con la fuerza de 220 caballos mecánicos.

"Te han quitado lo que tienes
Te han robado el pan del día
Te han sacado de tus tierras
Y no parece que termina aquí
Despojado de tu casa
Vas sin rumbo en la ciudad
Sos el hijo de la nada
Sos la vida que se va
Son los niños, son los viejos
Son las madres, somos todos caminando
No te olvides de esto no, no, no
Fíjate bien dónde pisas
Fíjate cuando caminas
No vaya a ser que una mina
Te desbarate los pies, amor…".

Esta letra la escribió con la necesidad de contar todo lo que pasaba y sigue pasando en Colombia. El flagelo de la guerra, la inseguridad de caminar por esas montañas preciosas, exuberantes y mágicas, el dolor de la guerra, el odio por la sangre derramada y las vidas perdidas. "Negra, yo acá me imagino no solo la guitarra rocanrolera y todo lo que hago, sino meterle un acordeón, como rock con vallenato. ¿Muy loco?". "Uyyy, muy raro, pero chévere, mi Juan".

Y así, uniendo dos mundos aparentemente opuestos, creó "Fíjate bien", el inicio, la semilla, el germen de lo que sería su primera producción discográfica.

En esa espera interminable, con días eternos solo medidos por el tiempo del corazón, sin relojes, sin calendarios ni recordatorios, Juanes esperaba una llamada, un timbrazo que cambiaría su vida o por el contrario terminaría sus días en esa ciudad imposible de caminar, en ese país de sueños utópicos y posibilidades a merced de los más trabajadores.

LA LLAMADA ESPERADA

Pocos días después, luego de su ausencia justificada pero asustadora para Juanes, Marusa Reyes llamó al teléfono. Al parecer tenía planes concretos para su futuro. Hicieron una cita y ella le ofreció quedarse en un motel a cinco cuadras de su casa, Beverly Hills Motel, en Westwood y Wilshire, un barrio costoso de Los Ángeles, pero en una zona deprimida, un pequeño lote donde estaba este motel de mala muerte que parecía sacado de un film de terror.

Juan ya contaba los dólares, se estaba quedando sin dinero, y se lo expresó a Marusa. Ella prometió no dejarlo solo y por supuesto le pagaría la estancia en este lugar mientras resultaba una oportunidad para la música que a ella misma la había atraído.

La habitación era verdaderamente deprimente, cortinas oscuras, un minibar, una cama que sonaba con cualquier movimiento, un pequeño televisor con algunos canales de la televisión local, un modesto baño, la luz amarilla, una ventana con vista hacia el interior del motel y un clóset para la ropa.

Allí estuvo Juanes durante varias semanas. Los primeros días, compartió con Marusa y con Saúl Hernández de Caifanes. Salían a cenar juntos, hablaban de proyectos que parecían sueños irrealizables, e incluso como historia curiosa y surreal, Marusa, Mónica Escobar, Saúl Hernández y su novia y Juanes estuvieron en cine, en la premier de la película *Hormigas*.

Saúl y Juanes se hicieron buenos amigos, y él, por supuesto, se vió influenciado por ese sonido chamánico, por ese ritual místico que tiene Caifanes en sus canciones. Pero cuando no salía con Marusa o con Saúl, se la pasaba en esa habitación de hotel, componiendo, tocando la guitarra y fantaseando con la que sería su vida como estrella de la música. De hecho, ahí mismo, en ese sórdido y solitario lugar, en una libreta de hojas amarillas anotaba cada uno de los nombres que podrían ser opciones para nombrar su proyecto como solista.

Jaguar del viento

Tigre de la noche

Juan escarlata

Juan Esteban

Juanes

En total eran catorce nombres, catorce posibilidades de recibir llamados en escenarios del mundo, de ser mencionado en telediarios, emisoras, periódicos, y de tener ese alias para toda la vida como un artista de verdad.

Para subsistir en este pequeño espacio de 12 metros cuadrados, con humedad por todo lado y visitantes diurnos y nocturnos, Juanes salía en la mañana rumbo al supermercado, compraba un par de latas de atún, panes, mayonesa y lechuga. Regresaba al hotel, armaba algunos sánduches y con un cuchillo los partía a la mitad para guardarlos tajados en la nevera. Un trozo para la mañana y un trozo para la tarde noche, esa era su dieta por esos días, acompañada de agua de la llave.

Para sumarle más drama a la situación compleja que vivía por esos días, Marusa de nuevo desapareció del radar; sus constantes viajes a México para su trabajo con Caifanes la alejaron de Los Ángeles y de la situación asociada a Juan Esteban. Ahora, ese muchacho soñador de Medellín estaba de nuevo solo en una habitación que ni siquiera podía pagar. De hecho, el dueño del motel llamó a su puerta.

—Joven, o ustedes me pagan esta semana todo lo que me deben o se tiene que ir, necesito este cuarto desocupado.

—Sí, señor, claro, ya mi representante le va a pagar, solo espéreme un par de días.

—¿Representante?

—Sí, señor. Es Marusa Reyes.

—Bueno, el que sea. Si esta semana no pasa nada me toca desalojarlo de acá, joven.

Juanes estaba desesperado.

Todos los domingos llamaba a su casa, a su mamá, en llamada por cobrar, es decir, los minutos de conversación los pagaban en Medellín.

—Mijo, ¿cómo está?

—Bien, mamá, bien. Estoy un poquito desesperado con esta situación acá.

—No, mijo, tranquilo, tenga paciencia, tenga fe en Dios, ya verá que todo va a pasar.

Ella le daba ánimos, pero Juan ya estaba a punto de tirar la toalla, estaba cansado y deprimido. Ya había pasado un año y medio desde que empezó su aventura hacia los Estados Unidos, aún no pasaba nada y no aguantaba las ganas de irse para su tierra, con su familia y sus amigos.

Las horas en ese lugar parecían detenidas. Juan entró en una depresión peligrosa, cerraba las cortinas, no dejaba que entrara luz del día, se quedaba al oscuro y aprovechaba para trabajar en sus canciones con su guitarra, grabada en una grabadora Tascam de cuatro canales.

Sin embargo, algunos amigos de Colombia le empezaron a ayudar. Alex Gutiérrez, baterista de la agrupación Reencarnación, una banda de metal extremo en Colombia, le ofreció la compañía de su tía Patricia. Juanes visitaba a la tía de su amigo y allá, los domingos, le ofrecían pollo asado, todo un bocatto di cardinale para darle tregua al pan, la lechuga y el atún. Para él era una delicia imperdible, un disfrute en días de escasez.

Poco a poco empezó a salir en esa ciudad que lo encantó por su magia y musicalidad y le cambiaba la vida para bien y para mal. Se reencontró también con un viejo amigo del rock de Medellín, Dilson Díaz, de La Pestilencia y pudo estar en otros planes diferentes al silencio de su habitación. Por el mismo Dilson, conoció a la banda Agony, una agrupación de thrash metal bogotana integrada por Ernesto Robayo y Alfonso Pinzón; con ellos empezó a tocar metal, tocó el bajo afinado en RE y tuvo algunos conciertos en sitios representativos como el Whisky Bowl.

Allí Juanes ya respiraba, podía hablar con otras personas de otros temas y estar al margen de su situación precaria e indefinida. Estar en Los Ángeles era un sueño, pero así como él, otro millón de personas estaban buscando lo mismo, un contrato discográfico, una oportunidad para sonar y ser alguien en el mundo de la música.

Marusa aún no contestaba y el dueño del motel, a diario, era insistente con el tema del pago. Con justa razón.

Juanes, en un momento de desesperación absoluta, llamó llorando a Mónica Escobar. Su solución era vender la guitarra, una Fender Stratocaster, y con ese dinero regresar a Medellín.

—Ni de riesgos, no te regreses, mejor, agarra tus cosas y te vienes de nuevo para mi apartamento.

—¿Será, Negra?

—Claro, no vas a renunciar ya luego de todo esto, o ¿sí?

—No lo sé Moni, estoy mamado.

—Mejor dicho, Juan, ya voy por ti, espérame.

Al colgar el clásico teléfono rojo del motel, sonó nuevamente de inmediato. Era Marusa Reyes, mucho más calmada y cariñosa de lo normal.

—Cómo estás, Juan, ¿cómo van las canciones?

—Bien, Marusa, bien, aunque un poco desesperado, el señor de la habitación está diciendo que me va a sacar de acá. ¿Tú vienes ahorita?

—Espera, espera, Juan, te voy a pasar a alguien que te quiere hablar.

Hubo un silencio de algunos segundos detrás del teléfono. Se escuchaba la voz de Marusa y la de otro hombre.

—Juan Esteban, ¿cómo andás?

—Hola, muy bien, gracias, ¿quién habla?

—Gustavo Santaolalla, es un gusto escucharte.

Silencio. Silencio. Silencio.

...

—¿Hola, Juan? ¿Estás ahí?

De una sola pieza quedó Juanes al escuchar ese acento argentino que había reconocido tantas veces por su trabajo como productor con bandas como Café Tacvba, Maldita Vecindad, Los Prisioneros, Divididos, Fobia, Molotov, Bersuit Vergarabat, Julieta Venegas, Jorge Drexler, entre muchísimos otros. El rey midas del rock latino estaba en el teléfono, hablándole a él.

—Hola, Gustavo, sí, acá estoy. ¿Cómo estás?

—Muy bien, ché, acá con Marusa. Oye, escuchamos tu demo, está bueno, muy bueno. Quiero trabajar contigo, firmarte con Surco y hacer un disco, ¿te parece si nos vemos esta semana para tomar un café y hablar?

Detrás de esa bocina roja, clásica, en ese sórdido lugar que lo recibió en medio de una depresión solitaria y desesperanzadora, Juanes lloraba, ahogado, emocionado, intentando esconder su emoción y sus lágrimas de felicidad extrema.

—Claro que sí, Gustavo, dime dónde y ahí estaré para conversar, muchas, muchas gracias, de verdad.

—Te parece si nos vemos en la esquina de Virgin Records, ¿conoces?

—Sí, lo he visto cuando paso en el bus.

—Bueno, ahí en esa terraza hay un mini mall y hay un café, podemos vernos ahí.

—Listo, Gustavo, ahí estaré sin falta.

Al colgar el teléfono, Juanes empezó a llorar como un niño. Saltó por toda la habitación, se miró al espejo con lágrimas de alegría, le agradeció a Dios, brillaron sus ojos, abrió las cortinas, hizo la cama, besó su guitarra, salió a la calle y caminó mirando a ese sol que empezó a perseguir. Esa locura que persiguió desde el momento en el que vendió sus pertenencias y cuando se despidió de su mamá en su casa, ahora tomaba forma, todo tendía a cambiar.

Surco era una división de Universal Music, una filial que, desde la exclusividad de Gustavo Santaolalla y su socio Aníbal Kerpel, trabajaba con música importante que en su momento construyó el sonido latino desde el rock, el folclor y la vanguardia sonora. Un sueño multicolor para Juanes.

Esos demos que escuchó Gustavo, Juanes los grabó en Estados Unidos, entre la casa de Memo Arias, Mónica Escobar y el motel de Beverly Hills. Lo hizo de manera rudimentaria con un CD de loops que compró por unos cuantos dólares en el Guitar Center.

Al final, a pesar de todo lo malo, del sacrificio, de no tener un lugar estable para pasar los días, de la falta de compañía, de la mala comida, de la soledad, de tragar entero y seguir respirando, sus planes por buscar su libertad musical, por vivir de eso y para eso, fue una quimera que dejó de serlo, fue una historia llamada a tener un final feliz.

JUANES EN LOS SURCOS DE SU PRIMER DISCO

La primera reunión de Juanes al lado de Gustavo Santaolalla y Aníbal Kerpel fue en la esquina de Virgin Records, en Los Ángeles. Los tres se sentaron en un café, con tres tazas humeantes, a hablar.

Juanes los admiraba a los dos, conocía sus trayectorias como músicos y productores, Gustavo con la banda Arcoíris y toda la consolidación del rock y el folclor, pioneros en Argentina, y Aníbal con su banda Crucis y esa explosión emocionante de rock progresivo. Pero Juanes nunca los había visto en persona, una *tábula rasa* para conversar con ellos. A Gustavo le decía Aníbal y a Aníbal le decía Gustavo.

Esa situación divertida ayudó a romper el hielo, a sacar sonrisas en medio del café para poder empezar a planear lo que iba a suceder con ese diamante en bruto que aún estaba cubierto por la tierra y las rocas.

A Santaolalla le llamó mucho la atención que Juanes, viniendo de Medellín, conociera tan bien su trabajo como productor, que si bien tenía un nombre en crecimiento importante en la industria, para esos lejanos años noventa no era tan famoso como puede serlo ahora. Juanes conocía los discos que había producido y la potencia estética que les imprimía a muchas bandas en todo el continente.

Luego de conversar, de establecer algunos criterios de trabajo, Juanes sacó de su chaqueta un CD; allí estaban todas las canciones que había producido caseramente para iniciar con el trabajo.

La primera maqueta de canción que escucharon juntos fue la de la canción "Ahí le va"; a Gustavo le encantó su búsqueda con el folclor, su sinceridad lírica, y ese mantra permanente con la salsa, el rock y las tradiciones musicales de Latinoamérica. Desde ese momento todo empezó a ir bien.

Las demás canciones encajaron bien en los cerebros musicales y comerciales de Gustavo y Aníbal, todo estaba listo. De hecho, entre Gustavo y Aníbal sabían que con un buen manejo Juanes iba a ser enorme.

La agenda que buscaba consolidar el primer disco de Juan Esteban tenía fechas definidas; luego de esta reunión, al mes exacto, se encontrarían en el estudio de Gustavo Santaolalla para empezar a grabar las doce canciones que integrarían esa placa debut de un artista que hasta ahora no tenía un nombre artístico claro, él simplemente era el vocalista de Ekhymosis que ahora buscaba su propio camino.

—¿Cómo te vas a llamar, Juan?

—¿Cómo?

—Sí, cuál será tu nombre artístico...

—Pues tengo algunas ideas.

Juanes sacó el bloc de hojas amarillas que lo acompañó en su estancia en los primeros meses en Estados Unidos; allí tenía todos los nombres, todas las ideas para llamar a su proyecto artístico.

—Ninguno me funciona. ¿Qué decís, Aníbal? —dijo Gustavo.

—Déjame pensarlo, pero falta algo.

—Yo también puedo pensar en más nombres —dijo Juanes.

—Ve, che, y ¿el Juanes, qué onda? ¿Por qué te dicen tanto así?

—Desde niño, para no decirme Juan Esteban, todos en la casa y en la escuela me decían así, Juanes.

—Pues ese es, ¿no? ¡JUANES! Directo, sencillo, y sos vos, che, sos vos.

A todos les gustó la idea y desde ese momento, Juan Esteban Aristizábal Vásquez pasó a convertirse para toda la vida en Juanes, el parcero que salió de Medellín y que luego de lucharle a la vida por hacer sus propias canciones poco a poco lo estaba logrando.

—Juanes, desde hoy tendrás viáticos por semana, te vamos a dar un carro para que te muevas en la ciudad.

—¿Quéeee? ¿En serio?

—Sí, si no tienes carro acá estás muerto.

—Nos vemos en un mes para empezar a grabar, ¿listo?

—Listo, acá estaré, claro que sí.

—Bienvenido a la familia Surco, Juanes.

El carro que le dieron fue un Honda Civic, y ahora, además de poder movilizarse por la ciudad con tranquilidad, tenía el dinero para ir a un restaurante, para conocer la ciudad de manera diferente, e incluso ahora el hotel que lo recibió por algunos meses era exclusivo para artistas, actores, cantantes; quedaba cerca de Universal Studios.

El carro lo llevó de acá para allá, para conocer la ciudad, para ir a probar uno que otro restaurante, para visitar a su amiga Mónica, y por qué no, para conocer la vida nocturna de esa ciudad encantadora.

En alguna oportunidad, Juanes salió en su auto a un bar, se sentó, pidió una cerveza mientras veía la dinámica gringa y conversaba con el bartender.

Una cerveza se tomó y agarró el carro para regresar al hotel.

En medio camino, luces rojas y azules lo perseguían; la sirena empezó a sonar pidiendo que detuviera el carro, era la policía. Juanes estaba temblando mientras sostenía con firmeza el timón.

Pensó de todo en esos segundos mientras detenía el auto, acomodaba su camisa, abría la ventanilla y hablaba con cautela.

Si le hacían una prueba de alcoholemia y detectaban que se había tomado una cerveza, le quitarían el carro y además lo deportarían, todo eso podía pasar, justo a unos días de empezar a grabar su disco, en su nuevo sello discográfico y cuando su sueño de la vida asomaba con hacerse realidad.

Al bajar la ventanilla, el oficial lo saludó, miró con una linterna hacia el interior del auto, lo miró fijamente a los ojos.

—*Thanks, please continue.*

Juanes sonrió de medio lado, aún con los nervios dilatados en las pupilas y en las manos sudorosas.

Cerró la ventanilla y continuó su trayecto.

GRABAR UN DISCO

En el estudio de Gustavo empezaron a darles forma a esas canciones maqueta que Juanes había construido desde Medellín y desde las múltiples estancias ambulantes en Estados Unidos. Todo lo hizo en una grabadora Tascam de cuatro canales. Ahí programaba las percusiones en una máquina de ritmos y en otro canal montaba su voz, en el otro canal la guitarra y en el restante el bajo. Luego mezclaba esos canales y los dejaba en un solo track.

Esa grabación rudimentaria cambiaría; ahora, la experiencia de dos productores de talla internacional puesta al servicio de una ramificación de Universal Music transformaría el sonido, crearía el ADN de un nuevo artista y lo llevaría hasta las estrellas.

El proceso de grabación de ese primer disco fue increíble. Tenían todo, los mejores equipos y el personal dispuesto para lo que necesitaran los músicos de sesión y las canciones. Tenían drum tech, guitar tech, todo, absolutamente todo. Si Juanes quería un tipo de guitarra especial para grabar un solo, o un bajo con algunas especificaciones de sonido, o amplificadores o toms de batería, todo llegaba en un par de horas. Allí en el estudio llamado La Casa le dieron orden y carácter a los demos y empezaron a grabar.

Todos los días de once de la mañana a siete de la noche Juanes estaba con los músicos de sesión, al lado de Aníbal Kerpel, grabando, capturando ideas, probando sonidos e imprimiendo identidad a un sueño que, si bien era nuevo, tenía toda la carretera del mundo. Luego, hacia la mitad de la jornada, llegaba Gustavo Santaolalla, sugería algunos cambios y metía su genialidad en los detalles más importantes. Juanes estaba en las nubes, delirando entre distorsiones, metrónomos y grandes músicos, aún no podía creer que estuviera viviendo ese sueño en estéreo.

A los meses de estar de cabeza grabando en el estudio, salió la primera placa discográfica de Juanes, "Fíjate bien", un gran debut para ese artista que causaba curiosidad entre los pasillos de la disquera.

DE VEZ EN CUANDO LA VIDA

De vez en cuando la vida nos besa en la boca, nos sorprende, nos asusta y se convierte en una ruleta rusa que nunca acaba. El azar se hace destino y con el destino llega el amor. Y justo eso sucedió en una historia desprevenida que ocurrió por una coincidencia afortunada entre dos corazones solitarios que se encontraron en un bar en la ciudad de Bogotá.

Luego de la firma de ese anhelado y gran contrato discográfico con Surco de Universal Music, luego de que la carrera artística de Juanes empezara a despegar como el cohete Saturno V de la misión Apolo 11, llegaba el momento de aterrizar en la Luna y poner la primera bandera, llegaba el momento de materializar videos para las canciones ya grabadas. El desarrollo del plan de expansión musical no daba tregua. El segundo sencillo de ese disco que estrenaba la vida solista de Juanes fue el de la canción "Podemos hacernos daño", y con ella, el cierre como broche de oro del año 2000, un año esperanzador y particularmente afortunado, pues luego de trabajar durante un largo tiempo al lado de Gustavo Santaolalla y Aníbal Kerpel, el disco estaba sonando en radios de Latinoamérica y medios de comunicación, y como era usual, los videos se convertían en una ventana de exposición al mundo.

Así que el video de la canción "Podemos hacernos daño" no se haría esperar, el director encargado de rodarlo sería el venezolano Pablo Croce y la locación escogida para esa fiesta rocanrolera y ese coqueteo fugaz entre la pareja ficticia sería Mister Babilla, un bar ubicado en la calle 82 con carrera 13 en Bogotá, uno de los espacios de rumba y buena fiesta recordados en ese inicio de los años 2000.

Para la producción, además de buscar algunos extras que se encargaran de llenar de energía fiestera el lugar, buscaron una pareja protagonista que simularía un amor fugaz, un amor de discoteca, y además, contarían con un gran grupo de modelos que harían de ese espacio y de ese momento musicalizado por Juanes con guitarras eléctricas, acordeón, y hasta tiple, una fiesta para no perderse.

El casting para escoger a las bellas modelos que actuarían en el videoclip, lo hicieron días previos con entrevistas y actuaciones improvisadas, y entre las seleccionadas estaba Karen Cecilia Martínez Insignares, una cartagenera de veintiún años que había tenido un paso fallido como estudiante de odontología, pero los medios de comunicación la enamoraron y era querida por las pantallas de la televisión. Ella, meses atrás, se había convertido en la Señorita Cartagena y además tuvo una participación muy importante en el Reinado Nacional de la Belleza.

Al ser escogida, la citaron para la grabación en Mister Babilla a las doce de la noche, y si no fuera porque tenía mal de amor y porque algunas amigas la convencieron pues le gustaban Juanes y su música, no hubiera aceptado, lo hizo por curiosidad a pesar del gran esfuerzo que significaba para ella pasar derecho toda la noche en el rodaje y luego empatar con su trabajo en el noticiero en el que trabajaba. Allí, entre un grupo de aproximadamente treinta personas, entre músicos, extras, producción y modelos, crearían el videoclip que acompañaría el segundo sencillo del disco *Fíjate bien* de Juanes.

Karen, luego de su trabajo en el noticiero, tuvo tiempo para descansar un poco y luego llegar antes de las doce de la noche para empezar la extenuante jornada de rodaje, con la sorpresa de que Juanes y sus músicos llegarían a las cinco de la mañana para grabar su parte protagónica del video.

Toda la noche, entre cámaras, maquillaje, claquetas, luces, sorbos de licor y el loop constante de la canción y la escenografía de fiesta, baile y enamoramiento, estuvo ahí, al lado de las demás actrices y el equipo de producción hasta que el azul reproche de Bogotá apareció por las ventanas frías del oscuro lugar, y ella, descansando sobre una silla cerca del área de maquillaje, vio que a través de la puerta principal del bar entraron los músicos de la banda, y, por último, Juanes, ese cantante del que había oído hablar a sus amigas y del que había escuchado en la radio desde hacía unos meses.

Mientras él desprevenido descendía de la camioneta, ajustaba la correa de su guitarra a su espalda y se acercaba a la puerta, era perseguido con los ojos bien abiertos; Karen lo miraba de pies a cabeza, sus tenis blancos, su jean azul, su manilla de hilo con los colores rastafari en la muñeca derecha, su camiseta negra manga sisa con motocicletas Harley-Davidson, su piercing en la ceja izquierda. Y él, indiferente, caminando hacia la entrada, con el estado eclipsado y aún somnoliento por la brutal madrugada, solo pensaba si se había aplicado desodorante.

No lo dudó, y con sigilo bajó la cabeza, inspeccionó con su nariz en su axila para corroborar lo que sabía era una realidad. Por el tremendo madrugón y el afán por salir y llegar a tiempo no se había aplicado desodorante, y lo peor, vendría una larga jornada de trabajo.

—Jueputa —se leyó en sus labios sin emitir sonido, mientras fruncía el ceño y levantaba de nuevo la cabeza.

Luego de esa acción íntima, Karen, desde adentro del bar, lo miraba entre risas como un águila arpía; sus miradas se encontraron y las risas mutuas y la vergüenza aparecieron por el chascarrillo maloliente. Juanes entró al bar achantado por la primera escena épica con la primera modelo que vio al entrar.

Esa acción rocanrolera o metalera, si se quiere llamar así, fue un detonante en el gusto que Karen encontraría en este ser particular que la miraba con detenimiento cuando ella no se percataba. En el área de maquillaje, con un cruce de miradas se saludaron cortésmente.

—¿Querida, cómo estás?

—Muy bien, Juanes, ¿y tú?

—Biennnn, vamos a grabar...

Desde que Juanes la vio quedó boquiabierto; le encantaron el porte, la actitud, la serenidad y seguridad con la que manejaba cada situación, y sobre todas las cosas, la sonrisa de Karen. Sus carcajadas se escuchaban a distancia y contagiaban a todo el mundo. Para él era complejo acercarse y hablarle, la timidez que lo caracterizó desde niño aún lo acompañaba en su cotidianidad.

Durante la grabación del video Karen todo el tiempo trató de llamarlo con la mirada, bailaba con más intensidad que las otras mujeres y se acercaba a él y a los músicos de su banda en los tiempos muertos de grabación.

Al final, la captura del video quedó lista a las tres de la tarde, los aplausos por la finalización indicaban que en pocos días la producción audiovisual estaría disponible en los canales musicales de Latinoamérica y la carrera de Juanes despegaría más allá de la Luna. Karen, sin dormir por dieciocho horas, estaba feliz y lista para seguir con su otro trabajo en su rol de periodista.

VEN, SIÉNTATE AQUÍ

Luego de ese adiós que Juanes y Karen se dieron en esa mara-
tónica grabación del videoclip de la canción "Podemos hacernos daño", la vida no maquilló el hasta luego, y a los dos días,
como dictado por el destino, el mánager de Juanes logró gestio-
nar la realización un unplugged con una productora de televisión colombiana; lo importante de esto es que los asistentes a
este evento serían cada uno de los participantes en la producción
del videoclip que acababan de grabar. Es decir, Juanes y Karen
se verían nuevamente.

Por su trabajo en el noticiero, Karen, en compañía de Olga,
su madre, llegó tarde al unplugged. Juanes y su banda ya habían
interpretado dos canciones: entraron al sitio, todo el mundo estaba sentado, prestando atención al concierto; de repente, y en
ese silencio e incómodo momento que se profundiza antes de
arrancar una canción, Karen abrió la puerta y tropezó ruido-
samente causando la alerta de todo el mundo, de los músicos y
hasta del mismo Juanes.

Al verla casi de bruces ante el suelo, con el pelo alborotado y los ojos gigantes, Juanes frenó a los músicos y tomó el micrófono. "Bienvenida, buenas noches para Karen Martínez", y todos voltearon a mirar y rieron. Karen se puso de todos los colores, sin embargo, siguió caminando con la frente en alto y también sonriendo al lado de su madre.

Ella, todo el concierto, miró de manera fija a Juanes, aplaudió, levantó las manos y bailó las canciones, se hacía notar y efectivamente Juanes lo notaba.

Luego del concierto, como celebración, invitaron a algunas personas a comer al restaurante El Portal de la Antigua en Bogotá, especializado en comida paisa. En el lugar, una mesa gigantesca atravesaba el inicio y casi el final del restaurante, una mesa para más de cuarenta personas. Muchos ya comían arroz, fríjoles, chicharrones fritos, arepas rellenas de queso, chorizos, morcilla, empanadas, y tomaban un trago de ron, pero Juanes aún no aparecía. El plan de Karen era poder sentarse cerca de él para conversar, para conocerlo. Se pasó la noche contando los minutos hasta que Juanes atravesó la puerta del restaurante y se sentó justo en la cabecera de la mesa del otro lado de donde ella estaba. Sin pensarlo, Karen se paró de la mesa con su bolso en la mano, y casi como pronosticando lo que vendría le dio la vuelta a la mesa y pasó frente a él como quien no quiere la cosa.

—Karen, querida, ¿cómo estás? Ven, siéntate aquí.

Y ella en silencio descargó su bolso de mano y se sentó junto a él sonriendo. Por dentro Karen llevaba una celebración bulliciosa, gritó en silencio: ¡Biennnnnn!, felicitó su audacia y también la iniciativa del tímido Juanes.

Pero al sentarse, Juanes no hablaba, era tan tímido que conectar una conversación era casi imposible. Verlo sin una guitarra era tenerlo en silencio y casi que con los ojos cerrados.

—¿Quieres tomar algo? ¿Quieres un roncito? —le dijo Juanes a Karen.

Y eso para ella era la oportunidad para soltarse, para conversar y conectar de una manera más cercana.

—Sí, de una, rico un roncito.

Y así fue, desde ese momento todo se empezó a dar mucho más natural entre los dos. Las conversaciones, el ron, la historia de Karen en Cartagena, se cruzaron entre arabescos anecdóticos con la historia de Juan Esteban en Medellín y todo se unió en esa ciudad fría y capitalina de Colombia.

—¿Si escuchas? —le dijo él.

—¿Si escucho qué?

—La canciónnn —le respondió, mientras se reía.

"Si no me querés, te corto la cara
con una cuchilla de esas de afeitar.
El día de la boda te doy puñaladas,
te saco el ombligo y mato a tu mamá".

—Escuchá, esa canción yo la canto desde que era un niño, es una canción muy paisa, pero muy paisa, esas son las Hermanitas Calle. Puro pueblo, mija —le dijo a Karen, mientras acomodaba de nuevo el vaso de ron en sus labios.

—Oye, Juan y ¿conoces Bogotá? —Siguió ella.

—Uyy, muy poco, no muchas cosas, me gusta mucho pero conozco muy poco.

—Pues si quieres y si no tienes con quien, salimos y yo te presento la ciudad.

—¿En serio?, pues listo, de una, cuadramos y salimos, yo me voy en tres días para México, pero lo coordinamos.

Ella nunca había sido tan decidida con un hombre, pero sentía un poder energético fuerte con la mirada de Juanes, y además le parecía muy apuesto y talentoso, así que como en una hermosa metáfora se lanzó al vacío con los ojos cerrados esperando a que él respondiera y no la dejara caer al pavimento al final de su caída.

Esa noche la pasaron bien, al menos conversaron de tú a tú y conocieron un poco más sus vidas y su pasado. Al final de la noche, Andrés Recio, uno de los integrantes del equipo de trabajo de Juanes, se ofreció llevar a Karen hasta su casa; en el auto iban los dos y Juanes en la silla de atrás. En el recorrido, los tres conversaron algunos minutos, luego la atención se la robó la música que sonaba en el radio del carro con algunas canciones de moda, mientras en silencio, Andrés, Karen y Juanes, miraban por la ventanilla las líneas del pavimento y cada una de las luces de la autopista que pasaban a toda velocidad.

Al llegar a la casa de Karen, antes de despedirse tímidamente, ella giró su cuerpo y miró con una sonrisa a Juanes.

—Oíste, al final no anotaste mi teléfono para ser tu guía turística por Bogotá —le dijo entre risas.

—Ahhh, sii, verdad, dale, Andrés me comparte tu teléfono.

Y ese fue un baldado de agua fría para esa veinteañera ilusionada que pensó que él, nervioso, correría a sacar una hoja para anotar su número. Esa respuesta simple, fría y hasta desinteresada la aguijoneó por todas partes, sin armas, sin filos, incluso sin dolor, la duda recorría todos sus dedos. Él quizá lo hizo sin pensarlo o por la misma timidez que vivía en su interior desde que era un niño. Al final, se despidieron y ella entró a su casa desanimada por la indiferencia de Juan en ese momento.

Pensó que al fin y al cabo no importaba, ella seguiría con sus cosas, con sus búsquedas, su trabajo. Y la experiencia al lado de Juanes y su música era simplemente una linda historia más para contar.

Al siguiente día, como si la vida siguiera hablándole al oído, mientras recorría las calles bogotanas al lado de su madre, en un taxi, la radio sonaba y entre canciones se dedicaban a contar los chismes de la farándula nacional, y justo en ese recorrido en taxi apareció su nombre.

"Vimos a la reconocida modelo y actriz Karen Martínez muy atenta a Juanes, el cantante paisa que esta semana estuvo presentando su unplugged para RTI. La cartagenera no le quitó la mirada de encima y además, no paró de aplaudirle, gritarle y llamar la atención para que él la mirara".

Al escuchar el chisme en la radio, Karen y su mamá reventaron de risa. Todo era verdad, pero esa ya era historia pasada para Karen. Al día siguiente su mente estaba ocupada en sus nuevos proyectos y en seguir consolidando su carrera dentro del noticiero.

Justo antes de salir para la emisión del noticiero sonó el teléfono; afanada contestó.

—¿Aló?

—Sí, aló, buenas, ¿habla Karen?

—Sí, ¿con quién hablo yo?

—Con un paisa que conociste antenoche.

Karen tardó unos segundos en reaccionar detrás de la bocina, pero entre risas, lo saludó, conversaron y Juanes la sorprendió con una invitación al cumpleaños del periodista y locutor colombiano Fernando Palma. Ella, dichosa, aceptó.

Al colgar la llamada Karen empezó a saltar por toda la casa, le gritó a su mamá y se le trepó al cuerpo, estaba feliz, muy emocionada por el gesto especial de Juanes. A los minutos estaba en el clóset seleccionando la ropa que se pondría y el maquillaje con el que se luciría en esa noche trascendental.

Al día siguiente Karen llegó de nuevo al mismo restaurante, con los mismos nervios, a la misma mesa gigantesca, pero en esta ocasión repleta de gente y solo un asiento disponible, al lado de Juanes. Él, al verla llegar desde lejos, le levantó su mano, la agitó en el aire y le hizo señas mientras guiñaba su ojo izquierdo, "Ven, siéntate aquí", le dijo moviendo los labios sin emitir sonido.

Allí llegó Karen, se sentó a su lado mientras los demás asistentes la seguían con la mirada y Juanes la recibía con un abrazo cariñoso. Allí comieron, conversaron, pero la celebración para el homenajeado seguiría en un apartamento. Luego de la música, el licor, la fiesta y el paso de las horas, Juanes empezó a despedirse pues al día siguiente viajaría a México para continuar dándoles vida a sus canciones en otros territorios.

—¿Me acompañas al hotel a hacer la maleta?

—Si, vamos —le respondió ella, emocionada.

Llegaron juntos al Hotel Casa Dann Carlton en Bogotá, subieron al cuarto, y efectivamente necesitaba ayuda para hacer la maleta, tenía todo tirado y estaba a tan solo unas horas de salir de ahí y abordar un avión rumbo a Ciudad de México. Así lo hicieron, mientras hablaban de los días que le esperaban a Juanes en su tour promocional del disco *Fíjate bien* por el país azteca.

Al acabar, juntos se hicieron en la ventana de la habitación que tenía una vista hermosa de la ciudad de Bogotá, se quedaron unos segundos en silencio y Juan Esteban, nervioso pero sin dudar, le puso su mano en la espalda y se quedó mirándola.

—Oye, ¿te puedo dar un beso? —le dijo él, mientras ella, con ojos gigantescos y sonrisa de medio lado, bajó la mirada.

—Uno no, si quieres todos —le respondió.

Ambos con la piel cuarteada, con la miel en los labios, con las piernas enterradas. Lo demás fue obra, gracia y artificio de Cupido, Venus, Afrodita, Eros y todos los dioses o seres mitológicos dedicados al amor. Esa madrugada enamorada de las tres de la mañana en Bogotá fue un estallido de fuegos artificiales en la vida de Karen y Juanes.

VOLVERTE A VER

Al día siguiente Juanes voló a Ciudad de México; ambos, sin quererlo, empezaron a distanciarse tan rápido como dos barquitas que se separan empujadas por las intensas corrientes de aire que soplan en medio del mar. Hay que recordar que para esos lejanos años 2000 internet era aún un juego asustador de ciencia ficción que no impactaba nuestras vidas de manera tan abrumadora, así que luego de su primer día de trabajo, luego de los medios de comunicación, las entrevistas y los conciertos, ya en el Hotel Sofitel, esa lujosa cadena de hoteles franceses dispersos por el mundo, Juanes decidió llamar a Karen. Fueron nueve minutos de emoción, de coqueteo, de ese cosquilleo intenso que hasta por una bocina a 3.169 km de distancia se sentía, nueve minutos de extrañarse, de querer hablarse.

Al siguiente día al hacer el check-out, la cuenta por la llamada de nueve minutos le salió en 500 dólares, nada más y nada menos, 500 dólares en el año 2000. A Juanes casi le da un infarto, esa sería la última vez que usaba el teléfono de los hoteles en otros países.

Desde ese momento la herramienta para comunicarse durante todo el mes alejados fueron los mensajes de correo electrónico.

—¿Cómo va tu día?, por acá muy bien, pronto ya regreso, un beso gigante.

—Hola, Juan. Qué bueno que vayas bien, cuéntame más de México, acá se te extraña igualmente.

Fue un mes entero de comunicarse a distancia, desde teléfonos de locutorio o cafés internet donde no vendían café; fue un mes de extrañarse con palabras y de tratar de conocer al otro desde sus cotidianidades y mensajes cortos y sencillos. Karen, por su parte, soñaba con ser soñada y ambos no sabían a ciencia cierta qué iba a pasar o qué quería el otro, pero ahí estaban, conociéndose, viviendo una poesía a distancia a través de cables de telefonía y ausencias desesperantes. Y sí, volverte a ver era una de las frases que más se repetían ambos al pensar en la corta lejanía que vivían mientras Juanes trabajaba en México.

Al mes Juanes regresó a Colombia, a pesar de vivir en Miami desde unos meses atrás cuando empezó su correría por el sueño de ser alguien en el mundo de la industria musical. Su guitarra y su corazón lo llamaron como un imán, e interrumpiendo su gira por México, aterrizó directo en Cartagena, para cantar en el Centro de Convenciones en la gala de elección y coronación del Concurso Nacional de Belleza de Colombia.

Él sería uno de los artistas principales de la gala del reinado al lado del venezolano Franco De Vita y del colombiano Cabas. Cuando llegó su momento de tocar, cuando la banda ya estaba lista y los camarógrafos enfocaban su punto de luz, volteó a mirar y justo en el área de prensa estaba Karen mirándolo fijamente y cruzando los dedos para que todo le saliera lindo.

Los presentadores del certamen se acomodaron en el atril, justo frente a los micrófonos, Jorge Alfredo Vargas y la chilena miss universo Cecilia Bolocco empezaron su intervención para presentarlo: "Y ahora para amenizar esta noche especial para los colombianos, nos acompaña el artista colombiano Juanes, empezando su temporada como solista con su primer disco bajo el título *Fíjate bien*". "Aquí está queridos amigos, vamos a recibirlo con un fuerte aplauso, interrumpiendo su gira por México, este extraordinario artista orgullosamente colombiano, Juanes".

Y salió el hombre con alas de dragón, con la guitarra Telecaster brillante como escudo, con una camisa negra, jean azul oscuro, correa gris brillante y tenis blancos, queriéndose tragar el mundo, y además, feliz de que Karen estuviera ahí luego de hablar con ella a distancia durante un mes y que justo ahora lo pudiera ver en vivo, incluso, con la canción y banda sonora que dieron inicio a su coqueteo en aquella madrugada desgastante de rodaje en Bogotá.

Al terminar la canción, luego de que la banda se detuviera, Juanes saludó al público y a la transmisión de televisión, "Buenas noches, encantadísimo de estar aquí con ustedes, en Cartagena, en Colombia, pero lo mejor, rodeado de esta cantidad de mujeres hemosas, por Dios, qué cosa tan tremenda...". Y cuando lo dijo, dirigió su mirada y una leve sonrisa hacia donde estaba Karen.

En esas cuatro canciones no paró de mirarla, y antes de acabar, para presentar la cuarta canción, siguió con sus mensajes cifrados, "El amor tiene muchísimas dimensiones, curiosamente a veces cuando el amor está lejos es cuando es más fuerte y cuando ni siquiera la distancia lo puede apagar, esto es para ser eterno...".

Karen estaba feliz, lo tenía cerca y además ahora le daba pruebas reales del gusto y el interés. Cuando ella terminó su trabajo en el noticiero, se pudieron ver en la noche y pasaron un rato juntos, y justo allí, luego del tiempo lejos, de los besos, de lo divertido de esas primeras noches cenando y trabajando, ella se moría de la curiosidad por saber qué más iba a pasar.

—Bueno, Juan, pero ¿vos y yo qué somos?

—Pues, ¿quieres ser mi novia? —le respondió él sin esperar a que ella acabara la frase lapidaria.

—¿Novios? —exaltada le respondió en pregunta ella.

—Sí, novios, de una.

AMAR ES COSA DE VALIENTES

Y mientras vivía ese enamoramiento que lo tenía agarrando la guitarra y cantándole al amor, se la pasaba de ciudad en ciudad, de festival en festival, presentando algunas de las canciones de su nuevo disco y tocando también algunas que lo representaban de su etapa con Ekhymosis.

Con su pelo corto en desorden, su *piercing* en la ceja, sus camisillas y un sonido rocanrolero, empezaba a construir su nueva piel en solitario, su sonido como artista que estaba *ad portas* de comerse el mundo de un guitarrazo.

Sin embargo, su vida actual, su proyección y estabilidad laboral seguían en Miami y su corazón y su familia en Colombia. Algo debía hacer para sostener esos dos mundos necesarios para respirar con tranquilidad, por eso, le propuso a Karen que lo visitara en Estados Unidos y que se fueran unos días de paseo a Orlando. Juntos se quedaron en un apartamento que Juanes compartía con una roomate y les dieron un oxígeno a esos primeros meses de noviazgo en lejanía. A los meses Juanes regresó a Colombia para las festividades decembrinas y ahora la invitada a la capital paisa fue Karen; allí pasó 24 de diciembre con la mamá y los hermanos de Juanes. Lo mismo sucedió para fin de año, ahora Cartagena y la familia de Karen los recibía a ambos. La cosa iba en serio y la relación iba "viento en popa".

YO TE VOY A PEDIR MATRIMONIO

Cuando Juanes viajaba a Bogotá para visitar a Karen o por temas de reuniones, conciertos o medios de comunicación, siempre se quedaba en el apartamento en el que ella vivía con sus hermanos, en la calle 94 con 15. Era un apartamento espacioso, con tres habitaciones, en una de ellas se quedaban juntos el tiempo que Juan pasaba en Bogotá.

Compartían mucho en familia, se sentaban a conversar, y con cariño, recuerdan como Juanes, con algunos tragos encima, elevaba su pocillo con ron como si fuera un trofeo, y celebraba su supuesto y soñado primer premio Grammy.

—Gracias a todos, gracias Colombia por este reconocimiento, un saludo a mi mamá y a todos mis fans.

Mientras, los demás reían con la improbable utopía que se fraguaba en forma de chascarrillo en la mente de Juan.

La pasaban bien en ese apartamento, y a pesar de tener unos cuñados muy tranquilos con tenerlo y recibirlo ahí, a él le generaba una vergüenza tremenda y era motivo de conversación entre ellos.

Juanes no podía pagar un lugar en Bogotá y otro lugar en Miami para dejar subutilizado uno de ellos. Su carrera hasta ahora empezaba a despegar y eran más los gastos que las ganancias en ese punto del camino.

—Karen, ¿por qué no nos vamos a vivir juntos?

—No, Juannnn, ¿cómo se te ocurre? ¿Cómo le digo yo a mi mamá que me voy a ir a vivir con un novio? ¿Estás loco?

—No, loco no, pero es que yo te voy a pedir matrimonio, Karen Cecilia, y con pedida de mano y todo.

Ella quedó con la boca abierta y el corazón a más de cien latidos por minuto bombeaba sangre a la cabeza, a los brazos y a las piernas que empezaron a temblar.

Y efectivamente a los meses así fue, estaban camino a Cartagena para una cita importante, la cena de pedida de mano con Efraín y Olga, los padres de Karen. Juanes estaba muy nervioso, fueron los cuatro a un restaurante de carnes en la ciudad amurallada de Cartagena y allí, entre copa, brindis y buena comida, con la voz trémula y la mano sosteniendo la de Karen, Juanes les dijo a sus suegros que amaba profundamente a su hija, que la respetaba y que quería irse a vivir con ella y luego preparar todo para el matrimonio.

Las respuestas de esa noche fueron un sí a todo, un brindis eterno por el nuevo amor y la bendición cariñosa. Ya con nuevas certezas Juanes decidió regresar a vivir a Colombia, luchar contra la distancia y guardar en buen refugio su nuevo amor, su nueva vida, y juntos se pusieron a la tarea de buscar su nuevo hogar en Bogotá.

Allí encontraron un pequeño apartamento en la calle 92 con 19, lo alquilaron y empezaron a subsistir con el único sueldo fijo de la nueva relación, el sueldo de Karen como modelo y presentadora, mientras que Juanes seguía luchando por sacar adelante su carrera musical. Esa nueva realidad en Colombia duró tres años, 36 meses de conocerse, de enamorarse, de mirarse a los ojos y descubrir el universo, de viajar, de distanciarse y de cons- truir bases sólidas para lo que se convertiría en la familia Aristi- zábal Martínez, como la Tierra al Sol, como las nubes al viento.

Y como toda historia termina con final abierto y para decir adiós a esos dos les sobraban los motivos, lo mejor estaba por venir.

TU AUSENCIA ME DEVORA ENTERO EL CORAZÓN

La carrera artística de Juanes crecía como una bola de nieve rodando desde la punta más alta y espesa de la montaña. Su disco *Fíjate bien* y esas doce canciones materializadas en la producción de Santaolalla y Kerpel recorrían todo el mundo latino, y Juanes, desde su pequeño apartamento en Bogotá, lo empezaba a notar.

Cruzaba túneles sin aliento, entrevistas aquí y allá, ruedas de prensa, portadas de periódicos y, por supuesto, la gira musical que no tenía fin. Y Karen, ahí, en la mitad poniendo el corazón, ella era la nieve en la bola de nieve en la que se convertía Juan con cada uno de los viajes musicales.

Fue muy difícil para ellos, los viajes eran como un salvavidas de hielo para ese amor. Fue su primer reto como pareja; Juanes llenó el pasaporte de sellos mientras con paciencia Karen seguía construyendo su amor a través de mensajes, llamadas a larga distancia y cartas pegadas en la puerta de la nevera.

En alguna oportunidad Karen le regaló una foto suya a Juanes, para que la llevara siempre, para que durmiera con ella y la tuviera presente. Fue un regalo que aún ambos recuerdan, sobre todo porque tuvo un significado especial.

Muchas veces Juanes llamaba a Karen y ella estaba en un desfile, en una grabación, en una entrevista o en el noticiero de televisión, a veces era sencillamente difícil que coincidieran en una llamada a una hora específica, el tiempo era dinamita para ellos y eso molestaba a Juan, lo ponía bajo de nota.

Muchas veces también él la llamaba y solo se escuchaba la fiesta, la algarabía de la rumba nocturna, mientras él en un hotel en soledad no dejaba de pensarla.

—Karen, ¿dónde estás? ¿Por qué no me contestabas? —le preguntaba celoso, con la cabeza caliente, mientras pensaba cualquier tipo de tonterías disparatadas.

Karen no podía hacer mucho ante eso, además, ella seguía firme en el mismo lugar a la espera de su llegada. "Juan, pero ahí tienes mi foto, para eso te la di, mírala y eso nos da fuerza a ambos hasta que nos veamos, ¿te parece?", y él, como un niño haciendo caso a la recomendación, introducía la fotografía de esa sonrisa que le había enamorado el corazón en el bolsillo izquierdo de su chaqueta y lo acompañaba cerca de su corazón en ensayos, entrevistas, conciertos, aeropuertos, idas y venidas. Para ambos esa fue su prueba de amor.

Mientras eso pasaba Juanes seguía de acá para allá, avión tras avión, rompiendo las nubes con sueños y los escenarios de muchos lugares del mundo con guitarrazos e historias musicales.

Estaba en Chicago al lado de su road mánager, Andrés Recio, en un invierno luego de cinco meses de no ver a Karen. Ese día en particular tuvieron una jornada extenuante, repleta de entrevistas en radio, TV, prensa y por supuesto reuniones que consolidaban poco a poco, un paso detrás del otro, el proyecto musical de Juanes en Estados Unidos.

Las jornadas de promoción eran extensas, de seis de la mañana hasta las diez de la noche. Ese día en particular luego del trabajo de prensa, tuvieron una cena; Juanes, como casi siempre pasaba en los restaurantes, pidió unos espaguetis con mantequilla y sal, nada más. Terminaron la cena y se fueron directo al hotel, el Hard Rock Café Chicago, un hotel temático en el que cada una de las habitaciones está ambientada como homenaje a un personaje importante en la historia del rock.

Juanes se estaba alojando en una habitación con paredes blancas y negras, invadida de la esencia y el espíritu del gigantesco Jimmi Hendrix, el héroe de Seattle que revolucionó la historia del rock con su guitarra en llamas y que murió de manera prematura a los veintisiete años. Andrés Recio estaba unos pisos arriba, acompañado del misterio musical de alguna otra estrella del rock. Llegaron cerca de las 11 p. m.; Andrés directo a dormir, exhausto por el día laboral y pensando en la madrugada del siguiente día. Pero Juanes, como todos los días, con cansancio o sin él, llegó a su cita diaria con la música, llegó a sentarse en la computadora a escribir nuevas letras y a recibir la energía creadora para tratar de componer y grabar algo en ese pequeño estudio de grabación que llevaba en aviones, hoteles y camionetas en sus giras.

Escribió, tocó la guitarra, grabó algunas ideas tarareando y se imaginó la canción perfecta para componerle a Karen y a su situación de lejanía. Luego de tocar durante un par de horas, escribir y borrar, tenía el insumo para la canción.

Emocionado tomó el teléfono, llamó a la habitación de Andrés Recio.

—Marica, guevón, bajá ya, parce, bajá marica, tengo la canción, hice una hijueputa canción, tenés que escucharla ya.

—Qué pasó, qué pasó, Juanes, marica, son la 1:30 a. m ¿En serio, guevón?

"Baja, marica, tenés que escuchar esto...".

Colgó el teléfono y Andrés, aún dormido, bajó a su habitación. Cuando llegó encontró a Juanes con la cara iluminada por el computador, todo estaba oscuro, y reposando frente a la pantalla la fotografía que Karen le había dejado unos meses atrás.

Juanes le mostró lo que tenía de la canción.

> *"Cada vez que yo me voy*
> *Llevo a un lado de mi piel*
> *Tus fotografías para verlas cada vez*
> *Que tu ausencia me devora entero el corazón*
> *Y yo no tengo remedio más que amarte".*

De hecho, esa primera maqueta tenía un coro diferente.

"... Yo ya no quiero que hagas mi cama, yo ya no quiero café en la mañana, solo saber qué me amas...".

Andrés, en silencio, lo miró fijamente sin decir una sola palabra.

—¿Qué, marica, no te gusta, o qué?

—Juanes, ¿qué es esta mierda? Esto es un fucking hit, hermano.

—¿Te gusta, güevón?

—Sí, me gusta mucho, pero escuchándola, me imagino un dueto.

—¿Si, güevón? ¿Pero con quién se te ocurre? —le preguntó Juanes con la curiosidad de un niño.

—Pues soñemos en alto. A vos, ¿a quién te gustaría?, ¿cuál sería tu sueño?

—Uyy, parce, mi sueño es Bono, el de U2, sería una putería.

—Sí, muy bacano, pero no, parce, tiene que ser una chica —le dijo Andrés, mirando por la ventana la ciudad de Chicago apagándose poco a poco.

—¿Sabes quién? Alicia Keys.

—Uy, sí aguanta, o Nelly Furtado, ¿te acordás de ella?

—Claro, pero no, parce, eso no va a pasar, es muy difícil, ella ya está en las grandes ligas.

—Pues, lo peor que puede pasar es que nos digan que no. Intentemos buscarla a ver qué.

—Oíste, Andrés, marica, ¿vos si crees que va a pasar algo con mi carrera? Tanto lucharla, hermanoo, qué cosa tan hijueputa.

—Sí, claro, pongale fe que sí, parce, pero ¿por qué lo decís?

—No, porque me llamó una vieja amiga de Medellín que es adivina, y me dijo que yo me iba a ganar muchos premios y que me iba a convertir en alguien muy famoso. ¿Cómo la ves, parce?¿Ah? ja, ja, ja.

—Pues eso va a pasar, hermano, hay que seguir trabajando por eso.

Esa amiga tenía una sensibilidad especial, se comunicaba con vivos y muertos, con ángeles, demonios, y con los no nacidos o quienes no sabían que habían partido. En alguna oportunidad Juanes había tenido algunas sesiones de conversación muy especiales y reveladoras con ella. En esa ocasión, su amiga le habló de su pasado y sobre todo de su futuro. Le habló de su niñez, de la historia de su padre, y como si fuera una broma, predijo que un parque en Medellín iba a tener su nombre, el parque Juanes. También le mencionó algunos de los premios que iba a ganar, le habló de su entrega por la labor social y de su importancia en el mundo de la canción.

Quizá este sueño por grabar con Nelly Furtado revivió esa predicción imposible de su vieja amiga.

A los días Juanes le dio el demo de la canción a su mánager, en el momento Fernán Martínez, y él se encargaría de hacerla llegar hasta los oídos y el corazón de Nelly Furtado.

Fernán envió la canción a Marya Meyer, de Universal Regional en Miami, luego ella se la envió a Beth Halper, la A&R de Dreamworks, Universal, el sello de Nelly Furtado en Santa Mónica (California). Hasta las manos de Nelly llegó. Ella en ese momento recibía ofertas de colaboraciones con personajes muy grandes, de la talla de Michael Jackson para abajo, pues estaba en la época de oro de su carrera, el momento de canciones como "I'm like a bird", "Turn off the light" entre otros éxitos mundiales.

Para sorpresa de todos y luego de que vendieran la figura de Juanes como el Bruce Springsteen latino, Nelly aceptó y la canción se haría. Pasado un mes, Juanes viajó a Nashville, en Tennessee, para grabar la canción al lado de ella.

Se conocieron, los dos muy jovencitos, y con los sueños en la piel ingresaron al estudio de grabación e hicieron un himno que rompería fronteras y cambiaría sus carreras musicales para siempre.

Una canción que mutó, que se transformó lírica y estéticamente y que celebraba la belleza de ese mensaje subliminal inteligente para no dejar que el tiempo derritiera todo, la fotografía era una salvación. Una canción para nombrar esa fotografía como un abrigo amoroso que lo acompañó en la soledad y el desenfreno de las giras musicales.

Al final la canción quedó grabada.

"Cada vez que yo me voy
Llevo a un lado de mi piel
Tus fotografías para verlas cada vez
Que tu ausencia me devora entero el corazón
Y yo no tengo remedio más que amarte

Y en la distancia te puedo ver
Cuando tus fotos me siento a ver
Y en las estrellas tus ojos ver
Cuando tus fotos me siento a ver

Cada vez que te busco te vas
Y cada vez que te llamo, no estás
Es por eso que debo decir
Que tú solo en mis fotos estás".

Cuando esto sucedió, desde Nashville Juanes llamó a Andrés y le contó todo lo que había pasado. Estaba muy emocionado.

—No, güevónnnn, no te imaginás esta chica lo que se sacó, qué voz, hermano, y se mandó la canción en español, ¿Ah? No te imaginás la belleza, parce.

A las tres semanas de esa grabación, llegó un sobre con el CD a la oficina de Andrés Recio. Él, para presentarle la sorpresa completa, recogió a Juanes en su carro, una camioneta Ford Explorer blanca, modelo 2001, con gran sistema de sonido. Los dos estaban recorriendo las calles de Miami, salieron desde la 5880 de Collins camino a una entrevista de radio.

Juntos introdujeron el CD marcado como "Master final Fotografía Juanes y Nelly Furtado". Empezó a sonar la canción, ambos en silencio miraban a través de las ventanillas de la camioneta; cuando por fin sonó la parte de Nelly Furtado, ambos se pusieron a llorar.

—Noooooooo, esto está muy chimba, güevón, escuchemos de nuevo.

Y así la repitieron cerca de veinte veces, llegaron incluso tarde a la entrevista que tenían programada. Estaban felices, emocionados. Juntos habían cumplido un sueño, una utopía de amigos que nació como una locura imposible.

En ese momento no era normal que un artista global hiciera un feat con un artista latino. Ahora es muy común, pero antes no lo era. Julio Iglesias lo había hecho con Willie Nelson en la canción "To All the Girls I've Loved Before", de resto nadie más.

Juntos, Nelly y Juanes hicieron gira de medios por algunas ciudades; en alguna oportunidad en un set de prensa para la promoción de la canción, medios de todo el mundo les hacían preguntas.

—Juanes, ¿ella ha aprendido algo de español?

—Sí, ha aprendido algunas palabras, y bueno, cantó la canción en español, lo hizo muy bien.

—*Nelly, have you learned some Spanish yet?*

—*Oh, yes,* cuando estoy con Juanes me siento "caliente".

Todos estallaron de risa, incluso Karen, la esposa de Juanes que estaba presente en la rueda de prensa. Ella misma sabía que Juanes le había enseñado, para divertirse, algunas palabras prohibidas en español.

"Fotografía" tenía muchos significados, para la carrera de Juanes, para su despegue artístico en muchos territorios, para las colaboraciones y sin lugar a duda para su relación de pareja.

Fue justo en ese momento, donde juntos, Karen y Juanes, empezaron a construir su historia de amor, en ese mismo apartamento en la ciudad de Bogotá, donde meses antes Juanes en una habitación decorada con afiches de Marley, Hendrix y Presley, y con el equipo de sonido de Karen conectado a su computador para sus grabaciones, logró consolidar, una a una, luego de trasnochar al lado de su guitarra, canciones como "Es por ti", "Mala gente" o "La paga", canciones que hicieron parte de su segundo disco como solista, *Un día normal*.

Muchas de esas canciones dedicadas a ella, esa musa que lo estaba esperando siempre luego de sus viajes, a esa mujer que enamorada acompañaba esa vida extraña de viajes, fama y lejanía.

UN CONCIERTO HECHO REALIDAD

(JUANES EN PRIMERA PERSONA)

Juanes es un hombre sin territorio, su hogar son los escenarios, ese espacio que lo hace feliz. Incontables presentaciones en vivo, algunas caídas, fallas eléctricas, lágrimas, risas, abrazos, fotografías, disfonía y euforia suprema lo han convertido en un hombre de giras, en un músico real, de buenos conciertos. Y a pesar de haber viajado a tantos lugares alrededor del mundo, aún le faltaba cumplir un sueño adolescente de rocanrol, tocar en el festival de entrada gratuita más importante de Sudamérica, el encuentro de rock más importante de su país, el Festival Rock al Parque de Bogotá (Colombia).

Sus ojos, sus oídos y su corazón así lo recuerdan:

Todo empezó en Ciudad de México, en un lugar llamado Foro Sol donde hacen el Vive Latino, un festival donde toca todo tipo de gente, donde suena cumbia, metal, rock, punk. Es un festival gigante, de locos. Allí me encontré con dos viejos amigos, Julio

Correal y Chucky García, los dos, parte muy importante de la historia del Festival Rock al Parque.

—Parceroooss, quiubo pues, ¿el *fucking* Rock al Parque para cuándo, pues? —les pregunté. Lo hice muy natural, entre risas, ellos también me respondieron sin decirme sí.

—No, pero en serio, ¿cuándo me van a invitar a Rock al Parque, hermano?

Y fue justo ahí, en medio de un festival internacional, en México, con mucha gente bailando y cantando, que las cosas se empezaron a activar.

A los días de esa charla graciosa, se empezó a convertir en realidad eso que tanto soñé. Me invitaron a los 25 años de Rock al Parque y tocaría en la noche del cierre del festival, el martes 2 de julio de 2019.

Yo estaba muy emocionado, de verdad era muy importante para mí estar ahí, era como un sueño que se hacía realidad porque nunca lo había logrado. Con Ekhymosis todos decían que no era tan rock para el festival; cuando me hice solista, lo mismo, muchas guevonadas radicales que no importan, pero al final eso es parte de la historia.

A los meses, al aterrizar en Bogotá, fue como si estuviera recorriendo pasos que debía recorrer, fue como si me dijeran: "Bienvenido, hermano, haces parte de Rock al Parque", siempre lo soñé.

Me alojé en el Hotel JW Marriot, en la calle 73, me levanté muy temprano, no bajé al restaurante, sino que preparé en la habitación un batido vegetariano de banano y cereal con una licuadora pequeña que tengo. Luego me alisté y fui al gimnasio, suelo hacer mucho ejercicio y más cuando estoy de gira o antes de los shows. Igual todo eso me ayuda, porque de verdad estaba muy nervioso para tocar esa noche.

Luego del deporte me fui a la habitación a seguir practicando la sorpresa de la noche, porque bueno, muchos decían "Ahhg, y este man por qué va a tocar en el Rock al Parque" pues espere y verá. Preparamos una canción de Ekhymosis que se llama "Solo" y vamos a tocar "Seek And Destroy", una canción de Metallica, importante para mi historia y que sería la sorpresa mayor en este concierto.

Unas semanas antes, cuando preparábamos el repertorio, luego de pensarlo yo les escribí a los muchachos de la banda por el chat: "¿Ey, tocamos 'Seek and Destroy' de Metallica en el parque o qué?". Y todos empezaron a mandarme iconitos de fuego, de manos haciendo rock and roll, todos estaban emocionados, pero bueno, es una canción de siete minutos, ¿será que sí la hacemos?, y al final, decidimos hacerla y dejarla como cierre del show.

Primera vez en mi vida que la iba a tocar en vivo, con todo el poder, ante tanta gente. Una vez en Australia, me subí a la batería e invité a un fan a que se subiera a cantar, fue muy divertido. Tocamos "Enter Sandman" de Metallica, fue muy desordenado todo, ese fue el primer coqueteo con esa banda de mi vida, pero ahora era de verdad, en un festival metalero de verdad. Entonces en la habitación, yo solo, la estaba ensayando una y otra vez, sin parar, no quería que nada saliera mal, y más porque no es una canción sencilla, dura siete minutos y la guitarra no es fácil, tenía que practicar el downpicking, la pronunciación, la tocada y todo eso.

Usualmente cuando tengo concierto como muy poco, almorcé algo liviano y rápido y seguí practicando en la habitación. Al rato llamé a los muchachos de la banda a la habitación, y ahí, entre todos, le dimos un repaso general al show, tocamos las canciones en guitarra y revisamos dónde nos movíamos para un lado, para otro, qué palabras iba a decir y todo eso.

En medio del ensayo, a las 3:00 en punto de la tarde, sonó el teléfono de la habitación.

—Holaaaa, querido Juanito, ¿cómo vas? Acá Fito Páez, ¿todo bien?

—Fitoo querido, qué alegría escucharte, supe que vas a tocar hoy, qué felicidad, ¿cómo te trata Colombia?

—De maravilla, Juanito, de maravilla. Querido, ¿te subís conmigo hoy a tocar? Me encantaría que te montaras a tocar "Ciudad de pobres corazones".

—¡Uyyy, Fitoooo, amigo!, qué honor el que me hacés, wowww, de locos, pero no me he preparado, querido, no me la sé.

—Noooo, Juanitoo, no te preocupes, disfrutalo, montate, es la escala de Do mayor y lo que quieras hacer ahí, cantas, tocas, dale, subite.

Unos segundos detrás de la bocina así lo confirmaron:

—Dale, Fito querido, ahí estaré, vamos a hacerle, será un honor —¿Cómo le digo a Fito Páez que no? Imposible.

Así que ahora ya tenía el doble de estrés y el doble compromiso con dos ídolos de mi adolescencia, Metallica y Fito; sin embargo, agarré la guitarra y empecé a ensayar "Ciudad de pobres corazones"; tenía una hora para aprendérmela. Esta es una canción muy dura para la historia de Fito porque nació luego de que violentamente asesinaran a su abuela y a su tía abuela en Rosario (Argentina). Agarré mi computador y me puse a ver algunos videos de esta canción donde Fito la tocaba con Gustavo Cerati y con Charly García, y ahí pude ensayarla más.

Así pasé un tiempo largo, perfeccionando y dejando todo hasta que estuviera contento. Luego a las 4:30 p. m. nos recogió la camioneta fuera del hotel; yo tenía el mismo porcentaje de nervios que de emoción, y todo se incrementó cuando nos empezamos a acercar al lugar donde hacen el festival, el Parque Simón Bolívar, y estaba ahí, en una camioneta, donde todo comenzó hace muchos años con Ekhymosis girando en Medellín y Colombia de un lado para el otro. Pero nunca había estado ahí, tocando; yo fui a Rock al Parque dos o tres veces, pero siempre como público. Al llegar al festival había una onda bacana a pesar de todo lo que decían porque yo iba a tocar, la gente me saludaba, me abrazaba, y eso me pareció muy bacano.

Luego de descargar todo en los camerinos, fui a una rueda de prensa, el salón estaba llenísimo, todo el mundo quería preguntar y había una buena actitud de los periodistas, se nota el cambio generacional y la buena energía. Sentí mucha expectativa de parte de todos. Yo solo veía cámaras, y gente empinándose tratando de mirar a ese sofá donde yo estaba sentado.

Me preguntaron por mis hijos, también si había venido antes a Rock al Parque, qué significaba el rock para mí y qué pensaba de las polémicas por esa delgada línea entre el rock y otros géneros; les dejé claro mi pensamiento, mi forma de ver el rock como concepto de libertad. Todos fueron muy respetuosos y siempre hubo buena vibra.

Al salir, me enteré de que Gustavo Santaolalla estaba ahí, en el mismo parque, en el mismo festival, entonces lo busqué porque hacía años que no nos veíamos. Al llegar nos abrazos y hablamos un rato largo, siempre es bueno ver a Gustavo, además él fue en parte el arquitecto de mi inicio. Luego regresé al camerino y allá ya estaban dos buenos amigos, Andrés Cepeda y Fonseca; juntos les mostré el repertorio y me reprocharon por no tocar "La tierra".

—Pero Juan, güevón, como no vas a tocar "La tierra" en Colombia.

—Pues sí, es verdad, vamos a hacerla. ¿La hacemos, muchachos? —Les pregunté a los músicos.

—Sí, de una.

—Bueno, pero entonces ustedes dos se suben conmigo a cantarla. ¿Oyeron? Les dije a Cepeda y Fonseca, mientras los dos se cagaron de la risa.

Empezamos a ensayarla en el camerino, con Juan Pablo Daza con una guitarra eléctrica sin conectar, o sea, sin sonido, y además con el ruido de fondo de las otras bandas tocando en los otros escenarios, muy difícil. Le explicaba también a Marcelo, el baterista, porque nunca la había tocado, pero bueno, ahí parados y haciendo la percusión con las manos y cantando los tres, salió rapidito y además salió muy bien, estábamos listos para tirarle esa bomba al público.

"Ama la tierra en que naciste, ámala es una y nada más
A la mujer que te parió, ámala es una y nada más..." .

Ya ellos se la sabían, entonces todo fue relativamente fácil. Con Andrés y Fonseca siempre hay pura buena energía. Y hermano, en ese camerino no paraban de pasar cosas, al ratico llegaron Zeta Bosio de Soda Stereo y Rubén de Café Tacvba a saludar, pura buena energía, y yo aproveché y le dije a Zeta que si quería tocar "El temblor" y se le midió también. Yo en realidad estaba muy emocionado, después de veinticino años finalmente ya estaba ahí, en Rock al Parque.

Con los muchachos, antes de salir del camerino, brindamos, nos abrazamos, algunas instrucciones finales, y dije unas palabras como pasa con cada show, "muchachos esto es sagrado, vamos a darla toda, es nuestra primera vez en este festival, vamos a disfrutarlo y hacer que la gente sea feliz y les cambie la vida por dos horas. ¿Estamos listos?".

Y arrancamos, con guitarras, bajo, baquetas en las manos, caminando entre las carpas que arman como camerinos, todo el mundo nos saludaba, había muy buena vibra esa noche. Llegamos quince minutos antes del show a las escaleras que suben hasta el escenario; ahí sí que tenía nervios, sentía como si fuera mi primer concierto de la vida, qué sensación tan bacana, y en realidad era mi primer concierto en Rock al Parque.

Y sentí más nervios porque el que estaba montado terminando de tocar era Santaolalla, hágame el hijueputa favor, ja, ja, ja, ja, y los que seguían después de mí eran Fito y Pedro Aznar, pero bueno, estábamos listos para cumplir un sueño y divertirnos. Chequeamos pantallas, monitores, probamos que el clic en los *in-ears* estuviera funcionando muy bien, que las guitarras estuvieran al pelo, y estábamos listos.

Y a las 8:30 p. m., mientras estábamos ahí todos parados, escuchamos al presentador en tarima, "Y como invitado especial de los 25 años de Rock al Parque, orgullo colombiano, Juan Esteban Aristizábal, de Medellín para el mundo, ayúdenme a recibirlo con un gritooo", y todo el mundo gritando, se sentía temblar ese lugar, hermano. Yo empecé a subir las escalas, me eché la bendición; José Pablo mi guitar tech me entregó la guitarra en ese alboroto tan bravo que había allá afuera y me dijo, "Tenga, papá, todo está del putas"; abracé a Rafa, mi mánager, los músicos arrancaron a tocar el intro de "A Dios le pido" y yo salí corriendo, agarrando la guitarra, las luces me pegaron fuerte en los ojos, por unos segundos no vi nada, todo era brillante; levanté la mano para tratar de mirar a lo lejos, saludé. Hijueputa, era mucha gente, luego me dijeron que eran 159.000 personas, ahh, impresionante como se veía ese parque llenísimo, muchas banderas de Colombia, muchos gritos, carteles por todo lado, metaleros, punkeros, de todo, cientos de luces de celulares por todo lado, a lo lejos, cerca, uy, muy emocionante.

La gente cantaba las canciones que conocía, saltaban, bailaban, muy bacano, y yo estaba muy tranquilo, yo hablaba cuanta vaina se me pasaba por la mente, tenía mucho por decir, "Eyyy, muchachos, yo también soy metalero, pero es que los metaleros también se enamoran, hermano, a veces también hay que dedicarle canciones a la novia, ¿no?".

Esa noche tocamos "A Dios le pido", "Fuego", "Mala gente", "Cuando pase el temblor" de Soda Stereo, "Nada valgo sin tu amor", "Fotografía", "Fíjate bien", "Es por ti", "Volverte a ver", "La tierra", "La camisa negra", "Me enamora", "Solo" y por supuesto "Seek and Destroy" de Metallica, esa última canción fue una cosa muy loca, hermano, porque bueno, nadie sabía que íbamos a tocarla, ni la gente del festival, y cuando llegó el momento yo agarré la guitarra Gibson Flying V y le pregunté a la gente, "¿Ustedes por qué creen que yo me voy a poner una guitarra de estas, ome, ¿ah? ¿Para tocar qué, a ver?". Pero cuando miré el tiempo, ya estaba en ceros y en los festivales es muy estricto el tema de los tiempos; sin embargo, hablamos y nos dijeron, "Hágale, la última". "Yo les aseguro que esta que va a pasar no se van a arrepentir", les dije y arranqué esa mierda.

Eso fue increíble, no me la creía tocando una canción de Metallica en pleno Rock al Parque. Al minuto cinco de la canción, arrancó a llover, la escena más metalera para un festival, y era la primera parte de la canción ,"¿Seguimos o paramos? De ustedes depende si seguimos o si acabamos esto ya...". Y todo el mundo empezó a aplaudir y continuamos la segunda parte de la canción.

"Gracias Rock al Parque, los amamos, chaooo", dije para terminar, me descolgué la guitarra, la elevé al cielo y respiré hondo, había tocado la fucking canción de mi adolescencia en un festival metalero en forma. Yo estaba tan feliz, pero tan feliz, que terminamos la canción y pensé que era un sueño hecho realidad, fue del putas, mucha alegría, todo el mundo estaba en el mismo mood.

"Un aplauso para Juanesss. Rock al Parque las manos arriba para despedir a Juanes". Mientras todo el mundo gritaba y hacía el cántico de estadios, olé, olé olé olé, Juanes, Juanes. Luego de eso, aplaudieron mucho tiempo, casi un minuto, eso fue increíble para mí, en serio, man.

Al final nos fuimos a celebrar, un par de cervezas con los chicos de la banda y al otro día madrugamos muy temprano para continuar la gira, viajábamos a Europa.

Llegamos a Colonia, una ciudad en el oeste de Alemania, muy bonita y antigua, y estábamos caminando un poco sus calles, conociendo sus calles, cuando me dijeron, "Ey, Metallica hizo un retweet del video de 'Seek And Destroy' en Rock al Parque". Hermano, yo me puse como loco, empecé a gritar por la calle, Hijueputaaaa, qué chimba, no lo podía creer, todo el mundo me miraba, pero no me importaba, era una alegría muy grande, hermano, aún no lo creo.

Ese fue un sueño cumplido, un concierto soñado, y aún lo mejor está por venir...

LAS MANOS

Las manos de Juanes no son unas manos normales, no lo son. Aunque si revisamos con cuidado sus medidas, tienen un tamaño promedio, pueden oscilar entre 175 y 179 milímetros, es decir, 7,042 pulgadas de carne, tendones, fuerza, presión y sudor.

Las manos de Juanes son del mismo color de sus brazos, de sus piernas y de sus mejillas, un color carne rosa anaranjado que se conjuga en armonías y colorimetría con un tono rojizo que siempre acompaña el rededor de sus uñas, las yemas y parte de las palmas. Esas manos tienen algunas cicatrices, algunos cortes de la niñez generados por troncos firmes y agrietados de un viejo árbol de guayaba y del tronco de un árbol de mango que tenían en la finca de su infancia, en Carolina del Príncipe.

Sus uñas son pulidas, siempre las lleva cortas y siguen el surco redondeado de sus dedos ágiles y virtuosos, los mismos que tocan cada uno de los trastes de la guitarra, mientras saltamos, cantamos y ni siquiera nos percatamos de su función, de su gran esfuerzo, de su jornada laboral extenuante y de coordinación, de su sueldo, sus vacaciones y su posterior descanso.

Esos dedos son custodiados por un terreno pedregoso, montañoso, que se refleja en algunas arrugas naturales que, como valles poblados por árboles y maleza, construyen la arquitectura de esa mano, con 27 huesos, 14 falanges, 5 metacarpianos y 8 carpianos, con vellos que recubren esa capa de epidermis preciada.

Las manos de Juanes son guantes de seda que lo acompañan a hacerlo feliz, a tocar la guitarra cada que abre los ojos o cada que sueña con la ansiedad de quererlo hacer, por más horas, por más canciones. Esas manos son su refugio, su bóveda secreta, sus millones de dólares incomprables, inrobables, impagables. Son las manos de un cirujano, de un relojero, de un pescador, un artesano, un pintor o un boxeador. Necesarias, infaltables.

Son las mismas que compusieron a puño y letra en una libreta desorganizada "A Dios le pido", con esa progresión armónica en Do, Sol, La menor, Sol y Do en guitarra, mientras reivindicaba el dolor de muchos colombianos y latinoamericanos, mientras recreaba la muerte de uno de sus familiares en manos del conflicto, cuando los colores del arcoíris se destiñeron para Colombia, mientras recordaba la memoria de su padre y la vida de su madre. Son las mismas que convirtieron la luz en fuego y se llenaron de valentía para componer y tocar cuando todo el mundo le decía que no. Las mismas que en el 2004 agarraron con amor a Karen Martínez para no soltarla jamás, a pesar de lo duro del camino, de los huracanes, las tormentas, la lejanía y a veces hasta el desencuentro, esas manos nunca se soltaron y hoy siguen aferradas como quien se agarra a un arnés para no caer desde una imponente y alta montaña.

Las mismas manos con ansiedad y cuidado recibieron a Dante, Paloma y Luna, sus hijos, en medio de la alegría y los nervios por la fragilidad de la vida que empezaba y que ahora, sin miedo, arrastran sus sueños hasta la escuela, hasta un mundo lleno de belleza y de dolor.

Esas mismas manos nerviosas y temblorosas fueron las que en el año 2001 recibieron el primer premio Grammy, en medio de la incertidumbre de un atentado terrorista en los Estados Unidos, casi como una premonición de que todo acabaría ahí, de que el sueño no continuaría, pero hasta hoy, esas mismas manos han recibido veintiséis premios Grammy Latinos y dos americanos. Esos diez dedos atados a la carne vital, se han trasnochado tratando de mejorar en la guitarra, en la composición. Han estrechado las manos de Keith Richards y Mick Jagger, Dave Grohl, Juan Luis Guerra, Prince, Tony Bennett, J Balvin, Juan Gabriel, Andrés Calamaro, Andrea Echeverri, Lars Ulrich, José José, Fito Páez, Miguel Bosé, Nach, Fonseca, Sanz, Yoko Ono, Dani Martín, Ana Torroja, Carlos Santana, Mon Laferte, Ricky Martin, Carlos Vives, entre muchas, muchas, muchas otras que siguen siendo manos dispuestas para el trabajo, el descanso y los abrazos. Esas manos, las manos de Juanes, son apetecidas hasta por los caninos; una vez un perro grande, extático y babeador, corrió tras ellas, clavó sus colmillos entre los nudillos, la sangre lloró y se lamentó por el ataque y él, en una crisis nerviosa, las abrazó con su pecho y las cuidó como a sus pies, como a su corazón, como a su vida. A las horas, algunos puntos de sutura simple trataban de mitigar el daño y el dolor posterior. Quizá sería una buena idea proteger esas manos, las de Juanes, con algún guante de carnaza o un guante de acero para carnicero.

Si de verdad existiese ese mito fantástico y rocanrolero de venderle el alma al diablo para tocar la guitarra como los dioses, ¿podría igual existir la fantasía de músicos que venderían su vida por tener las manos de Juanes? ¿Qué pasaría si caminando por alguna calle, con su familia, algún guitarrista fanático y loco lo tomara de las manos con fuerza y saliera corriendo huyendo con ellas mientras él, desesperado, entre lamentos, gritos y patadas al aire, se culpa por el descuido con su tesoro invaluable? ¿Tendrá aseguradas sus manos Juanes? ¿Cuánto valdrán en ese avalúo? ¿De qué serviría ese dinero? Tantas incógnitas sin responder que solo generan miedo. ¿Tendrán poderes si no están atadas con su sangre, sus tendones y su fuerza?

¿Qué haría Juanes sin sus manos? Quizá sentarse a admirarlas mientras ellas cambian de color, se debilitan, adelgazan e inmóviles se deprimen de tristeza y ven en el tiempo un tiempo muerto, doloroso y triste. Como está pasando con el conocido Slowhand (mano lenta), el rey de la guitarra, del blues y de la elegancia en las pentatónicas, Eric Clapton, quien luego de los años, del ajetreo de darles la vida entera a su instrumento y a sus extremidades, perdió la fuerza, la movilidad, y ahora sus manos apenas sirven para sus funciones vitales.

Por suerte las manos de Juanes no están cansadas, se les ve radiantes y vigorosas en el oleaje. Son su memoria, el recuerdo de lo que ha tenido y el reflejo del triunfo por no estar nunca vacías. Nada más misterioso que estos dos artefactos que nadie mira y que son culpables de todo lo que han creado.

UNA CAMÁNDULA
PARA LA SUERTE

Desde que era solo un niño la vida de Juanes estuvo cerca de la religión. Toda su familia rezaba el rosario cada noche.

La oración estaba presente en los Aristizábal. Todos, en coro, muchos con los ojos cerrados y las manos cruzadas entre sí y puestas en el pecho, recitaban quince decenas, más cinco decenas del avemaría y cada decena encabezada por un padrenuestro, mientras poco a poco iban apareciendo los misterios del rosario.

Para iniciar el ritual católico, la señal de la cruz, luego los misterios por recitarse según los días y las intenciones, los luminosos, los gloriosos, los dolorosos, los gozosos. Luego un padrenuestro, diez avemarías y una gloria. Una vez rezados los misterios, se rezan las letanías de la Virgen María para alabarla. Todo lo hacían al pie de la letra.

—Los misterios que vamos a rezar hoy son los gloriosos. En el nombre del Padre, del Hijo, del Espíritu Santo, amén —decía doña Alicia, con devoción y con la fe puesta en su camándula en la mano, con los ojos cerrados y el ceño fruncido, mientras sus hijos, su hermana y su esposo la escuchaban con atención.

Treinta minutos de conexión en familia antes de dormir, porque familia que reza unida, permanece unida.

Ese ritual cotidiano, más las costumbres de una familia tradicional y religiosa, forjaron en Juanes una espiritualidad sólida y un concepto fuerte sobre la fe. A pesar de eso, los tiempos iban cambiando y cada que los hijos iban creciendo, adquiriendo cierta independencia y decisión personal sobre sus creencias, se iban parando de la mesa, intentando evadir el rito familiar de encomendarse a las deidades supremas. Juanes, por ser el niño de la casa, permanecía junto a sus padres orando.

Con el paso del tiempo y con el ejemplo de sus padres, entendió el concepto de la religión como un manual para encontrar la fe, pero todo eso, para él, más cerca del corazón, del ejemplo de vida y alejado de cualquier institución.

Y esa misma búsqueda y ese descubrimiento lo han llevado a forjar una relación cercana y amorosa con las buenas energías, con el bien a los demás, con entender que cada uno da lo que recibe y luego recibe lo que da.

En alguna oportunidad, cuando apenas su carrera musical despegaba, Alicia Vásquez, su adorada madre, le regaló una camándula plateada que tenía un crucifijo, una medalla de la Virgen María y 59 cuentas en grupos de diez con una cuenta más gruesa entre cada decena.

Para él, la importancia de esa camándula no radicaba necesariamente en lo religioso, o en si había sido bendecida por algún sacerdote o no, sino porque fue un regalo de su mamá, porque fue un regalo que pensaba en su protección, en ese cariño desbordado que solo dan las madres.

Poco a poco la camándula se convirtió en su amuleto, de día y de noche, en conciertos y fuera de ellos. Esa energía poderosa del amor verdadero lo hacía tocar bien la guitarra, no fallar en los solos de más dificultad, no le dejaba perder la voz, ni dejar caer al suelo la pajuela de la guitarra, le ayudaba a no perder la energía, a que sus ojos brillaran y a que la gente sintiera el amor de su eterno sueño de rocanrol.

La camándula era protección para las envidias, para la mala onda y para lo que viniera de frente. También para protección en la tierra y en los aires porque algo era y sigue siendo claro, Juanes no se sube a un avión por ningún motivo si no lleva la camándula plateada que su madre le obsequió.

El amuleto le daba seguridad, tranquilidad en medio de la zozobra que genera el limbo de un concierto, de una gira, de una entrevista en radio, en televisión, en el azar improbable de los aplausos y los shows que a veces salen bien pero otras veces no tanto. Tanta era la seguridad que le brindaba que en alguna oportunidad, en un concierto en República Dominicana, en medio de la gira del Watcha Tour, el apreciado objeto no aparecía por ningún lado, ni en su cuello, ni en sus bolsillos, ni en su maleta, mucho menos en el estuche que guardaba su guitarra.

—Muchachos, tenemos que encontrar la camándula, sino yo no puedo hacer este concierto, de verdad que no puedo, muchachos, ¿me ayudan?

Todos, absolutamente todos, incluyéndolo, corrieron a buscar la camándula. Las indicaciones eran sencillas: un collar grande, plateado, brillante y con un cristo en la parte baja. Músicos, personal técnico, organizadores, todos, en bloque de búsqueda detrás de maletas, cables, cajones, bolsillos propios y ajenos y todo el perímetro que rodeaba al festival. Al final, luego de una búsqueda exhaustiva por el césped, la encontraron ahí, brillando bajo el reflejo del sol. Por suerte el concierto se pudo hacer.

Aún hoy Juanes carga la camándula, en el cuello, en la mano, en el bolsillo, en la mesita de noche, siempre la tiene cerca, por supuesto entendiendo luego del tiempo que la buena energía, el poder, las sonrisas y el cuidado están en él mismo, en su actitud del día. La camándula sigue siendo un objeto de buen agüero, un gran y amoroso regalo de su madre Alicia.

UN DÍA EN LA VIDA DEL PARCERO DE MEDELLÍN

Los días de Juan Esteban son únicos, no hay uno parecido al otro, el lunes compite con el jueves, el martes con el viernes, el miércoles a veces prefiere quedarse solo y los fines de semana son una locura de nunca acabar. Los niños, las tareas, las entrevistas, el amor y la complicidad, los conciertos, horas y horas grabando en su estudio, saltar lazo, correr, comer, abrazos, besos, fotos y fotos y fotos y fotos.

Leer el periódico, dormir lo que se pueda. Una aventura diaria, diferente, emocionante, estresante, agotadora. Muchos dicen que quisieran vivir la vida de Juanes, pero ¿se atreverán a tanto? ¿Lo aguantarán? O saldrán corriendo asustados por la presión, los flashes y la observación continua.

Sea lo que sea, no es lo mismo un día de Juanes en Madrid, Buenos Aires, Berlín, Los Ángeles, Ginebra, que un día de Juanes en Medellín, su ciudad, su inspiración, su semilla, sus montañas y el origen de todo.

Juanes despertó temprano, sin despertador porque la luz de esa montaña, en el alto de Las Palmas, en la vereda Ence-nillos, en Medellín, le cayó de frente a través de una vidriera. Eran las 6:00 a. m. y ya estaba poniendo las plantas de sus pies en el piso frío, primero el pie derecho, luego el izquierdo, y se-guido a esto, acomodar su pelo sedoso con la mano derecha. A través de la vidriera las montañas, la niebla, el frío de esas la-deras antioqueñas un día 8 de julio. La ducha lo esperaba y un desayuno liviano en compañía de Mara, su hermana y Puli Lo-greira, su amiga de toda la vida. Luego, estaba listo para salir de inmediato a un día emocionante y distinto para él: "Ojalá todos los días fueran así".

Delio García, su conductor, lo recogió en una camioneta, bajó en compañía de su amiga y su hermana a Medellín entre calles empinadas que bordean las montañas. A los minutos ya estaba en el lugar de encuentro para el rodaje de un programa de coci-na para la cadena Discovery Channel.

Allí lo maquillaron, entre risas y chistes le pasaron la ropa que usaría durante todo el día, unas botas altas de color café, pantalón gris con una cadena a su lado derecho, camisa colorida con tonos naranja, azul, blanco, verde, pelo suelto y gafas de sol que a su vez sirven para ver de cerca y de lejos. Ya eran las 8:00 a. m. y un equipo de producción de 42 personas estaba dispuesto para que todo saliera bien. Juanes se montó en una camioneta Fortuner de color gris, con dos cámaras GoPro aferradas al panorámico y un camarógrafo en el puesto del copiloto grabando todo lo que él hacía, manejar por las calles más representativas de Mede-llín, sin escoltas, con la ventanilla abierta, mientras lo seguían todos los integrantes de producción.

La Loma del Campestre en Envigado, Avenida El Poblado, Avenida Regional, a una velocidad promedio de 50 a 60 kilóme-tros, no más de ahí, ni rápido, ni lento, mientras las motocicle-tas pasaban señalando, mientras los taxistas gritaban, "Eyyy, juanesss", y él, agitando la mano les respondía a todos —¿Entonces qué parcero?

Luego, en medio de un atasco en la avenida y con el carro detenido, un mensajero con el celular en la mano, emocionado, abrió la puerta del carro, se acercó hasta Juanes y activó la cámara para robar una selfie. La producción se asustó, salió corriendo para ver si todo estaba bien, y Juanes, sonriendo, se despedía del mensajero que temblaba de la emoción.

El destino final de ese recorrido que era grabado por cinco cámaras, fue la Plaza Minorista José María Villa de Medellín, un lugar del pueblo y para el pueblo, colorido, con todos los olores del campo antioqueño, con el desorden más hermoso y caótico que se puede encontrar en esta ciudad. Esta plaza, que se construyó para dar solución a la situación desordenada que afrontaba en aquel momento la antigua plaza de mercado conocida como Guayaquil en Medellín, se convirtió en el paso obligado para el abastecimiento de víveres de los habitantes de la ciudad. El 15 de agosto de 1984 a las diez de la mañana se inauguró, abrió sus puertas, y hoy no solamente se encuentran alimentos, sino también ropa, electrodomésticos, accesorios, y todo lo que se pueda imaginar.

Entrar a este lugar era jugar a la gallina ciega; tener a Juanes, uno de los artistas más reconocidos de Colombia y el mundo entre cientos de personas haciendo mercado para sus casas o abasteciendo sus negocios con papa, frijol, lenteja, arroz, carne o huevos, era un juego de nunca acabar, un camino sin salida repleto de flashes, abrazos, besos e incluso peligro, pero él solo sentía emoción por visitar ese lugar al que fue con su padre cuando solo era un niño, ese lugar que tenía el ADN del pueblo, el reflejo popular de lo que significa ser colombiano.

Al llegar allí, se detuvo el tráfico frente a la gran avenida Ferrocarril. ¿Quién es?¿El presidente? ¿Es el alcalde?, No, es el artista, es Juanes, respondía la gente levantándose en puntas, tratando de ver el interior de su vehículo. Los venteros ambulantes y sus carretas repletas de aguacates, mandarinas y bananos en un bodegón eterno y rodante acompañaban con los ojos cada movimiento, lo saludaban entre gritos y él sonreía y mostraba su mano cordialmente:

—¡Todo bien parcero!

Personas a través de las ventanas de autobuses gritaban, mientras él, emocionado, descendía de la camioneta y hacía su inmersión, como un apneísta profesional, en medio de la verdadera y real cultura popular colombiana, la cultura que lo vio nacer y con la que se siente plenamente identificado.

Luego de detener el tráfico, estaba dentro de la plaza de mercado, todo el mundo lo miraba y él, caminando despacioso, saludaba tímidamente a todos los que lo buscaban con la voz, las manos o la mirada.

Los celulares no dejaban de brillar, en un recorrido de menos de 15 metros, más de 300 fotos se obturaron en celulares de alta y baja gama. Aparecieron los papeles arrugados para los autógrafos, las fotografías, y él no negaba nada. El barullo era cada vez mayor, el eco de su presencia se regó rápidamente por los 3.300 locales de la plaza y ahora era un secreto a voces convertido en grito.

Su labor allí era comprar insumos para cocinar en el programa de este canal internacional, al lado de una chef colombiana reconocida. Así que pasó por puestos de legumbres, carnes, frutas, pescados y granos, mientras las fotos lo perseguían, mientras manos le agarraban la camisa, mientras detenía las compras cotidianas de la gente y ese jueves en la mañana se convertía en un día de celebración en aquel lugar cotidiano y madrugador.

Compró frijol, papa, maíz, plátanos verdes y maduros, champiñones y todo lo necesario para hacer unos frijoles montañeros. Mientras pasaba por locales con pintorescos nombres, "Legumbres Medallo", "Papa barata", "Merca frutas", "Papa y legumbres las guarneras", "Frutas y legumbres JN", "El machetico de lulú", "Legumbres el galán", "Distribuidora Jam", "Fresas de la finca al por mayor y al detal", "Donde Dairo", o "Papas el guarnero". También empezaron a llegar periodistas de medios locales a registrar su inesperada y sorprendente visita.

En el puesto de arepas de chócolo Amalia le regalaron tortas, arepas de chocolo y mazorcas. Juanes se fue feliz con el paquete entre las manos, mientras contaba que su madre, Alicia, era quien las preparaba cuando solo era un niño. También le regalaron dulces, bananos y dos cajas de huevos de gallinas campesinas. Todo lo llevaba en sus brazos, como un trofeo preciado para mostrar a su familia.

Entre el tumulto que generaba cada que daba un paso por esos estrechos pasillos repletos de color, sabor y aroma, se escuchaban todo tipo de comentarios. A cinco metros, una señora con un costal de cabuya contestaba el celular, "Hola, amor, me voy a tomar una foto con Juanes y ya voy para seguir surtiendo"; a 25 metros, entre el barullo y empinándose para tratar de ver, un celador preguntaba, "Uy, ¿ese es el de la camisa negra? Vení esperame yo le tomo una foto para llevármela de recuerdo", le decía a otro colega, mientras sacaba el celular a la distancia. "Estás divino con ese look, Juanes", le gritó a dos metros una señora en compañía de su hija. A 40 metros, detrás del cordón de seguridad que armaron improvisadamente la policía y la vigilancia, una chica de pelo rubio de aproximadamente treinta años, intentaba cruzar el umbral que la separaba de Juanes, "Permiso, permiso que este bolso es de Juanes, se lo voy a entregar, permiso", mientras los policías estallaban en carcajadas y ella se devolvía, apenada, con su bolso imitación Dolce & Gabbana. A metro y medio de altura, desde un mezanine encima de un local de desposte, un carnicero con su delantal blanco untado de sangre, con acento costeño y su celular activado en videollamada, le gritaba, "Juanes, Juanessss, una miradita para mi esposa". A dos pasos de Juanes, un señor de aproximadamente sesenta años, con el pelo ya blanco, lo tomó de la camisa hasta hacerlo girar "Juanes a usted le falta lo bonito, hermano, Karen Martínez", mientras él entre risas, con la frente perlada de gotas de sudor y sin parar de caminar, le respondió, "estoy totalmente de acuerdo con usted", "Juanes, el autógrafo", "Juanes, te amo", "Juanes, tócame una canción"; 50, 40, 25, 5 metros, dos pasos, 30 centímetros, todos, absolutamente todos esa mañana en la Plaza Minorista tuvieron que ver con él.

Luego de dos horas de recorrer la plaza y de grabar cada paso, cada respiración y emoción de Juanes, salieron de allí, entre un corrillo inmenso de transeúntes, campesinos, curiosos, y paparazzis, que querían seguir tocándolo, fotografiándolo, mientras él a todos los despedía con una sonrisa trémula de oreja a oreja y levantando el pulgar. Bajo el sol de Medellín lo despidieron entre aplausos orgullosos como si se tratara de un superhéroe colombiano, y él, con las cajas de huevos y las bolsas con banano, maíz y arepas de chócolo que le regalaron, se despidió de ese lugar al que no iba hacía treinta y cinco o cuarenta años, en medio de un sol sofocante en pleno centro de Medellín.

Ese fue un día en la vida de Juanes en Medellín, un día emocionante para él, pero ese día también pudo ser acostarse en el rincón de la cama de doña Alicia, su madre, a que ella le acariciara el pelo, o sentarse a hablar y a contar historias adolescentes con los amigos del colegio que aún lo tienen en su palmarés de mejores amigos, o recibir entrevistas hasta que la boca se le secara, o dar un concierto gratuito en plena Avenida San Juan para más de 100.000 personas.

UNA REVOLUCIÓN
DE CLAVELES

La vida y la muerte bordada en la boca, revolucionaria, sin cronología, sin orden, y con un palpitar lento que no se detiene. Esta revolución solo tiene corazón, amor, paciencia y compañía. Es como si el tiempo estuviera envuelto en plástico fino, irrompible, imperceptible, plástico de embalaje para un viaje eterno.

La historia tiene nombre y apellido, Luz Cecilia Aristizábal Vásquez, la hermana mayor de Juanes. Una mujer que creció bajo los mismos conceptos de familia, bajo el mismo abrazo cariñoso de papá, mamá, tías, hermanos y una descendencia tradicional antioqueña.

Antes de que todo ocurriera, esta historia empezó con el recuerdo de la madre de Javier Aristizábal, el padre amoroso que nació en medio de un parto difícil en el que su madre murió. Antes de que todo ocurriera, Luz Cecilia tuvo una hermana anterior llamada de la misma manera, Luz Cecilia, con sus mismos apellidos, Aristizábal Vásquez. Ella no nació, o sí nació, pero a los minutos sus ojos se cerraron mientras el mundo siguió andando. Dos antecedentes entre la vida y la muerte, en esa delgada línea entre el pálpito y el silencio, entre respirar y dejar de hacerlo, abrir los ojos o cerrarlos para siempre.

Antes de que todo ocurriera, en ese estado sensible de amor, dolor y entrega total, ella cerró los ojos, gritó sin gritar, apretó fuerte las barandas de esa camilla fría, helada, miró al cielo que en esta ocasión era una habitación gigante, una habitación fría, repleta de luces blancas de hospital, con tres doctores a su alrededor. Pujó, pujó, pujó como una valiente guerrera frente al pelotón de ataque. Afuera, su familia, con claveles, la esperaba para darle la bienvenida a ella y a la nueva integrante de la familia.

La lucha tenía nombre, Mariana, la pequeña Mariana que vendría al mundo a dar más felicidad a todos, incluido Juan Esteban, el tío orgulloso que no veía la hora de cargarla en sus brazos musicales.

Luz Cecilia tenia veintiocho años ese 4 de noviembre de 1992. 4 de noviembre inolvidable para todos. Inolvidable por los veintisiete años siguientes, inolvidable por toda la vida. Todo estaba bajo control en el trabajo de parto, en la dilatación inicial y activa del cuello uterino que llegó a los 3 centímetros. Luz Cecilia tuvo contracciones seguidas, cada 10 minutos tenía dolores insoportables y amorosos. Mariana tuvo dificultades para salir, pero luego de pujar, luego de la fuerza que hizo Luz y de la ayuda de los médicos, llegó el periodo de expulsión.

Mariana nació, lloró, buscó en su cara desesperada oxígeno y calor, abrió sus ojos de obsidiana, respiró por la boca, conoció el mundo, mientras los de su mamá, Luz Cecilia, se cerraban con lentitud y amor. Una hemorragia postparto agravó el procedimiento que más había esperado en la vida, la llegada de su primera hija. La sangre, el amor, la falta de respiración, las pinzas, las luces, el frío, la familia afuera esperando con hermosos claveles en la mano, todo fue una revolución desesperada en el quirófano.

Luz Cecilia con su hija a salvo entró en un estado de coma debido a la hemorragia, su estado empeoró por la falta de un banco de sangre O negativo en ese hospital. La pérdida de oxígeno fue inminente, la sonrisa de Luce se desvanecía, sus ojos se cerraban mientras el mundo seguía andando, la vida para ella se detuvo, el reloj dejó de pulsar y su familia, afuera, quedó en un limbo de silencio que nadie apagaría.

Juanes llegó a la clínica para recibir a Mariana, su nueva sobrina, y a abrazar con fuerza la valentía de su hermana, Luce. Al llegar a la habitación, todo estaba apagado y oscuro, su mamá, Alicia y su tía, Adiela, lloraban desconsoladas.

—¿Qué pasó, mamá?

—Mijo, no, que Luz Cecilia tiene una hemorragia y está como malita.

Ahí, en ese justo momento cuando terminó esa frase empezó una pesadilla para toda la familia. Un silencio de muerte en vida, gritos ahogados, dolor en el pecho y un corazón que empezó a latir más despacio.

Ese 4 de noviembre de 1992 empezó una debacle, una tristeza colectiva, un rompimiento de corazón para todos. Luz Cecilia, en estado vegetativo, seguía aferrada a su cama sin moverse, sin comer por sí sola, respirando mecánicamente, con los ojos de todos puestos en ella, con las oraciones día y noche rogando por una señal divina, por una mejoría médica, por un milagro. De vez en cuando abría los ojos, los movía, los volvía a cerrar y emitía algún sonido que se convirtió en un martirio para los integrantes de la familia. Lloraba, lloraba todo el tiempo, estaba viva sin vivir, respiraba sin respirar y dormía un sueño eterno en puntos suspensivos.

El estado vegetativo de su hermana fue una tristeza profunda para la vida de Juanes. Llegar a la casa de su mamá luego del éxito de su carrera allá afuera lo hacía sentir mal, no lo dejaba celebrar un Grammy, un premio MTV, una nominación, una participación exitosa o el cariño de la gente. Se aislaba, se cohibía de hablar de su carrera y bajaba la cabeza para estar al 100% con su familia, en tiempo de calidad. Sentía culpa por celebrar y ver cómo ahí, adentro de la casa de su familia, había un corazón roto, había el dolor de una madre que no se cansaba, que luchaba con la fe y con la esperanza de que la vida de Luz Cecilia regresara a la normalidad. 236.520 horas, 9.855 días, 324 meses, y segundos incontables, permanecieron atentos a ella. Veintisiete años en una cama fue una de las torturas más fuertes que vivieron todos, que vivió ella, que vivió Juanes.

En la época en la que la familia vivió esto, no había una conversación seria desde la ley colombiana para hablar de eutanasia; a pesar de esto, para doña Cecilia nunca fue una opción. La fe siempre estuvo al borde de la cama, con las oraciones en la mañana y en la noche y con la esperanza viva de ver a Luz Cecilia reaccionar, superar sus veintisiete años de quietud y verla feliz, sonriente y activa como era siempre. Fue un duelo a medias, casi tres décadas en las que intentaron todo, desde las terapias alternativas hasta la medicina tradicional, pero nada hacía que Luz Cecilia despertara de ese sueño profundo en *déja vú*.

Juanes vivió en la intimidad con ese dolor, con esa angustia desesperante que lo acompañó una porción muy importante de su vida. Ese dolor, esa ausencia de su hermana mayor, en muchas ocasiones se reflejó en sus canciones y en su mirada profunda que guarda algo de tristeza en medio del brillo de sus sueños y de la fama que no lo desvela.

Luz Cecilia finalmente murió en la tranquilidad de su hogar. Murió esperando despertar de ese sueño y de ese loop de tristeza permanente de su familia. Nadie pudo hacer nada por ella, ni su hija, ni su madre, ni sus hermanos. Esta vida, esta muerte, y las otras de la familia, se convirtieron en una sincronía mágica y asustadora. Matilde, la madre de Javier; Luz Cecilia, la primera hija de los Aristizábal Vásquez, y nuevamente Luz Cecilia, sellaron para siempre ese ciclo de coincidencias dolorosas.

UN TERRITORIO SIN GEOGRAFÍA

Juanes no tiene un territorio propio, viaja de acá para allá temiendo a los aviones, cerrando las ventanillas, tomando un shot de algún trago fuerte que baje su ritmo cardíaco antes de despegar. Vuela por horas y aterriza en ciudades diferentes, del frío al calor, de la nieve a la playa, del inglés al francés, al español, escribiendo historias en asientos ajenos, extrañando a su familia, soñando con un futuro mejor, con un mundo en paz, añorando sus montañas, su música, y pensando siempre que lo mejor está por venir. De América a Oceanía, de Asia a Europa y de ahí a África, Antártida, y se vuelve a repetir la ecuación de cinturones de seguridad, 10.000 y 12.000 metros de altura con esperas interminables, tránsitos lentos, fotos, abrazos, autógrafos, sellos en el pasaporte, aplausos sin nacionalidad y canciones que se vuelven himnos eternos.

A pesar de todo y de ser un territorio sin geografía que va de acá para allá, Juanes siempre está anclado como el acero a ese parque pueblerino entre montañas elevadas, manos que trabajan la tierra de sol a sol, aguardiente y olor a café. Está anclado a sus recuerdos, a esas calles agrietadas que lo vieron correr a toda velocidad desde que era un niño, y luego, más grandecito, cantar boleros, rancheras, tango y todo lo que sonaba en esa cantina que quedaba debajo de su habitación. Anclado a esos amplios balcones coloniales, a sus hermosas flores primaverales, a los señores y señoras que desde bien temprano pasaban rumbo a la misa frente a sus ojos curiosos, mientras él se asomaba desde el balcón a la calle para ver quién, abajo, llamaba a la puerta para visitar a sus padres.

Ese parque lo encapsuló, a él, a su corazón, a sus manos trabajadoras, a esa camándula de la suerte que algún día le dio su mamá y siempre lleva consigo en el cuello o en el bolsillo, a su guitarra poderosa y a su voz. Ese parque lo saluda todos los días, lo mira a la cara, le ofrece sus rezos, fotografías, y él, estático, silencioso, brillante, como un lingote preciado, como héroe sin pedestal, como un guerrero griego con su arma de guitarra, cuida y custodia ese pueblo del norte de Antioquia entre sus capas eternas y resistentes de barro, silicona, cera y bronce.

Quien soñó con lo imposible fue el escultor Jorge Vélez, un filósofo y artista que trabajó como *artigiano* del maestro Rodrigo Arenas Betancourt, y que con toda esa experiencia y esos años de untarse de barro, cincel y vidas en roca, se encerró en su estudio artístico durante tres meses en jornadas extenuantes de diez horas diarias, mientras le hablaba, le contaba sus secretos y le pedía fuerza a Juanes para empezar a construir su efigie de 120 kilos de bronce estatuario, con 1,86 metros de altura y mohín infantil.

Jorge con sus manos modeló el barro, luego pulió el molde en silicona para pasarlo por cera y eternizarlo por siglos, gracias a la fundición de Armando Arango, en el bronce de veinte mil dólares. Su mirada infantil, su cabello sedoso, su correa acompañada de dos colibríes, su guitarra Stratocaster sujeta a la espalda y su manilla en la muñeca izquierda, fueron observados por cientos de personas y periódicos locales, nacionales e internacionales, el viernes 12 de octubre de 2007, con la plaza llena de curiosos, que querían ver el real parecido de Juan Esteban Aristizábal Vásquez con ese retrato de su humanidad transformado en cobre y estaño.

Simón Bolívar, el otro huésped del parque, estuvo celoso, nadie lo miró, ni le aplaudió, ni menos fue fotografiado desde ese entonces, en ningún momento estuvieron peleando por un puesto, por eso ahora se hablan poco; en las noches, cuando el pueblo duerme en el silencio del frío aterrador, en las tardes, luego de las tres pe eme, cuando el viento y el frío no dejan ni un cabello en quietud, y también, susurros de celos esos domingos al mediodía cuando llegan los turistas de todos lados a pasearse y obturar sus cámaras frente a ellos.

Desde ese día, además de ser declarado como Príncipe de Carolina, Juan Esteban nunca más salió, nunca más se fue, se quedó observando a todos; a las señoras que lo vieron crecer y que él mismo ahora no reconoce; se aguantó el nauseabundo olor de los orines de perros y gatos y el excremento de palomas que se posaron en sus hombros y su cabeza. Fue cómplice en las conversaciones de algunos borrachos que lo confundían con un amigo o con un rival, y hasta los golpes e insultos resistió.

Día, noche, lluvia, sol, frío, calor, y ahí, sin moverse ni un ápice, aferrado a sus 120 kilos de material y a esas baldosas rígidas que son su hogar, sigue mirando de frente a la iglesia, mientras todos pasan a su lado.

En cuatro horas fue fotografiado sesenta veces; dos niños se le colgaron de los hombros, una familia entera se posó a sus pies y en vez de gritar whisky gritaron: "La camisa negra", una jovencita de veinticinco años, a lo sumo, le tocó sus partes íntimas, también le pusieron una gorra de los Yankees de Nueva York y un sombrero aguadeño, y un par de señoras que iban hacia la misa de 12, frenaron como si fuera una costumbre hacerlo y se santiguaron con devoción doblando sus rodillas, como si

FOTO: © ARCHIVO FAMILIAR

Alicia Vásquez y Javier Aristizábal, padres de Juanes,
en Carolina del Príncipe, Antioquia, Colombia.

Juanes con 8 años, al lado de su compañera de vida. 1980.

FOTO: © ARCHIVO FAMILIAR

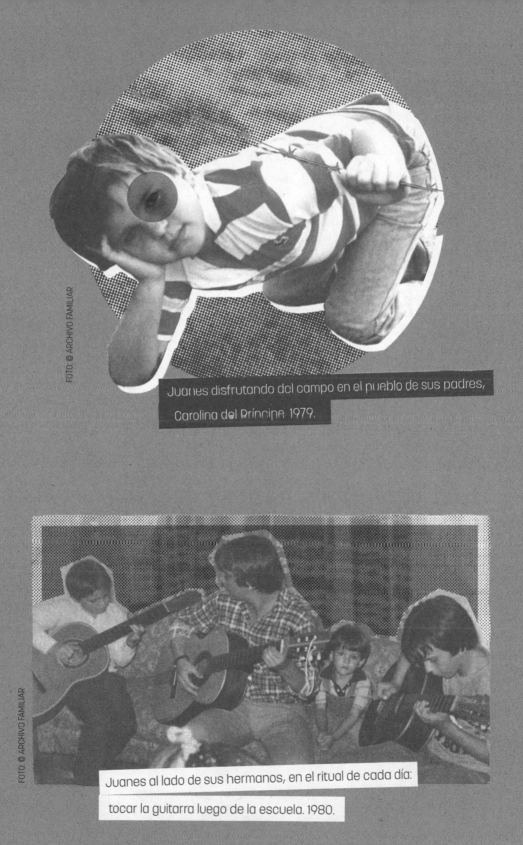

FOTO: © ARCHIVO FAMILIAR

Juanes disfrutando del campo en el pueblo de sus padres, Carolina del Príncipe, 1979.

FOTO: © ARCHIVO FAMILIAR

Juanes al lado de sus hermanos, en el ritual de cada día: tocar la guitarra luego de la escuela. 1980.

FOTO: © ARCHIVO FAMILIAR

Juanes en compañía de su hermano Javier y su hermana Mara visitando el camerino de Los Visconti en Medellín. 1981.

FOTO: © ROMÁN GONZÁLEZ

Juanes y sus amigos de banda. Ekhymosis. 1991.

FOTO: © ROMÁN GONZÁLEZ

Carátula del primer demo tape de Ekhymosis, diseñada por Andy García. 1988.

FOTO: © ANDRÉS SIERRA - ROMÁN GONZÁLEZ

Juanes en sesión fotográfica para el álbum
"Niño Gigante" de la banda Ekhymosis. 1993.

FOTO: © ROMÁN GONZÁLEZ

Jornada de ensayo con Ekhymosis, San Antonio de Prado, Medellín. 1991.

FOTO: © ROMÁN GONZÁLEZ

Ekhymosis y Ekrion, bandas de metal de la ciudad de Medellín. 1989

FOTO: © MEMO ARIAS

Ensayo de Ekhymosis. 1996.

Juanes tocando la guitarra en el marco del lanzamiento del álbum "Un día normal". 2002.

FOTO: © CAMILO ECHAVARRÍA

FOTO: © CRICKET

Juanes, Paloma, Dante, Karen y Luna en Punta Cana, República Dominicana, en la celebración del cumpleaños número 40 de Karen Martínez. 2019.

FOTO: © MARIO ALZATE

Juanes y Lars Ulrich de la agrupación Metallica, luego
de ser homenajeado con el "Person of the Year". 2019.

Juanes en Medellín en la Gala de la   FOTO: © MARIO ALZATE
Fundación Mi Sangre. 2021.

FOTO: © MARIO ALZATE

Juanes con su guitarra Gibson Flying V en
el House Of Blues, Dallas. 2021.

FOTO: © MARIO ALZATE

Juanes iniciando el Origen Tour,
The Fillmore Miami Beach. 2021.

Juanes y Mick Jagger. Concierto The Rolling Stones, Bogotá, Colombia. 2016.

FOTO © EL TIEMPO

FOTO @ MARIO ALZATE

Juanes en sesión fotográfica para la revista *Rolling Stone*. 2021.

FOTO: © MARIO ALZATE

Juanes en sesión fotográfica para la
revista *Rolling Stone*. 2021.

FOTO: © MAR O ALZATE

Juanes en sesión fotográfica para la revista *Rolling Stone*. 2021.

FOTO: © CÉSAR BALCAZAR

Juanes en sesión fotográfica en Miami para la portada de la revista *Credencial*. 2021.

FOTO: © MARIO ALZATE

Reunión de músicos y equipo de trabajo. Primer concierto después de la pandemia del Covid-19. Miami, septiembre 2021.

FOTO © MARIO ALZATE

Juanes en el camerino antes de presentar su nuevo disco. 2022.

FOTO © MARIO ALZATE

Juanes en el tour Origen ante 14.000 personas. 2022.

ese rostro, esa melena y esa guitarra hicieran parte del altar de un santo de gran devoción y milagro prometido.

Sin parpadear sigue ahí, firme, estático, brillante, aguantando el sol y la curiosidad turística de gente extraña y propia, y seguirá por cientos de años, como una demostración de bronce estatuario de que la mejor forma de hacer los sueños realidad es despertarse, porque la realidad está equivocada y los sueños son reales.

UNA PERSONA DEL AÑO PARA TODA LA VIDA

Juanes merece todo lo que le ha pasado. La valentía por decidir vivir de las canciones, el cariño verdadero que le tiene la gente, sus veintiséis Latin Grammy, sus dos Grammy Anglo, su lucha utópica por cambiar el mundo, su amor por la Tierra, su apuesta de memoria en las canciones, su guitarra parrandera, su familia, su fundación, su música y el rock que le cambió la vida.

También merece su abrazo con Draco Rosa, que reciba cariño verdadero de Andrés Calamaro y participen juntos con el piano y la guitarra dispuesta; merece que Fito haga una de sus canciones al igual que Rosalía, Alejandro Sanz, Juan Luis Guerra y muchos otros. Juanes merece que el reconocimiento más importante de su carrera sea entregado por uno de los integrantes de la banda que fue y seguirá siendo escuela, Metallica. Por esto y por muchas otras cosas más, a Juan Esteban Aristizábal, el hijo de Medellín, se le reconoció en el 2019 como la persona del año en los premios de La Academia Latina de la Grabación.

Este reconocimiento se otorga a músicos de herencia iberoamericana y se entrega no solo por sus logros artísticos en la industria de la música, sino también por sus profundos esfuerzos humanitarios, muy relevantes además en Juanes.

José José, Gilberto Gil, Juan Gabriel, Carlos Santana, Caetano Veloso, Vicente Fernández, Julio Iglesias, Rubén Blades, Juan

Luis Guerra y Plácido Domingo son algunos de los galardonados en los años anteriores.

Pero ¿qué puede significar un homenaje de este peso? Persona del año no es un título menor, teniendo en cuenta que ese lado de la industria musical está repleto de millonarios números, de un ego incalculable, miles de kilómetros de sonido, cientos de puertas de habitaciones de hotel, horas sin dormir y toda la presión enfrentando a la musa inspiradora de la poesía y la armonía.

El homenaje llega cuando más vivo está Juanes, cuando su vigencia es entendida por las nuevas generaciones; llega cuando dijo no al óxido perverso de los años y cuando en momentos es perceptible la decadencia de una ficción despampanante de luces, cámara y espectáculo, en la cual no cayó.

Este reconocimiento es la reafirmación de un momento de la vida, de la justicia en un guitarrazo, de la carretera recorrida y la oportunidad para recordarle a ese paisa noble que hace canciones, a manera de aplauso de pie, que ese viaje asustador, esperanzador y premonitorio que hizo hace más de veinte años luchando por un sueño valió la pena y ahora es orgullo de todos.

La coherencia de Juanes hace que muchos entiendan que no es solo por hacer música, sino por representar, por ayudar a los que vienen en el camino con el mismo sueño, por movilizar corazones y entender que la historia de vida se hace desde el primer acorde, que en este caso fue metalero, hasta el último, que puede tener el pincelazo actual del dembow. Hacer canciones por siempre. Música, hermosa música al fin y al cabo.

Todos de pie, grandes y más grandes, en unos premios a la música mundial, para aplaudirle a una persona del año, para toda la vida.

LOS TENIS MOJADOS

Mientras las nuevas canciones empezaban a aparecer en la vida de Juanes, los éxitos del anterior disco seguían rodando y ahora incluso llegaban a esferas en las que nunca esperó estar, aunque así lo haya soñado.

En muchas ocasiones, en medio de la batalla sanguinaria contra el día a día en esa cotidianidad compleja que vivió en los Estados Unidos, le dijo a Memo Arias y a Mónica Escobar , "Yo le quiero dar un Grammy a Colombia", aun sabiendo que era casi imposible en su inicial carrera. Pero la frase "cuida muy bien lo que dices porque puede hacerse realidad" lo rodeaba como una espesa nube de esperanza.

El disco *Fíjate bien* fue un buen éxito inicial en muchos países, en todo lado sonaban sus canciones; sin embargo, era muy pop para las emisoras que etiquetaban a Juanes de rock, y las emisoras pop decían que era un disco fuerte y oscuro. A pesar de eso, fue una época de viajes, conciertos, prensa, mucho movimiento. Con la guitarra de emisora en emisora, de un *venue* a un festival, de un país a otro, se sumergió en una correría extenuante de gira por muchos lugares, y justo luego de un viaje por Centroamérica, en Guatemala, en la transmisión de una teletón, Andrés Recio recibió una llamada de Fernán Martínez.

—Andrés, mijo, apenas lleguen a Miami me avisa. Pasado mañana va a pasar algo muy importante, asegúrese de llevar a Juanes a las 8:00 a. m. a una dirección que le voy a mandar más tarde.

—Sí, Fernán, claro que sí, allá llegamos.

Al llegar de nuevo a Miami, esa misma noche cayó un aguacero que no tuvo tregua con Juanes y su road mánager Andrés; se empaparon de cabeza a pies llegando a la casa.

Los tenis de ambos quedaron completamente mojados y sucios; de hecho, Juanes agarró sus Nike Presto color gris, los únicos que tenía por esos días, y los lavó para usarlos limpios de nuevo. Los puso detrás de la rejilla de la nevera para que el proceso de secado fuera más rápido. A media noche Juanes se levantó a revisar los tenis, pero seguían escurriendo agua. Los acomodó en la esquina de una ventana. A la mañana siguiente Andrés quiso levantar de la cama a Juanes para la cita que Fernán le había asignado, pero Juanes se negaba a ir. Estaba agotado de los días de gira, promoción, prensa en medios de comunicación, y solo quería descansar en su cama.

—Oye, Juanes, de verdad, vamos, Fernán te necesita allí.

—Noo, no, marica, yo no voy a ir a eso, yo ya sé para qué es, son las nominaciones a los Grammy y allá no va a pasar nada, yo no quiero ir a eso, no me creas tan güevón.

—Pero, marica, acordate que la amiga tuya, la adivina, dijo que te iba a cambiar la vida, que te ibas a empezar a ganar un montón de premios y cosas, vení, vamos pues hombre.

Juanes, por supuesto, le temía a ese encuentro con la industria de los premios, con las galas de famosos, con la parafernalia, y además con los nervios de no recibir ni un galardón, ni esperarlo. Por eso su negligencia por asistir.

—No, Andrés, parce, además, no tengo zapatos para ir y los tenis los lavé ayer. Los suyos no me sirven, así no puedo ir a ningún lado.

Una segunda llamada de Fernán los hizo mover de inmediato a los dos.

—¿Ya salieron, Andrés?

Entre susurros, Andrés le respondió.

—No, Fernán, es que Juanes dice que no va a ir, que no tiene zapatos.

—¡¡¡Andrésssss, me importa un carajo, levante a ese man ya y móntelo al carro!!!, los estamos esperando, no vuelvo a repetir, esto ya va a empezar, tienen veinte minutos para estar acá.

—¿Qué está diciendo Fernan? —preguntó Juanes desde el interior de la casa.

—No, que tenemos que ir ya mismo.

—Pero güevón, no tengo zapatos, mirá.

—Juanesss, ya, marica, que te pongas esos tenis ya, nos tenemos que ir, nos van a matar.

Saliendo de la casa, los Nike Presto grises de Juanes escurrían agua, dejaban pisadas en el suelo y soltaban burbujas por la tela frontal del empeine.

Ambos salieron de allí, a toda velocidad; de hecho, Andrés Recio salió con una camisa blanca muy arrugada y Juanes con las medias y los pies mojados, hacia los premios Grammy Latinos.

Al llegar, Adolfo Fernández, publicista de la discográfica, le dijo a Fernán:

—Fernán, me parece el colmo, el muchachito nuevo este, el cantante de Medellín con esos tenis mojados, y el otro, con esa camisa como un acordeón, esto es importante, Fernán, tienes que controlarlos.

A ninguno le importó, ni lo notaron. Con burbujas o sin burbujas de agua y humedad, lo esperaba una tarde maravillosa y sorprendente, algo nuevo y sui géneris para él, y así llegó al recinto en el que con sorpresa leyeron siete veces su nombre como nominado y posible ganador de premio Latin Grammy, algo que soñó muchas veces y ahora se estaba haciendo realidad.

Grabación del año, álbum del año, canción del año, mejor nuevo artista, mejor álbum vocal rock solista, mejor canción rock y mejor video musical fueron las nominaciones que aceleraron su corazón con cada mención en medio de una tarde increíble en Miami.

Al final, cuando la presentadora leyó en el micrófono, el nominado es: de nuevo "Juanes", él, con la mente en otra parte, con las luces apuntando a sus retinas y en medio de los aplausos desconocidos-conocidos en esa situación surrealista, con las manos temblando y sus dedos fríos, cuando tuvo oportunidad, se fue a llorar al baño para que nadie lo viera. Lloró como un niño, emocionado, temblando, extasiado por lo que había acabado de suceder y pensando en su inicio y en sus sueños quiméricos, recordó sus sacrificios dolorosos, "comer mierda" en Miami, Nueva York, Los Ángeles, los sánduches partidos para toda la semana, el agua de la canilla, las llamadas por cobrar a su familia a punto de estallar en llanto por la desesperación, las llamadas los viernes a su novia, cuando con todos los amigos estaban en parrandas monumentales y el ahí, solo, en una habitación de hotel, buscando un sueño que no sabría si llegaría, "¿qué estoy haciendo aquí solo, rebuscándome la vida? ¿Estoy loco?".

Siete veces habían mencionado su nombre, siete veces había sentido esa punzada en el corazón, ese vacío escalofriante, siete veces un triunfo impensado, siete veces nominado por La Academia Latina de la Grabación, siete ilusiones, siete puertas abiertas de par en par y un atributo que para el año 2001 era desconocido para cualquier artista colombiano.

Frente a sus ojos había demasiada gente famosa que lo veía con sorpresa, mientras él, con sus tenis mojados y sus dedos arrugados, no podía creer que todo hubiera llegado tan rápido.

Luego de los aplausos y las felicitaciones, lo primero que hizo Juanes fue levantar el teléfono y llamar a doña Alicia a contarle la locura que estaba viviendo lejos de su casa, lejos de su abrazo y su mirada contempladora. Toda la fuerza que le dio su mamá cuando todo parecía perdido tomó valor y razón con esa llamada emocionada.

Juanes llegó a la gala con los tenis mojados, sin esperanzas, convertido en un don nadie con los dedos arrugados y olorosos, y a los cuarenta y cinco minutos tenía ochenta periodistas sobre sus ojos, vigilantes de sus manos y sus palabras. Llegó siendo un don nadie y salió de ahí siendo el músico latino más importante del 2001.

Sin embargo, la ceremonia sería unos días después, el 11 de septiembre de 2001. Mientras esa esperada premiación llegaba, empezaba un nuevo reto por todo Estados Unidos, la gira Watcha Tour, una travesía en un autobús de color vino tinto, recorriendo los Estados Unidos de sur a norte, de East to West, llevando música a las más grandes ciudades y a los pueblos más recónditos y desconocidos. Esta gira tenía la participación de bandas como Café Tacvba, Bersuit Vergarabat, Control Machete, Zurdok, Molotov y Juanes, por supuesto, la revelación de la que todos estaban hablando. Justamente Juan y su banda compartieron bus con los Molotov, una épica e inolvidable postal de rocanrol, trasnocho, locura y rutas musicales.

Esa fue una verdadera experiencia de gira de rocanrol, en un bus, por las carreteras, donde todo empieza, recordando el romance, la aventura, la idiotez y el caos del tiempo en una carretera musical. Juanes abría terreno, tocaba en lugares donde pocos colombianos lo habían hecho, sacó su machete, desyerbó la maleza de este territorio y dejó caminos más caminables para los artistas posteriores.

En estos shows pasaron todo tipo de cosas, chascarrillos incontables, y memorias divertidas, como lo que sucedió en uno de los primeros shows en Los Ángeles al lado de Enanitos Verdes, Molotov y La Ley, un show que tenía una gran expectativa por la aparición del nominado siete veces a los premios más importantes de la música latina. Por esta razón, todo el mundo quería verlo, conocerlo, eso generaba mucha presión para Juanes; por eso, desde afuera del escenario preparaba todo, se percataba de cada detalle de su banda, de su música y de su show.

"Con ustedes, el multinominado a los premios Grammy Latino, Juanes".

Acomodó su instrumento, abrió los ojos, respiró, le conectaron el cable de la guitarra mientras ajustaba sus audífonos de retorno, y, al escuchar su nombre en los grandes parlantes, salió corriendo con los brazos arriba, recibiendo su ovación. De repente, algo lo detuvo, lo jaló por el costado derecho, no alcanzó a ir al micrófono para saludar al público. El cable que habían conectado a su guitarra era muy corto y se quedó a medio camino, la vergüenza que sintió fue del tamaño de sus ansias.

La salida fallida tocó repetirla, ahora con un cable que lo dejara acercarse al micrófono para cantar. Esta era su salida, la primera luego de su nominación a los Latin Grammy.

EL MUNDO AFUERA ARDIENDO

Poco a poco se acercaba el día tan esperado para Juanes, el martes 11 de septiembre de 2001 sería la gala donde se develaría si alguna de esas siete nominaciones se convertiría en un gramófono para su vida.

La noche anterior fue difícil para Juanes, mucha ansiedad, poco sueño, pero al fin, lo logró, acomodó su cabeza en la almohada, descalzó sus pies y las sábanas arroparon su cuerpo, que entró en reposo. En el hotel estaba acompañado de Karen, su hermana Mara y su madre.

12:45 a. m. Lo despertó un ruido en la ventana, giró su cabeza a la derecha y estaba Karen durmiendo plácidamente. Volvió a dormir.

2:15 a. m. Sin abrir los ojos se volteó de lado, acomodó la sábana y pensó que la noche sería muy larga.

3:30 a. m. No paraba de pensar y pensar, se paró por un vaso de agua, lo bebió en tres sorbos, miró por la ventana a la ciudad, volvió a tratar de dormir.

5:50 a. m. Juanes está en un sueño profundo; al despertar no recordará nada de lo que soñó.

7:59 a. m. El vuelo 11 de American Airlines, un Boeing 767 con 92 personas a bordo, despega del Aeropuerto Internacional Logan de Boston hacia Los Ángeles.

8:12 a. m. El vuelo 11 de American Airlines es secuestrado.

8:14 a. m. El vuelo 175 de United Airlines, un Boeing 767 con 65 personas a bordo, despega del Aeropuerto Internacional Logan de Boston hacia Los Ángeles.

8:18 a. m. La azafata Betty Ong del vuelo 11 de American Airlines se comunica con la oficina de reservaciones de la compañía para informar que el avión ha sido secuestrado.

8:20 a. m. El vuelo 77 de American Airlines, un Boeing 757 con 64 personas a bordo, despega del Aeropuerto Internacional Dulles de Washington DC hacia Los Ángeles.

8:40 a. m. La FAA (La Administración Federal Aeronáutica) notifica al NORAD (Comando de Defensa del Aeroespacio Norteamericano) que existe una sospecha de secuestro del vuelo 11 de American.

8:42 a. m. El vuelo 93 de United Airlines, un Boeing 757 con 44 personas a bordo, despega del Aeropuerto Internacional de Newark hacia San Francisco.

8:42 a. m. El vuelo 175 de United Airlines es secuestrado.

8:43 a. m. La FAA notifica al NORAD que existe una sospecha de secuestro del vuelo 175 de United.

8:46:37 a. m. El vuelo 11 de American se estrella contra la Torre Norte del World Trade Center (WTC).

8:51 a. m. Suena el teléfono de la habitación de Juanes, es su mánager, Fernán Martínez.

—Hola, Juanes, enciende ya el televisor en CNN.

—Hola, buenos días, ¿cómo amaneció? en mis tiempos se saludaba.

—Juanes, prende ya el televisor, hombre.

Juanes enciende el televisor, aún somnoliento mientras Karen no abre siquiera los ojos, sigue cubierta con la sábana. De inmediato ve una de las torres del World Trade Center en llamas. Despierta a Karen, no entiende nada de lo que está pasando.

08:54: El vuelo 77 de American Airlines es secuestrado.

Juanes llama a su madre y a su hermana, las alerta de la situación. Y vuelve a llamar a su mánager para preguntarle qué más sabe de todo lo que está sucediendo.

A través del televisor, en vivo y en directo, ve una imagen que no olvidará jamás.

9:03 a. m. El vuelo 175 de United impacta contra la Torre Sur del World Trade Center. El suceso es cubierto en directo por diversas cámaras de televisión que enfocaban a las Torres Gemelas a causa de la densa humareda que surgía de la Torre Norte.

Juanes no se despega del televisor, mira por la ventana, se levanta desesperado, camina, toma un vaso de agua, se humedece la cara en el lavamanos, vuelve al televisor, maldice, empieza a temblar y llora por lo que sus retinas están observando.

9:07 a. m. El jefe de personal le avisa al presidente George W. Bush que embistieron la segunda torre y que Estados Unidos se encuentra bajo ataque. El presidente se encontraba reunido con unos niños de una escuela primaria de Sarasota.

El mundo afuera ardía, literalmente. Una espesa nube de polvo y terror se apoderó del Condado de Arlington en Manhattan, Nueva York, mientras Juanes se reunía con su hermana, su madre, su mánager y su novia.

Evidentemente la gala de los premios Latin Grammy estaba en veremos y a Juanes el mundo se le derrumbaba, un meteorito del tamaño de Nueva York, caía frente a sus ojos, veía caer las flores del hermoso guayacán amarillo florecido. Luego del

234

anhelo, luego de esperar un premio que siempre soñó, la vida le cambiaba el rumbo de la carretera para tomar la vía sin asfalto.

—¿Mamá, te das cuenta? El día más importante de mi vida y pasa esto... —Dijo Juanes a punto de llorar, con la cabeza agachada y las manos sosteniendo su frente.

—Tranquilo, mijo, hasta hoy era el día más importante de su vida, pero de acá en adelante habrá días más importantes, así que tranquilo.

Juntos bajaron al lobby del hotel; allí ya estaban varios de los artistas que participarían en la gala de la noche. Solo había conmoción, ¿Qué va a pasar? La pregunta más recurrente que nadie podía responder.

Evidentemente esa mañana del martes 11 de septiembre de 2001 cambió no solo la vida de todos los estadounidenses, sino, también, la de los habitantes del planeta Tierra. La semana siguiente fue de pura incertidumbre; finalmente, por seguridad y por ese luto global en honor a todas las víctimas, decidieron cancelar la ceremonia de premiación.

Juanes y su familia regresaron a Miami.

A los cincuenta días, el 30 de octubre de 2001, de nuevo Juanes estaba viajando a Los Ángeles para vivir su sueño y hacerlo realidad. La gala de la Segunda Entrega Anual del Latin Grammy inicialmente se realizaría en el Auditorio Shrine con una transmisión por televisión nacional de la cadena CBS. Ahora se efectuaría en una sencilla conferencia de prensa sin transmisión televisiva en The Conga Room, un pequeño lugar en Los Ángeles que recibió a los nominados, invitados especiales y presentadores.

Los anfitriones que llevaron sobre sus micrófonos el desarrollo de la conferencia fueron Jimmy Smits y Paul Rodríguez, y Juanes, con veintinueve años, sentado con su gente más querida, observaba todo lo que ocurría alrededor. Esa noche llevaba el pelo corto y peinado con gel hacia arriba, vestía un jean con varios tipos de azul denim y bolsillos sobrepuestos en las piernas, una camiseta blanca y sobre ella una chaqueta verde militar con algunos apliques color mostaza. Sobre su cuello, la camándula, el amuleto que le daría suerte esa noche especial.

En la gala pudo estar cerca de Armando Manzanero, Kike Santander, Celia Cruz, Pedro Fernández, Aterciopelados, Alejandro Sanz, Gilberto Gil, Paulina Rubio, Chichi Peralta, Vicente Amigo, entre muchos, muchos otros. El escenario era sencillo, la pared del fondo tenía un backing repleto de gramófonos y en la mitad un pendón con el logo de los premios sobre cuadros de colores rojo, verde, azul, naranja y violeta. Ese mismo logo de los Latin Grammy Awards se repetía a lado izquiero y derecho. Detrás del backing, un par de cortinas de color dorado que brillaban cada que una luz o un flash llegaban hasta allá, y en la parte superior, un letrero luminoso en color azul con el nombre del bar: The Conga Room. Sobre el escenario, una pequeña mesa, y sobre la mesa, una base con dos micrófonos, nada más.

Allí cada artista subía al ser mencionado, recibía su gramófono, ofrecía unas palabras de agradecimiento, posaba para la fotografía y seguía celebrando. Juanes tenía siete oportunidades de subir, siete opciones para celebrar con su familia por ese disco debut que lo había llevado hasta allí, *Fíjate bien*.

El máximo ganador de la noche fue Alejandro Sanz, con cuatro gramófonos, también era su primera vez, y Juanes, finalmente, se convirtió en el segundo gran ganador de esa noche extraña y quimérica. Subió en tres oportunidades a ese escenario a recibir un gramófono y entender el peso de la lucha, del sacrificio y de la satisfacción. Mejor Álbum Vocal Rock Solista, Mejor Canción Rock y Mejor Nuevo Artista fueron sus premios de la noche. Y justo ese último premio, Mejor Nuevo Artista, es uno de los más codiciados porque solo puede ganarse una vez y es un impulso que tiene repercusión durante toda una carrera artística.

Al final todos los ganadores subieron al escenario para la fotografía grupal de los winners Latin Grammy Awards, y él, temblando con sus tres gramófonos, al lado de Celia Cruz, Alejandro Sanz, Kike Santander, Pedro Fernández y Armando Manzanero, aún no podía creer que ese día en el que se cerró el ascensor frente a sus ojos, con su madre del otro lado a punto de llorar y su corazón latiendo de miedo, se convertiría en uno de los sueños imposibles más satisfactorios por recorrer.

A DIOS LE PIDO

En medio de ese agite emocionante en su carrera musical, de los días impredecibles, de los nuevos amigos y de las rutas en carretera, en la gira del Watcha Tour, mientras Juanes y su banda compartían con la banda mexicana Molotov, pasaron muchas cosas, falta de sueño, exceso de fiesta dentro de esa cabina rodante, canciones, guitarras, licor, paisajes hermosos, ocasos con el cansancio de la ruta, arreboles musicales y amaneceres con la esperanza de un nuevo concierto.

Puertos, pueblos, pavimento hirviendo, frío, rocanrol, montañas y la ilusión de hacer eso durante toda la vida, girar, girar, girar, estar en la ruta con la música como gasolina.

En el trayecto de la ciudad de Los Ángeles a San Francisco, Juanes iba en la parte delantera del bus al lado del conductor. Eran las dos de la mañana. Llevaba en brazos la guitarra, y tenía en la cabeza una melodía de una canción tradicional colombiana.

"María Teresa tiene ganas de cumbanchar
Cuando suena la orquesta empieza a rebulear
Con el negrito Vicente (que la sabe manejar)
Con el compadre Clemente (ese sí la hace sudar)
Con el negrito Mendoza (que es ciclón pa' guarachar)
Con don Virgilio el pecoso (que e' goloso pa' rumbear)...".

El solo de guitarra de esta canción fue influencia, y ahora, uno nuevo se posó en sus dedos y en el mástil de esa guitarra acústica. Y de inmediato empezó a tararear sobre esa melodía. La primera frase que se le ocurrió fue, "A Dios le pido...", y luego de eso, una idea potente golpeando en el corazón, crear una oración diferente, una súplica a Dios, al cielo, a las divinidades que dan sosiego, calma, oxígeno y amor al espíritu.

Esta oración se construyó poco a poco en la madrugada de ese trayecto. La idea la capturó en una pequeña grabadora.

A los días, luego de que siguieran rodando en la cabeza las frases, las ideas, el sonido y la oración, continuó la letra, las súplicas por guardar lo querido, y, quizá, por una vida mejor. Un llamado, una mirada al cielo por el bienestar.

"Que mis ojos se despierten
Con la luz de tu mirada yo
A Dios le pido
Que mi madre no se muera
Y que mi padre me recuerde
A Dios le pido
Que te quedes a mi lado
Y que más nunca te me vayas mi vida
A Dios le pido
Que mi alma no descanse cuando
De amarte se trate mi cielo
A Dios le pido".

La frase, A Dios le pido, funcionaba como un pregón salsero, como un coro de respuesta para la oración que se empezaba a completar.

"*Por los días que me quedan*
Y las noches que aún no llegan yo
A Dios le pido
Por los hijos de mis hijos
Y los hijos de tus hijos
A Dios le pido
Que mi pueblo no derrame tanta sangre
Y se levante mi gente
A Dios le pido
Que mi alma no descanse cuando
De amarte se trate mi cielo
A Dios le pido".

Do, Sol, La menor y de nuevo Sol. Esos fueron los acordes que ayudaron a construir la armonía de una canción definitiva en su carrera.

"*Un segundo más de vida para darte*
Y mi corazón entero entregarte
Un segundo más de vida para darte
Y a tu lado para siempre yo quedarme
Un segundo más de vida yo
A Dios le pido
Y que si me muero sea de amor
Y si me enamoro sea de vos
Y que de tu voz sea este corazón
Todos los días a Dios le pido
Y que si me muero sea de amor
Y si me enamoro sea de vos
Y que de tu voz sea este corazón
Todos los días a Dios le pido".

Al regresar a Miami, entraron a La Casa, el estudio de Gustavo Santaolalla y Aníbal Kerpel; empezaron a materializar esa canción, ese rezo chamánico, esa mística sonora, para que la idea y la luminosidad que reflejaba en los que la escuchaban no se perdieran. Era una buena época compositiva de Juanes, muchas ideas le atropellaban la cabeza todo el tiempo.

Varios días metidos en el estudio para dejar lista la captura de una canción grabada con una guitarra Fender, una guitarra acústica de cuerdas de metal, un bajo, un órgano Hammond, una tambora, batería, voces y coros.

Juanes se esforzó por cantar muy bien, por pronunciar a la perfección, tanto que a los días de repetir, repetir y repetir, su cabeza le estaba jugando un mal truco.

En el fragmento: "Y si me enamoro sea de vos. Y que de tu voz sea este corazón. Todos los días a Dios le pido", Juanes pronunciaba y escuchaba todo el tiempo: tubos, tubos, tubos.

"Y que de tubos sea este corazón".

Juanes se estaba enloqueciendo con esto, quería a último momento cambiar la letra de la canción. En el estudio reían, y de inmediato lo mandaban a salir al aire libre, caminar y relajarse para continuar.

Cuando salió al mercado el disco *Un día normal*, en el 2002, uno de los grandes éxitos indiscutibles fue "A Dios le pido", una canción que además estuvo durante 47 semanas consecutivas en la lista de "Hot Latin Tracks" de Billboard. Y además, canción que ganó el Premio Grammy Latino por Mejor Canción de Rock en el Latin Grammy Awards de 2002.

La canción le dio la vuelta al mundo varias veces, sonaba en todas las radioestaciones y su video se viralizó en muchos canales musicales de habla hispana.

En alguna oportunidad, mientras estaban de gira en Alemania, fueron entrevistados y la periodista era insistente con una pregunta.

—¿Juanes, pero quién es Lepido?

Juanes, who is Lepido?

Mientras él, sin poder hablar por la risa, trataba de explicarle que no era una canción para despedir a alguien, y que Lepido no era una persona.

LA GUITARRA DE SUS SUEÑOS

En el pasado quedó eso de perseguir guitarras en prenderías, de cambiar guitarras con sus amigos, de repararlas con cautín y soldadura en un garaje en Medellín. Luego de muchos años Juanes logró comprar la guitarra de sus sueños.

Ahorros, sacrificio, años de espera, de mirarla en revistas, acordes menores, mayores, disminuidos, deltas, solos, pentatónicas, melodías y dinero prestado para tener la Fender Telecaster American Performer con resplandor solar de tres colores. Una guitarra hermosa, soñada, brillante y luminosa por ser una de las más vendidas y míticas de la historia. El calado de su sonido va desde el blues más primitivo de los años 50 hasta el indie que reina en nuestros días. Se hizo famosa por estar en las manos de grandes guitarristas, desde el blues con Muddy Waters, el rock and roll con James Burton, el pop rock de los 60 con George Harrison en los Beatles, el Hard Rock de los 70 con Jimmy Page en Led Zeppelin, el punk con Joe Strummer y su banda The Clash, pasando por la genialidad de Prince en los 80, el grunge con Eddie Vedder y Pearl Jam, el indie de Radiohead con Jonny Greenwood. Parece que esta guitarra, la de los sueños de Juanes, siempre está ahí en la mano del nuevo número uno.

Luego de conseguir el dinero Juanes pudo comprar su guitarra Fender Telecaster. La tuvo, la adoró, la abrazó, la tocó como a ninguna otra y además la nombró, para que existiera y fuera real. Luego de pensarlo llevaría el nombre de su adorada madre, Alicia. La guitarra Alicia, la que mejor suena porque carga el amor de su familia, el amor de su gorda hermosa que lo cuida de lejos y de cerca.

Cuando Juanes y Andrés Recio empezaron a trabajar en el proyecto de consolidar su música, el mismo Andrés le preguntó por sus guitarras, esto para saber con qué iban a trabajar, con qué iban a materializar las nuevas canciones y además qué usarían en los shows en vivo.

—Solo tengo una guitarra, se llama Alicia, es una Telecaster y me ha acompañado gran parte de mi carrera.

—Ve, Juanes, y en guitarras, ¿cuál es tu sueño? —le preguntó Andrés, retándolo.

—Uy, parce, mi sueño es que me patrocine Fender. ¡La locura!, ¿no?

—¿Ese es tu sueño?

—Uy, sí, parce, muy chimba sería.

—Bueno, hay que trabajar duro para lograrlo.

A Andrés le impactó la respuesta de Juanes, así que decidió sumarse a su sueño, y a través de internet buscó los contactos necesarios para lograr el sponsor de guitarras para su novel artista.

En la página web de Fender encontró el correo, teléfono y dirección de oficina de Billy Siegle, un ejecutivo encargado del área artística de Fender. Y la labor de Andrés Recio, como project manager, era justamente lograr cosas que parecían imposibles para la consolidación de Juanes.

Así que empezó a llamar a la oficina de Billy, pero nunca contestó; le escribió emails, que al parecer quedaron en la carpeta de correo no deseado, y como último recurso luego de buscarlo durante una semana seguida, le envió a su oficina, cada semana, durante tres meses una copia del disco "Fíjate bien" y una copia del DVD con el video de ese primer sencillo.

Pasaban los días y no había ninguna respuesta, ni enviándole doce copias del disco y doce copias del DVD. Al tercer mes, decidió intentar llamarlo una mañana de lunes, con la sorpresa de recibir su respuesta de inmediato; todo parecía indicar, por el tono de su voz, que estaba en otra llamada y por error contestó su llamado.

—Hola, acá Billy —dijo detrás del teléfono.

—Billy, cómo estás, soy Andrés Recio, el project manager de Juanes, un nuevo artista que tenemos, no sé si lo conoces.

—Claro que lo conozco, tengo el escritorio lleno de discos de él, creo que con un disco era suficiente, no me mandes más discos que ya no sé dónde meterlos. Pero aprovecho para decirte que ahora en Fender no tenemos espacio para artistas nuevos.

—Ven, Billy, entiendo eso, pero solo te pido algo y con eso no volveré a molestar, solo pon el video que te envié, dura tres minutos, no te quito más tiempo; de hecho, yo me quedo acá en el teléfono mientras tú miras el video y ya con eso quedo tranquilo.

—Ok, está bien.

A lo lejos se escuchaba cómo introducía el CD y el inicio de la canción. Detrás del teléfono Andrés esperaba ansioso su reacción.

Cuando la canción iba por la mitad alguien llegó a la oficina, se escuchaba la conversación entre Billy y él.

—¿Quién canta ahí? Suena bien.

—Es un nuevo artista, se llama Juanes, es de Colombia.

—Está muy bien, búscalo, y lo firmamos, de una.

Sin acabar la canción, Billy tomó de nuevo el teléfono.

—Andrés, ¿estás ahí?

—Sí, Billy, acá estoy.

—Usted no puede ser más buena suerte en la vida. Acaba de pasar mi jefe por la oficina y le gustó lo que estaba viendo, me dijo que lo firmara, entonces vamos a hacerlo. Entra a la página web de Fender, escojan las tres guitarras que deseen y déjenme su dirección para enviárselas y seguir trabajando.

—Claro que sí, Billy, gracias, muchas gracias por todo.

Fender Label A fue el nivel de sponsor que le ofrecieron a Juanes, el más alto de todos; cada guitarra valía en promedio 10 mil dólares, y efectivamente, luego de escogerlas, a los tres días llegaron a la casa de Andrés Recio.

Por esos días Juanes estaba de viaje, Andrés lo recogió en el aeropuerto y sin saludarlo le organizó el pelo y la camisa.

—Oiga, parce, necesito que se arregle, le conseguí tres nenas, hermano, tremendas, las tengo ahí en el carro. Péinese que está vuelto nada.

—¿Qué cómo así? ¿Nenas, cómo así, parce?

—Muévase y organícese esa ropa.

Caminaron juntos, mientras Juanes seguía haciendo preguntas y Andrés sonreía de medio lado en silencio.

Al llegar a la camioneta, con los vidrios oscuros, los dos se pararon frente a la puerta trasera.

—Ahí están, abre la puerta y saluda bien formal.

Nervioso, Juanes abrió la puerta de la camioneta y se encontró con tres guitarras brillantes, relucientes, hermosas, con esa marca que siempre había soñado: Fender.

—¿Qué es esto, maricaaaa? Andrésss.

—Pues sí, marica, te conseguí el sponsor de Fender, ahí tienes tu sueño hecho realidad.

Juanes no lo podía creer, las lágrimas escurrieron por sus mejillas.

Con el tiempo Billy se convirtió no solo en ejecutivo comercial de la empresa, sino que ahora era el presidente de Fender. La relación entre ellos se solidificó, porque además Juanes creció de una manera inexplicable, cosa que ayudaba a la empresa.

Y, además de eso, las ideas de Andrés Recio tomaron vuelo con la complicidad de Billy y su poder en Fender. Años más adelante, Juanes recibió cinco nominaciones a los Grammy, tendría un show especial en la gala de los premios junto con los Black Eyed Peas con su camisa de Se Habla Español. Para esta gala, Andrés lo imaginó con una Fender Telecaster similar a la de sus inicios, pero diseñada con la bandera de Colombia con confetis luminosos. Amarillo, azul y rojo, todo regado por todo ese poliuretano brillante y atractivo. Desde Fender aceptaron la idea y la potenciaron.

Cuando la guitarra quedó lista, Juanes no lo podía creer.

—¿Qué es esta hijueputa guitarra hermano? ¡Está hermosa!

El show fue un éxito, la guitarra brilló no solo desde lo musical, sino con las luces del escenario, con las cámaras de cientos de medios de comunicación en todo el mundo.

Días después de la gala, Billy los llamó a felicitarlos por la idea de esa guitarra multicolor y simbólica. Por esa idea ahora él era un rey en Fender.

—Gracias por todo, Andrés, Juanes, pero ahora estoy metido en un tremendo problema por culpa de ustedes.

—¿Cómo así, Billy?¿Qué pasa, hermano?

—Nada, que ahora no sabemos qué hacer, nos han pedido cientos de guitarras con el diseño de la bandera de Colombia y nosotros solo hicimos una, la de Juanes, no sabemos qué hacer, pero todo eso es muy bello; gracias, chicos.

¡CATAPLUM!

Las historias en los viajes de paracaídas y vueltas, de cuerdas reventadas, de aviones perdidos, de abucheos o aplausos sin fin, son muchas. Tantas que la memoria empieza a divagar entre países, zonas horarias, estilos de guitarras, festivales acá y allá y recuerdos que parecen salidos de sueños profundos, pero en realidad ocurrieron. Son reales.

En alguna oportunidad, en Ciudad de México, en gira de promoción y prensa, con la banda en pleno, fueron invitados a uno de los programas más vistos en la historia de la televisión mexicana.

"Siempre en domingo", el programa de variedades y estrenos musicales que empezó en 1969 y que se extendió hasta finales de los años noventa. Se transmitía en el canal 2, Canal de las Estrellas, en Televisa, y era un punto de referencia para la nueva música y los hits que estarían dominando el mercado.

El recordado Raúl Velasco era el anfitrión del programa, el animador, el entrevistador estrella, el encargado de conducir cada uno de los shows musicales que allí se presentaban no solo para la República Mexicana, sino para toda Latinoamérica.

Al llegar, la banda, Andrés Recio, el road mánager y Juanes se dirigieron a camerinos. Afinaban los instrumentos, calentaban la voz y esperaban su turno para salir al aire en el programa.

De repente, Alfredo Delgadillo, presidente de Universal Music México, llamó a Andrés para ultimar detalles. A su regreso, Andrés llegó directamente al hombro de Juanes.

—Juanes, escúchame por favor. En este programa solo se hace *playback*, es un programa muy importante en audiencia y no puede haber ningún error.

—Nooo, parce, entonces no estamos; a mí no me gusta esa güevonada, odio hacer doblajes, yo estoy listo pa tocar como siempre.

—Juanes, es que no se puede, hermano, o bueno, tú puedes cantar en vivo, pero los músicos tienen que estar en situación *playback*.

—Ahhhg, qué pereza eso, Andrés hermano, nosotros somos músicos, no actores, hermano. Pero bueno, ni modo, vamos así.

"Desde Colombia, una nueva estrella revelación llega a México. La conciencia social, el folclor y el rock se unen en esta propuesta maravillosa. Con ustedes, Juanes; esto es 'Fíjate bien'", dijo Raúl Velasco, con su traje impecable y su micrófono sostenido a dos cuartas de distancia de la boca.

Empezó a sonar el inicio de la canción "Fíjate bien" con el bajo como protagonista de esa banda sonora repleta de crítica social. A los segundos del inicio, Alfredo Delgadillo se le acerca a Andrés Recio al oído.

—Oye, Andrés, ¿le avisaste a Juanes de la pirotecnia que tendremos en el escenario?

—¿Qué? Alfredo, ¿cómo se te ocurre?

—Sí, habrá pirotecnia, ¿no te avisaron?

—No, Alfredo, pero cómo va a ser eso, si esta canción habla de las minas antipersona, no puede ser.

De repente, sin que aún terminaran de discutir, empiezan las explosiones en medio del escenario. Ninguno de los músicos sabía, menos aún Juanes.

¡Buuum!; ¡pum! ¡plum! ¡Cataplum! Y luces de estallidos por toda parte.

Al escuchar esto, los músicos salieron corriendo, el baterista tiró las baquetas, el bajista se fue con el instrumento aún conectado al amplificador, jalándolo con fuerza, y Juanes, asustado, corrió y se le cayó la guitarra en pleno escenario en un programa en vivo para millones de personas en todo el continente.

—¿Andrés, cómo me haces esto güevón? Quedamos en ridículo y por eso te dije, todo el mundo se dio cuenta que la banda no estaba tocando, qué cagada, güevón.

—Juanes, parce, yo no sabía de eso, hermano, qué cagada.

Así, este playback fallido se convierte en surrealismo mágico y musical, en anécdota inolvidable de estallidos, televisión continental y risas para la historia.

EL SUEÑO DE LA LUNA

En algún momento, mientras estaba en Los Ángeles en la construcción inicial del disco *Un día normal*, Juanes recibió un mensaje de su vieja amiga adivina, a la que no veía hace muchísimos años; de hecho, no la veía desde que había iniciado su carrera como solista y no hablaba con ella desde que predijo de alguna manera su éxito en el mundo, los primeros premios Grammy.

Pero el mensaje de ese día era diferente, ella había soñado con Juanes y con Karen y le decía a través de un mail:

"Juanes, felicitaciones por tu hija, es monita y tiene unos rizos divinos".

Juanes, asustado, leyó el mensaje electrónico, quedó frío, de una sola pieza, mientras trataba de entender lo que él encriptaba.

—Karen, mira esto que me acaban de escribir. ¿Tú sabes algo de esto? —le dijo a Karen mientras le leía lo que estaba en la pantalla del computador.

—¿Quéeeeeee? —respondió sorprendida ella—. Está loca tu amiga, seguro se equivocó de persona, ¿no?

—Ehhhh, muy raro.

A ambos les pareció muy extraño, así que de nuevo Juanes a través del correo la cuestionó y ella solo le respondió: "Karen está en embarazo, será una niña, lo soñé".

Y la intriga era mayor que la rareza de los mensajes asustadores. Por eso, luego de leer y releer, Karen corrió a hacerse una prueba y efectivamente estaba en embarazo. La predicción asustadora empezó a sentirse en el cuerpo de Karen y en la ansiedad de Juan.

Los días de rodaje no daban tregua, Karen hacía presencia en una telenovela llamada *Amor a mil* y el papel de mujer embarazada no estaba dentro de los planes de los directores de la producción, así que Karen ocultó todo el tiempo su embarazo hasta que el último mes de gestación, que coincidió con rodaje en la ciudad de Santa Marta y con la visita de Juanes a la ciudad samaria, la barriga se hizo notoria y todos se enteraron de la noticia.

Al terminar la novela, y al continuar los planes de expansión de Juanes por todo el continente, iniciaron otros proyectos como familia. Dejaron el apartamento en Bogotá y se embarcaron en un avión con todo lo que tenían como pertenencias para empezar una nueva vida en Miami.

Al poco tiempo llegaría el momento del nacimiento de la primera hija de Karen y Juanes, juntos habían debatido el posible nombre.

Juanes estaba en un gran punto en su carrera, no paraba de escribir, de tocar la guitarra, de viajar y componer. En el año hacía 250 conciertos, el ritmo de vida que llevaba era una locura peligrosa, repleta de luces, gritos, euforia, canciones y fama.

Y justo en ese momento, el 6 de septiembre del 2003 llegó al mundo Luna y coincidía con el cierre para Juanes de una temporada oscura y de soledad, traducida en su disco *Fíjate bien*. Este nuevo momento y la llegada de su primera hija daban el ingreso a la luminosidad, al amor de familia, a estrenar de maneras diferentes el corazón. Y mientras Juanes empezaba la etapa de consolidación del disco *Un día normal*, con la cabeza y el corazón en su familia y persiguiendo su sueño para brindarles un gran futuro, Karen comandaba los primeros meses de su hija.

SOLO UN BIBERÓN

Miami era la ciudad que recibía sus nuevas vidas. Pasaron de ser dos enamorados que se extrañaban en la lejanía a ser tres, a ser una familia que aprendía a serlo. Aunque no estaban solos, pues siempre tenían a sus padres que los visitaban y les ayudaban en esos meses iniciales de crianza, también estaban los amigos, como Puli Logreira o Andrés Cock, que viajaban y compartían con ellos en Miami y ayudaban en las labores primíparas de ser padres.

Luna era tranquila. No eran difíciles los días de cuidados, mimos, hacerla dormir o alimentarla. Pero Karen debía seguir con su profesión, con su trabajo, y luego de un mes de estar día y noche pendiente de ella, debía salir de casa y dejarla sola con Juan.

Esto no era motivo de preocupación, pero Juanes no tenía ni la menor idea del cuidado de una bebé de un mes de nacida. Tenía muchos nervios, pero estaba feliz de compartir esos momentos al lado de su nueva hija.

Lo primero era darle el tetero a Luna, así que calentaron la leche, limpiaron y desinfectaron la chupa, sirvieron las onzas indicadas para el tamaño y la edad de Luna, y ahora, siguiendo las instrucciones de Karen, escritas y pegadas en la nevera con un imán, luego de tener la temperatura correcta, era momento de alimentar a la bebé.

Juanes se acomodó en el sofá, la cargó cuidadosamente, ajustó el babero y Andrés le pasó el biberón listo para dárselo. La niña ya con hambre buscaba la chupa, abría la boca, una buena señal y además un signo de tranquilidad para los dos hombres inexpertos.

Al subir y apuntar el biberón en la boca de Luna, la chupa cayó, los dos se miraron en menos de una milésima de segundo, y todo el contenido del tetero, toda la leche, cayó rápidamente en la boca de Luna. Un poco de leche en la ropa, en el babero, toda la demás la ingirió en un parpadear de esos dos hombres asustados. Al final un poco de tos y la niña se tranquilizó. El susto pasó y ese secreto quedaría ahí, guardado como un inmenso tesoro entre amigos.

El problema llegaría al rato, cuando la bebé tuviera que expulsar los gases, como es normal luego de comer.

Pasos para sacarle los gases a Luna, decía en la nota pegada en la nevera.

1. "Siéntate derecho en el sofá y acuesta a Luna contra el pecho. Con una mano la sostienes y con la otra le vas dando suaves palmaditas en la espalda, no muy duro".

2. "Luego sienta a la bebé en tus piernas, boca abajo, sostenle el pecho y la cabeza con una mano y con la otra mano repites las palmaditas en la espalda, de nuevo, no muy duro".

Si nada de eso funciona.

3. "Coloca a la bebé boca abajo, sobre el regazo. Sostenle la cabeza y asegúrate de que queda más alta que su pecho y así le das unas suaves palmaditas en la espalda. Repito, no muy duro".

"Ahí ya debería de funcionar, con esas prácticas Luna eructa y quedamos tranquilos. Repite esto luego de cada comida. Te amo".

Así que los dos, Juan Esteban al lado de su amigo Andrés, se prepararon para seguir al pie de la letra cada indicación, opción 1, nada, opción 2, tampoco, opción 3, Luna no eructó. Estaban asustados porque no es normal que un bebé se tome un tetero en dos segundos y medio, y ahora en el proceso de expulsar los gases retenidos, no dejaban de pensar que algo malo le había ocurrido a Luna. No estaban tranquilos, estaban angustiados, llamaron a sus amigas madres para preguntar qué más podían hacer, pero recibieron las mismas indicaciones. Intentaron de nuevo las tres opciones y nada pasaba, la cargaron mientras le cantaban y le daban palmaditas en la espalda y nada. Luna seguía inquieta, manoteando y pateando para todo lado, mientras hacía sonidos inentendibles con la boca, nada parecido a un eructo.

Transcurrieron dos horas y no pasaba nada, ahora la niña se estaba durmiendo, eran casi la 1:00 a. m. Ambos se llenaron de pánico, Luna no podía dormirse, pensaban lo peor, así que alistaron la pañalera, encendieron el carro y la ubicaron en la parte trasera, en la silla de bebé para carro mientras acelerados arrancaron para el hospital. Cada cinco segundos volteaban a mirarla y ella, desprevenida, seguía las luces pimponeando a través de las ventanas.

Ambos morían del estrés, no hicieron ni una cosa bien con esas recomendaciones detalladas que Karen les dejó. Empezaron a discutir por quién no cerró bien el tetero, el causante de toda esta hecatombe infantil y asustadora.

A lo lejos se veía el hospital, se prepararon para parquear el auto, apagaron el radio, y, de repente, mientras desabrochaban sus cinturones de seguridad, escucharon un sonoro y tierno "BURP..." que los hizo morirse de risa. Luna eructó cuando quiso y se burló de su papá primerizo y de su amigo novato, de frente, en la calle y a la una de la madrugada.

DEL GYM AL ALTAR

Los días pasaban en Miami, el trabajo para Juanes seguía igual de intenso, de sol a sol con guitarra en mano, y Karen se dedicaba de lleno a darle amor y crianza a su hija. Luna crecía aceleradamente, estaba a punto de cumplir un año y solo había traído alegrías y felicidad a la familia Aristizábal Martínez.

Poco a poco se adaptaban a la vida en una ciudad desconocida, Miami los recibió como un abrazo fraternal, y entre la compañía de amigos y de las abuelas de parte y parte, Luna, Karen y Juanes se sentían muy bien acompañados.

Mientras más pasaban los días y Luna seguía creciendo, Juanes y Karen seguían pensando en ese ritual necesario para sellar sus días para siempre. Y a pesar de haberlo conversado un tiempo atrás y estar en una evidente sintonía, era claro, Juanes no se quería casar por la Iglesia con ese ritual instaurado culturalmente. El ramo, el larguísimo vestido blanco, el sermón del sacerdote, los anillos, los aplausos, el beso que los expone ante las cámaras, el "hasta que la muerte los separe", el arroz, las burbujas o las mariposas amarillas y el sonreír ante una escena repetida de generación en generación. Juanes no se veía en esa posición, y aunque Karen lo pensó en algún momento, el amor era más fuerte y los rituales iban por dentro de esa familia que crecía con cada paso de experiencia.

Por eso en su cotidianidad amorosa: dormir temprano, levantarse, preparar el desayuno, darle la fruta a la niña, bañarla, trabajar un poco en el estudio en algunas canciones, dejarla con las abuelas y juntos salir para el gimnasio, pasó lo impensado para Juanes y para Karen.

Luego de una rutina exigente de espalda, brazos, pierna, pecho, hombro y mucho ejercicio cardiovascular, salieron de allí enérgicos, sudorosos y con una idea loca en la cabeza.

Hicieron un par de llamadas, hablaron con un abogado conocido y se dirigieron a una notaría en Miami. Aún en ropa deportiva y con la adrenalina por el ejercicio estaban listos para reafirmar su amor de una manera diferente, poco casual y con la convicción firme de estar completamente enamorados y seguros.

Al lado de un abogado, un testigo y el notario, firmaron, renovaron esos votos de amor que venían construyendo día a día al lado de su hija, y sin la compañía de nadie de su familia, ni de amigos, y mucho menos de la prensa, se comprometieron, en secreto, sin contarle a nadie, Juan Esteban Aristizábal Vásquez y Karen Cecilia Martínez el 7 de agosto del 2004. De allí salieron convertidos en esposos, agotados por el ejercicio matutino pero felices por un paso más en sus vidas compartidas.

A los días, mientras Juanes estaba con Alicia, su mamá, viendo televisión, riéndose de las ocurrencias de "El Gordo y la Flaca" en Univisión, sale un titular en medio del programa.

"Les tenemos la noticia del día, el matrimonio a escondidas del artista Juanes y la actriz Karen Martínez, en exclusiva".

Cuando ambos vieron eso, Juanes quedó paralizado, y su mamá lo miró a los ojos enfurecida.

—Juan Esteban, me hace el favor y me explica qué es esto...

—Qué es qué, mamá, no pasa nada...

—¿Cómo así que usted se casó y yo ni me enteré? ¿Le parece muy bonito, Juan Esteban? —le dijo doña Alicia mientras se paraba del sofá y se iba hacia adentro de la casa.

Estaba histérica y él, en silencio, lo único que pudo hacer fue apagar el televisor y caminar detrás de ella para explicarle. Dejaron de hablar unos días, y no solo el problema fue con ella, sino con los papás de Karen, que además soñaban con verla de vestido blanco, saliendo de la iglesia, entre burbujas y granos de arroz.

Luego del matrimonio, luego del nacimiento de Luna, las canciones, las entrevistas, las giras impostergables, las esperas eternas en aeropuertos, el llanto por la lejanía, el ruido, el ruido que genera la fama y estar lejos de la familia, un ruido ensordecedor que no todos entienden, un ruido que termina en un silencio de soledad que da vacío, en el estómago, en las manos, en los abrazos, en la sien, en el corazón que se escucha latiendo cuando los ojos se cierran. De nuevo se separan por unos meses, y tanto Juanes como Karen se sentían como cadáveres a los que se les escapa el alma.

Juanes se perdía el crecimiento de su hija, y Karen batallaba con esa responsabilidad sola, mientras él no paraba de viajar, no paraba de cantar, de dar entrevistas. Esa época fue mágica desde lo profesional, no pararon, le dieron la vuelta al mundo, pero desde lo personal fue un esfuerzo muy desgarrador dejar a Karen y a su hija Luna solas.

Pero lo bueno de esas distancias continentales, de esos aplausos en degradé, de los cambios de horario, de la alimentación viajera, de las camas, los baños, los balcones diferentes, eran los viajes de retorno, la felicidad de volver, de regresar a los abrazos, a los biberones, a la almohada propia y al amor de familia. Siempre hay que volver.

El regreso era un bálsamo para la vida, un respiro para el corazón y un descanso para esas canciones que cada vez se incrustaban con más poder en la mente de las personas, en las radios de todo el mundo, en los premios y en las listas de éxitos musicales.

De las luces y los aplausos a los pañales y el amor de su familia, de las noches solitarias de hotel a las trasnochadas arrullando y cuidando a Luna. De la fama al anonimato más revelador y amoroso.

La familia se hacía fuerte, Luna crecía en medio del amor de sus padres primerizos y novatos y de las dos abuelas alcahuetas que siempre estuvieron presentes.

La sorpresa de una nueva integrante llegaría luego de un retraso y algunos malestares en el cuerpo de Karen.

Decidieron hacerse una prueba de embarazo, la abrieron en medio de una cena en un restaurante en Miami. Cerraron los ojos, y los dos, como saltando al vacío con un fino arnés, dejaron resbalar la prueba por sus manos, abrieron los ojos y ahí estaba. El resultado positivo los emocionó, los llenó de alegría en medio de la incertidumbre por los viajes, los conciertos, las giras y las ausencias prolongadas de Juanes.

Pensaron de inmediato en nombres y Paloma fue la opción que caló con fuerza. Una semilla crecía en el interior de Karen y la felicidad de la familia se empezaba a traducir en canciones que el mismo Juanes componía.

A los meses, el nacimiento de Paloma era inminente. Inicios de junio de 2005, Juanes estaba de gira en varias ciudades de Venezuela, estaba alerta a la comunicación de Karen y de su mamá para tomar un avión y viajar al nacimiento de su nueva hija. El trabajo de parto comenzó, Juanes voló a la medianoche, con las manos metidas en su chaqueta de tanta ansiedad. Bajó la ventanilla del avión, trató de calmar los nervios con un whisky, cerró los ojos, los volvió a abrir, tomó la revista de la aerolínea, agarró con fuerza la camándula que le regaló su mamá, tomó otro trago, sufrió con una leve turbulencia y padeció cada uno de esos 2.199 km entre Caracas y Miami. Para Juanes fue un viaje eterno.

Juanes aterrizó a las cinco de la mañana, de inmediato agarró su mochila y llegó directamente a la clínica; allí estaba Karen al lado de su suegra y su mamá. Él se quedó dormido en una silla de espera, soñó con los ojos de su hija, con las lágrimas de esfuerzo de Karen, con su mamá, Alicia, recibiendo a su nieta; soñó con su banda en Venezuela esperándolo para continuar los conciertos, soñó con la incomodidad de esa silla que solo le permitía acomodar su espalda a medias y sus pies estirados, mientras que su esposa seguía en el doloroso proceso de dar a luz a su segunda hija. A las doce del día del 2 de junio de 2005 nació Paloma Aristizábal Martínez, la alegría que llegaría a completar la familia.

Juanes estaba feliz, no paraba de mirarle los ojos negros a su pequeña hija; desde ese primer momento en que la vio, con lágrimas en las pupilas, empezó a fantasear con nuevas canciones, con nuevos sueños para hacerla sonreír. Juanes estuvo con Karen, Luna y Paloma en la habitación de la clínica todo el tiempo que pudo, pero a las tres de la tarde, luego de una llamada, tuvo que tomar de nuevo un vuelo hacia Venezuela para continuar la gira.

Lo último que él quería era subirse a un avión para ir a dar conciertos. Esa fue una de las veces en la vida en las que odió estar de acá para allá tocando, haciendo canciones, así fuera lo que más había anhelado toda su vida. Su éxito profesional, sus canciones, lo alejaban de su familia y eso era devastador. A pesar de eso, así lo hizo, dejó a sus hijas y a su esposa en el hospital y se embarcó otra vez para seguir siendo Juanes.

Estaba triste, estaba solo. Se sintió como Martín Santomé, el protagonista de la novela de Mario Benedetti que cuenta la vida de un hombre viudo y cercano a jubilarse, que se enamora perdidamente de su compañera de trabajo. "Regresé cansado, aturdido, fastidiado, aburrido. Aunque hay otra palabra más certera: solitario". Así se sentía en ese vuelo triste de regreso a Caracas, sin su esposa y sin sus dos hijas.

Para Karen la sensación fue mayor, se sentía sola batallando con la familia.

Ese viaje a Venezuela se sumó a muchos otros viajes, ciudades, conciertos, y a más ausencia familiar. Casi sin darse cuenta, pasaron dos años de shows y locura frenética de ir para allá y para acá, entre hoteles, backstage, camerinos, aplausos, gritos y euforia. Juanes no solo trabajaba en conciertos, sino que en los hoteles y aeropuertos componía, grababa y dejaba maquetas para materializar a su regreso. Todo eso mientras su familia sentía el debilitamiento, la falta de atención, la soledad, y él solo pensaba en un futuro lleno de tranquilidad, en lo mejor para ellos, pero la encrucijada estaba en el hoy.

La solución para esa encrucijada fue regresar a vivir a Medellín; luego de la gira del disco *Mi sangre*, ahora todos vivían en la ciudad que vio crecer a Juanes. Pero su obsesión por el trabajo, por los éxitos y el reconocimiento mundial lo tenía obnubilado. Ya no eran los aviones, los camerinos, los aplausos y la cantidad desbordada de decibeles saliendo de su guitarra y su voz, sino su encierro en un estudio de grabación al lado de su casa en Medellín lo que no le permitía tener momentos de calidad con su esposa y sus hijas. Trabajaba de once de la mañana a once de la noche, hacía nuevas canciones y retomaba las maquetas de canciones que había construido luego de los dos años de gira. Estaban juntos, en la misma ciudad, en la misma casa, pero la desconexión era evidente. Karen y Juanes entraron en un limbo sentimental, en un loop de tristeza, y se separaron durante ocho meses.

Los ocho meses más duros en la vida de Juanes, ocho meses de canciones oscuras, de confusión, de exposición amarillista en los medios, ocho meses de una cama amplia, fría y solitaria.

"El cantante colombiano Juanes y su esposa, la modelo y actriz Karen Martínez, han puesto fin a su relación después de tres años de matrimonio, según ha informado la revista *People*. Al parecer la separación ha sido de mutuo acuerdo, después de estar varios meses intentando solucionar sus diferencias, y como ha asegurado una fuente cercana a la pareja, ambos mantienen una cordial relación de amistad.

"Juanes y Karen tienen dos hijas en común, Paloma de 4 años, y Luna de 3, que por el momento vivirán con su madre, quien quiere conseguir hacerse un hueco como actriz en Estados Unidos. Por su parte el cantante continuará en Los Ángeles inmerso en la grabación de su nuevo disco, La vida es un ratico, que verá la luz a finales de este año y cuya idea central el cantante resumía con estas palabras hace dos meses: 'La vida te puede pasar en un abrir y cerrar de ojos y que por lo tanto debemos concentrarnos en cosas que son más importantes como la familia y los seres queridos'".

Esta noticia se replicó con rapidez el 25 de mayo de 2007 en la revista Hola.com y en muchos otros medios sociales del mundo. No era un rumor de los medios de comunicación, la separación era inminente, y en medio de esta situación quedaron las dos niñas, Luna y Paloma, sus amores eternos que aún no entendían qué sucedía con la vida de sus papás.

Juanes viajó a Los Ángeles y empezó allí, de nuevo, una vida extraña, en soledad con su guitarra y sus canciones; aquella correría extraña por pelear por la música en un momento de su vida donde nada importaba luego de estar mal con su esposa y no estar cerca de sus hijas.

Su disco pasado, *Mi sangre*, fue un punto altísimo en su carrera, tenía hits indestronables y eso, además de presión, generaba una dificultad a la hora de componer, de proyectar y ensamblar las nuevas canciones.

La camisa negra fue un hit mundial; en Europa no paraban de cantar y bailar esa armonía parrandera y coqueta que desde el doble sentido le dio una proyección de megaestrella a Juanes difícil de superar. Y justo ese antecedente dejó cicatriz en las nuevas canciones de Juanes. Si funcionó esa, ¿por qué no hacer otras de esa manera?

Su productor, Gustavo Santaolalla, le había pedido como tarea más de veinte canciones para poder elegir las mejores, como se debe hacer para fabricar un gran disco. Juntos querían aplicar el método kamikaze por el estilo de Bob Dylan, "hay que escribir diez canciones y tirar a la basura nueve".

A su regreso, Juanes tenía, entre hojas, grabaciones y sus dedos puestos en la guitarra, veinticinco canciones, material para dos discos, material que además ilusionó a Fernán Martínez, pues con este número ya podía hacer una negociación no solo para un disco, sino para dos placas discográficas. Ahí estaban, veinticinco canciones listas, pendientes de oídos externos, profesionales y visualizadores de futuro.

Aunque muchas de esas canciones se habían escrito en trayectos interminables en aviones o en soledades de habitaciones de hotel, muchas otras llegaron también con dolor de corazón, con la desesperanza y el debilitamiento de su familia. Sin embargo, Juanes estaba inquieto, con mucha ansiedad por saber qué iba a pensar Santaolalla, el rey midas de la música, el argentino pionero del rock con folclor en su país.

Juntos, en el estudio, Juanes, Aníbal Kerpel y Gustavo Santaolalla escucharon los veinticinco demos que él había llevado para hacer la selección y empezar el proceso maravilloso de consolidación de un nuevo álbum. Un álbum que tendría por nombre *La vida es un ratico* nombre que surgió luego de una conversación de Juanes y su mamá en la que él le hablaba de lo difícil de la vida, de su dolor por la familia que se le escapaba del corazón, por su falta de fuerza para pararse de la cama y luchar por eso que tanto adoraba. Ella, con solo una frase, lo desarmó, "mijo, tranquilo, la vida es un ratico, disfrute cada momento y nada más...".

Mientras escuchaban las veinticinco canciones creadas por Juanes, todos miraban a un lado distinto. Juanes buscaba la mirada de Gustavo y él la evadía, miraba hacia el computador, hacia la ventana o la consola. Gustavo estuvo en silencio, todos estuvieron en silencio. Cuando terminaron, Santaolalla se paró de la silla.

—Juanes, vení vamos a dar una vuelta al parque.

—Sí, claro Gustavo, vamos.

Se fueron a un parque cercano al estudio de Gustavo y Aníbal Kerpel, a un parque cerca de donde crearon obras maravillosas desde su discográfica Surco, filial de Universal Music. Donde crearon obras de estandartes definitivos de la música latina como Caifanes, Maldita Vecindad, Café Tacvba, Fobia, Molotov, Bersuit Vergarabat, Julieta Venegas, Jorge Drexler, entre muchísimos otros.

Caminaron por el Echo Park, hablaron de todo, menos de música, mientras Gustavo por dentro tenía la premisa definitiva que de una u otra manera destruiría los ánimos de Juanes, ninguna de esas veinticinco canciones lo había seducido, para él no había nada. Y Juanes, mientras respondía las preguntas de cotidianidad de Gustavo, pensaba que algo no estaba bien del todo.

—Juanes, querido, ¿qué disco querés hacer?

Mientras caminaban Juanes estuvo en silencio, no respondió a la pregunta de inmediato. Su mente quedó en blanco.

—Gustavo, a mí me gusta el rock, y me gusta la música popular y esa conversación es reveladora para este álbum.

—Eso ya lo sabemos, Juan, dime más cosas. ¿Qué disco querés hacer?

Juanes estuvo en silencio de nuevo. No supo qué responder.

—No, maestro, no lo sé.

—Si vos no sabes qué disco querés hacer, yo no te puedo ayudar. Yo no te puedo decir lo que querés hacer. Juan, hay que revisar estas canciones, ninguna me causó tanto impacto y a ninguna le siento tanta fuerza como a lo que nos pasó en los discos anteriores. Acá, puedo notar más de tres canciones que tienen la misma intención de "La camisa negra" ¿Quieres eso de nuevo? ¿Quieres repetir la fórmula?

Luego de esto Juanes le habló de su familia, de esa ausencia que le devoraba entero el corazón. Le habló de las giras, de lo extenuante que se había vuelto su vida sin un lugar para descansar, de avión en avión, de hotel en hotel, guitarra a guitarra, sonrisas entrecomilladas, cámaras persiguiéndolo de acá para allá, la falsa fama, el éxito y el temblor excesivo que generaba en su vida, su pérdida de foco y su necesidad de darse gusto, de estar consigo mismo.

Hablaron, hablaron como amigos en lo alto de ese parque, en una banca solitaria. Entendieron las razones y comprendieron la presión artística, discográfica, entendieron tantas cosas externas de lo que significa ser artista que ambos estaban tranquilos y seguros de lo que vendría con su nuevo disco.

Al regresar al estudio acordaron rehacer algunos de esos demos seleccionados y hacer un disco íntimo, cercano a esa misma sensación de Juanes, un disco que no buscara las pretensiones de "La camisa negra" y que alejara miedos y demonios rondando en la barriga y el corazón. Rehicieron textos, armonías, melodías, y Juanes regresó a Colombia para darle una nueva vida a su próxima producción discográfica.

A su regreso el miedo apareció de nuevo. Juanes nunca había creado canciones desde una búsqueda estructural, siempre salían de manera natural, tarareando, sintiendo sus latidos a toda velocidad, con la emoción de escribir y viendo como primer espectador el armazón de ese artefacto inexplicable, mágico, místico, que engalana y le da importancia a nuestra educación sentimental para toda la vida, las canciones.

Y aunque el temor invadía sus dedos en el diapasón y su voz cercana al micrófono, lo hizo con valentía, se encerró durante un poco más de dos meses para rehacer su disco. Tuvo jornadas peligrosas de composición, no comía, dormía poco y le daba la vida entera a eso, a su labor de artesano de armonías y melodías.

Karen y las niñas decidieron regresar a Miami, y él se quedó allí, en Medellín, solo, triste, sin fuerza en el corazón, pero con una voz de volcán y con mucha hambre feroz de artista insurrecto. Luego de algunos meses y mucho trabajo sin tregua, con las yemas de los dedos adoloridas, regresó a Los Ángeles con las canciones que darían inicio a su nueva producción discográfica.

Y allí, al lado de Gustavo Santaolalla y Aníbal Kerpel, construyó su cuarto disco, *La vida es un ratico*, una producción con alma y con la sensibilidad social y humana que caracteriza a Juanes, un disco complejo, que estuvo a punto de no salir y que retó a Juanes a hundirse en sus propias dudas y en su debilidad sentimental.

Una de esas canciones que retrató su sensación y además su deseo de cambio, y de fuerte amor con Karen y con sus hijas, fue la misma que llevaba el nombre del disco, "La vida es un ratico".

"Que cambie todo pero no el amor
Es la misión más grande que tenemos tú y yo
En esta vida, que aprender, entender y saber
Porque estos tiempos son difíciles
y es más escasa la verdad.

Que cambie todo pero no el amor
Nuestra familia es más importante, ya lo sé
Y la debemos proteger y volver a tejer
Porque estos tiempos son difíciles
y es más escasa la verdad.
Porque estos tiempos son difíciles
Y estamos sentados tan lejos el uno del otro
Porque estos tiempos son difíciles
Y estamos atados de manos y corazón.

No dejemos que se nos acabe que
Todavía hay muchas cosas por hacer
No dejemos que se nos acabe que
La vida es un ratico, un ratico nada más.

No dejemos que se nos acabe que
vienen tiempos buenos
Y los malos ya se van, se van, se van
Quédate tú...".

A pesar de todo esto y de la sensación de soledad, Juanes de nuevo estaba inmerso en otra correría interminable de promoción en medios de comunicación en todo el mundo, en conciertos y en ese huracán mediático que dejaba su cuerpo agotado y con el mismo vacío de siempre por no estar cerca de su familia, y no solo eso, sino por no tener una relación sentimental firme con la mujer que valía su existencia.

Pero luego del lanzamiento del disco y de los meses de impacto, ventas positivas y buena respuesta que generó en muchos lugares del mundo, Juanes regresó a su casa, agotado, con arañas en las entrañas y cucarachas en el corazón; ya no quería seguir viviendo más lejos de su familia y estaba dispuesto a todo por recuperarla, así que se fue al lado de su esposa y sus hijas, y luego de pedir perdón y de hablar con el corazón en las manos, empezó a vivir lo que predicaba su propia canción. Poco a poco recompusieron la familia que siempre habían soñado.

Esa búsqueda personal, familiar, y esa nueva realidad interna y reflexiva llevaron a Juanes a entender que sus canciones se estaban agotando, que estaba en un laberinto sin salida, que necesitaba recorrer otros caminos, y que luego de tantos logros, de tantos premios, ventas y satisfacciones personales y profesionales, necesitaba parar, detenerse un tiempo para respirar". Ya había subido muchas montañas, había cruzado mares y divagado en desiertos a los que casi nadie accede, pero para subir la siguiente montaña tenía que bajar, descansar, tomar fuerzas y volver a intentarlo. Fue en ese momento que, luego de meditarlo con calma y amor, decidió tomar un año sabático para disfrutar de su familia y dar un descanso a la guitarra y a las canciones, para que el aguacero de su voz se marchara y luego fuera una hermosa primavera.

Esta propuesta no encajó muy bien con los deseos y planes comerciales de su mánager, Fernán Martínez, pero esa, para Juanes, era una decisión tomada que iba más allá de las cifras, los premios, las ventas y la popularidad; fue una decisión por su familia, por su bienestar y por no estar ausente durante meses, mientras sus hijas crecían con la velocidad de los días.

Fue una decisión difícil; en ella intervinieron su mamá, algunos de sus amigos, un ritual indígena y también un par de documentales que le cambiaron la vida a Juanes, *Baraka e Into the Wild*. Todo empezó a confluir, todo empezó a tener significado, muchas cosas a restar importancia y lo más sencillo a sumar. Juanes quería vivir el tiempo más humano, cerca de su familia, de sus amigos y de su voz que necesitaba silencio.

Llegaría una nueva etapa que estaría marcada por la humanidad de un artista que antes de serlo, siempre tuvo como prioridad el amor de su familia.

EN EL AMOR
HASTA CON LOS AMIGOS

Juanes ha sido leal y firme con la amistad. Entiende su gran significado, por eso cuida a sus amigos, los que siempre han estado, no solo los que han llegado con la fama, el reconocimiento y el éxito de ser una megaestrella de la música latina. Y bien, lo de la megaestrella nunca se lo ha creído, él lo sabe así no lo diga, pero es identificable, por su sonrisa, por su amabilidad y por su afán de ayudar a los demás. Simplemente es un hombre que ha perseguido al sol, de cerca, muy cerca, y no se ha quemado.

Sus amigos de colegio, de universidad y de la vida, siempre han estado, como un hermoso follaje que lo acompaña a caminar, con lluvia o sol, con canciones o sin ellas, con dinero o sin él, en la felicidad o en la tristeza.

Por eso cada que puede estar con ellos lo hace, para tomar unos whiskys mientras cantan vallenatos o música carrilera, mientras dejan que el tiempo se detenga para contar historias pasadas, del recuerdo de sus vidas juntos, o para cenar en Medellín con todo el mundo alrededor mirándolos y queriendo interrumpir los bocados para una foto, un video, un saludo o una canción.

Para él los amigos son eso, la compañía, los sueños, los miedos y el abrazo sincero en los momentos de incertidumbre en la vida. Y como son todas esas cosas significativas, él mismo quiso que lo siguieran siendo de por vida; por eso, luego de una conversación profunda donde les contaba de su experiencia como papá, les recomendó a Pipe Alzate, David Gómez y Andrés Cock que tuvieran hijos. Su experiencia con sus dos hijas estaba siendo tan hermosa que no quería que sus amigos de la vida se perdieran de vivirla.

Por eso, y haciendo gala de ser el madrugador de la tribu, les propuso una hazaña digna de literatura, de cuento épico o de anécdota eterna entre amigos y enemigos.

Mientras iban camino a su finca El Silencio en Cartagena, en el Alto de Julio, Juanes les propuso a todos y cada uno, a Felipe Alzate y su esposa Ángela, a David Gómez y su esposa Juliana, y a Andrés Cock y su esposa Marcela, que se sumaran al plan, a la aventura del amor en la que Karen y él entrarían, engendrar un nuevo hijo.

Aunque extraña, la propuesta tenía mucha fuerza en cada uno de ellos, porque además sería la materialización de la unión, de la amistad eterna entre todos y de los hijos que pudieran llegar. Los niños tendrían la misma edad, la misma historia y el recuerdo juvenil de sus padres en una finca, con la misma intención creadora y colectiva. Ahora, no era tan descabellado como parece, cada pareja en la intimidad intentaría procrear, al día siguiente se reirían de la locura de Juanes, y si todo salía bien, en nueve meses estarían recibiendo sus creaciones de amor, simultáneas, paralelas y pensadas entre amigos.

Todos quedaron en embarazo, menos Andrés Cock y Marcela, y en el caso de Juanes y Karen, este sería su tercer hijo.

El segundo hombre de la familia, su Dante del alma.

El matrimonio de Karen y Juanes iba cada vez mejor, recons-truyendo desde los errores y aprendiendo de experiencias pa-sadas y presentes. Seguían reafirmando su vida desde Miami, y justo allá, en un restaurante, recibieron la prueba de embara-zo, la noticia positiva, un nuevo integrante llegaría a la fami-lia. Esa noche Juanes no durmió de la felicidad, dio vueltas en la cama, apretó sus ojos contra la almohada, tarareó canciones inexistentes, miró a Karen dormir plácidamente, mientras en su corazón sentía que ese hijo que vendría sería la salvación de su matrimonio, de su familia, de su vida. Una premonición amo-rosa, luminosa y real. Dante sería el puente para dar más fuerza a la relación, para salvarla del agujero negro al que había caído unos meses atrás.

Luna y Paloma fueron los ojos de su alma, y Dante se con-vertiría en su fuerza. Y efectivamente esa fuerza la sintió toda la familia. El 12 de septiembre de 2009 nació Dante Aristizábal Martínez y con él de nuevo la armonía para la familia.

La llegada de Dante los reafirmó como padres experimen-tados, ya sabían los detalles accesorios e importantes para re-cibir a un bebé. Pañales, biberones, trasnocho, medidas, gases, cremas, cuidados y mimos. Ya no eran padres primerizos y solo eso hizo todo más llevadero.

Meses antes de la llegada de Dante, Juanes debía seguir con los compromisos musicales, discográficos, de giras, medios y reuniones. Vida de artista que no para, que no se detiene, una vida agitada, como una tarde de tráfico convulsionado, en me-dio de la lluvia, finalizando un viernes en cualquier ciudad ca-pital del mundo.

Su intención era alejarse un poco, cancelar algunos compro-misos y dedicarse a su familia. De hecho, quería estar en todo el proceso de crecimiento de Dante, no perderse ni un segundo.

Ese silencio era necesario, oportuno para su salud mental, para la reconstrucción de su familia. Dentro de su cabeza tenía claro que no quería volver a vivir lo que vivió con Luna y Paloma, quería estar ahí para ellas y para Dante, y además, era un respiro necesario para sus propias canciones.

Pero la música no dejó de sonar, las luces no cesaron, lo encandilaron de frente, y ese silencio momentáneo que anunció a su mánager, dejó de serlo por su obsesión al trabajo y su amor por la música. A los ocho días del nacimiento de Dante, el 20 de septiembre de 2009, Juanes emprendió otro viaje, otra aventura musical que le cambiaría la vida, otra aventura que afrontaba con lágrimas en los ojos, su segundo concierto fronterizo por la paz, una iniciativa titánica que reunió sus dos búsquedas de la vida, el arte y la conciencia social.

Irse de la casa era una fractura severa y contundente de corazón, todos quedaban destrozados; Karen y las niñas se quedaban llorando cuando él cruzaba la puerta de la casa con la guitarra en hombros y él quedaba derrotado, sin ganas de salir a hacer lo que más disfrutaba en la vida.

PAZ SIN FRONTERAS

Esta iniciativa, quizá, siempre estuvo guardada en el corazón generoso de Juanes, desde que era un muchacho, con sueños de la altura de rascacielos, desde que vivía en Medellín y componía canciones alertando las muertes violentas de jóvenes en la ciudad, hablando de los soldados y sus precarias condiciones, de las minas antipersonales y el eterno conflicto armado colombiano. Nadie se lo sugirió, ni nació de una opción oportunista para llegar a la radio o a la televisión, simplemente nació de esa pulsión por querer cambiar el mundo con su garganta y su guitarra.

Paz sin fronteras fue ese nombre y ese apellido a ese proyecto artístico y político que buscaba entornos de paz, de diálogo, a partir de la música en territorios fronterizos que estaban en confrontación o en beligerancia.

Su primera edición fue el 16 de marzo de 2008, en la frontera de Colombia y Venezuela, en el Puente Internacional Simón Bolívar, entre la ciudad de Cúcuta y San Antonio del Táchira. Este encuentro, que reunió a cerca de 300.000 personas, buscaba enraizar el discurso antibelicista con canciones, contó con músicos de varias nacionalidades, Alejandro Sanz, Juan Fernando Velasco, Carlos Vives, Juan Luis Guerra, Miguel Bosé, Ricardo Montaner, y por supuesto, Juanes.

Ya en la segunda edición de Paz sin Fronteras, un año después, y con toda la presión de un año sabático, de los medios cerca pendientes de su relación sentimental con Karen, de su anuncio de estar fuera de los escenarios por un tiempo y además con toda la carga sentimental y emotiva por el nacimiento de su hijo Dante ocho días atrás, Juanes llegó a La Habana (Cuba), y luego de muchas situaciones que ponían en riesgo el concierto, logró reunir a un 1.150.000 personas en la Plaza de la Revolución, toda una proeza en la historia de los conciertos en el mundo. De hecho, este es considerado como el tercer concierto más grande de la historia después del de los Rolling Stones en Río de Janeiro el 18 de febrero de 2006, cuando reunieron 1.500.000 y luego también del mítico encuentro de Rod Stewart, también en Río de Janeiro, con 3.500.000 personas el 31 de diciembre de 1994.

A pesar de las situaciones adversas de este segundo encuentro por la paz y las relaciones políticas de países vecinos, Juanes vio en este encuentro un antes y un después en su carrera musical, además, porque lo acercó con sensibilidad y pasión a las causas sociales que siempre habían estado a flor de piel en sus canciones y en sus actos cotidianos; de hecho, este evento reafirmó, como un catalizador enérgico, la razón de una iniciativa que creó años atrás, la Fundación Mi Sangre.

MI SANGRE

La Fundación Mi Sangre y su propósito nacen de la misma sangre de Juanes, de esa pulsión por la ayuda, por la filantropía no vista como una palabra extraña, sino como una realidad necesaria para ayudar a tantos que lo necesitan. Lo de la sangre es porque es lo que habitamos, es nuestra familia, nuestros rasgos, nuestros dolores como latinos, nuestras ganas de cantar, nuestra forma de ser bulliciosos, parranderos y fiesteros, por nuestra forma de bailar y de ser felices. Esa sangre merece que se mueva, que vibre con las guitarras, con las canciones, con las dedicatorias, y por supuesto no merece estar por ahí, derramada, triste, y coagulada en el pavimento o en las montañas de verdes multicolores.

Con ese latido de corazón y ese deseo de ayudar nace la Fundación Mi Sangre en el 2006, como un sueño por la utopía, transformado en una organización social sin ánimo de lucro con una apuesta clara por activar ecosistemas y desarrollar capacidades para que las nuevas generaciones sean protagonistas en la construcción de una cultura de paz en Colombia.

Con la fundación, Juanes le ha dado la vuelta a Colombia, ha despertado todas sus sensibilidades y ha aportado, no solo con sus canciones, sino con acciones reales y puntuales a muchas personas que lo han necesitado.

Han sido dieciséis años de trasegar por caminos de todos los tipos, destapados y pavimentados; ha impactado a un millón quinientas mil personas, y en esos 16 años de historia que hasta ahora llevan, han arribado a territorios inaccesibles a los que hay que llegar en avión, bus, tuc tuc, lancha, mula y caminando. Diccisiete departamentos, 127 municipios, para impactar ese corazón de la Colombia profunda que ayudan a construir con una sola sangre.

QUIERO QUE LAS LUCES
SE APAGUEN

Paralelo a todas sus iniciativas artísticas, a la Fundación Mi Sangre, a la prensa, a los conciertos y a la composición de su disco *P.A.R.C.E*, Juanes tenía el amor de su familia colgando de un hilo al lado de su corazón, como si fuera el ventrículo izquierdo, esa cámara preciada que bombeaba el corazón de sus integrantes, como esa válvula que enviaba sangre rica en oxígeno al cuerpo, al hogar, a la sonrisa y al amor familiar.

Pero algo pasaba dentro de la cabeza de Juanes, no sentía lo mismo haciendo música, estando fuera de casa. Tenía, frente a las cámaras, frente a sus fanáticos y a los mismos músicos de la banda, una sonrisa entrecomillada, una canción en stand by, un susurro interno que le decía que algo no estaba bien. No estaba disfrutando los conciertos, las luces, los aplausos, los mails, las canciones, sus canciones, las sonrisas del público, las entrevistas, los aviones, los hoteles, la radio, la TV, las revistas, las guitarras, su banda, sus manos, su voz, no estaba disfrutando nada, ni sus ventas extraplanetarias de 14 millones de discos en todo el mundo, ni ser el hombre que se estaba comiendo al universo con sus canciones porque ahora el mundo se lo comía a él y lo dejaba desolado en ese mar de preguntas y desesperación.

Pasaba de dar un show ante miles y miles de personas, con aplausos sin ritmo y felicidad a borbotones, y luego de 40 minutos, estaba en un hotel, solo, con el control del televisor en la mano, pasando canales y triste por la vida que llevaba.

En sueños se perdía, se iba volando entre cornisas, terrazas, volvía a su niñez en el pueblo que lo vio crecer, regresaba a su colegio, a las épocas de universidad en las que salía a la calle sin problema, épocas en las que salía trotando por las calles de Medellín. En sueños se perdía en días lejanos, en días sin fama, sin dinero y con la libertad de no hacer nada.

Su vida era como nieve bajo el sol, como tripas en medio del corazón latiendo a toda velocidad, era un rufián melancólico mintiéndose a sí mismo. Seguía de viaje de acá para allá, con su cargamento de canciones mientras en hoteles y aeropuertos componía canciones que no tenían la misma sed de humanidad que las demás.

Era el mejor momento de su carrera, todo funcionaba desde lo comercial, lo querían en todos los festivales, en todos los medios de comunicación, incluso tuvo la oportunidad de presentar sus canciones en la inauguración del Mundial de Sudáfrica en el 2010. Allí presentó una nueva canción, "Yerbatero", al lado de "Taboo" de los Black Eyed Peas. Se le veía bien, feliz con su trabajo, pero por dentro estaba destruido en ese vacío asustador que genera miedo y mierda en la cabeza. Aplausos, felicitaciones, alegría, ventas, reproducciones, popularidad, más poder, pero él solo quería que las luces se apagaran, llegar al hotel, llamar a su familia y salir a caminar por la ciudad en soledad.

Meses atrás, en esa conversación profunda que tuvo con Gustavo Santaolalla, él mismo le hizo la recomendación cariñosa de parar, de soltar la guitarra por unos meses, no mirarla, ni tocarla, no pretender componer o retomar alguna maqueta. Esos meses le ayudarían a refrescar la cabeza, a escuchar otras cosas diferentes a su voz y a sus solos, y según el productor argentino, serían vitales para que a su regreso todo funcionara como una locomotora a todo vapor. Pero los compromisos no lo permitieron, ahora, era una realidad, tanto tanto ruido lo estaba dejando ciego.

Los aplausos, el poder, la fama, los discos, las ventas, el dinero, todo se empezaba a convertir en una carga que ni él mismo quería llevar.

La relación con su banda estaba en tensión, ellos mismos sentían la desconexión de Juan Esteban con el mundo allá afuera.

Una mañana Juanes se levantó, se miró al espejo, no se reconoció, las lágrimas escurrieron por sus mejillas mientras él, con los ojos puestos en sus ojos, cuatro miradas perdidas, en su reflejo adolorido y ansioso, sentía que todo estaba yendo de camino al barranco.

Sin embargo el trabajo no daba tregua. Seguía viajando de acá para allá, y mientras eso sucedía trataba de componer sus nuevas canciones, las que harían parte de su disco *P.A.R.C.E*, grabado en la ciudad de Londres por Stephen Lipson. En esta ocasión Juanes se permitiría una nueva experiencia discográfica fuera de los surcos de Gustavo Santaolalla y Aníbal Kerpel.

En este nuevo disco hay una catarsis importante, un reflejo de esa alma arrepentida, adolorida y solitaria, y también de esa fuerza de animal que buscaba salir de ese lugar, de esa tristeza existencial. De hecho, "La razón" fue una canción compuesta pensando en Karen, la mujer que no dejó que las luces se apagaran para siempre.

"He vuelto a ver lo bello
Que es la mañana
Y a disfrutar más de un café
A renunciar a cada vicio que odiaba
Y que lentamente me mataba

He vuelto a ser
El hombre aquel que te amaba
Tú eres la razón
Tú eres la razón
Solo saber que estás aquí
Tú eres la razón
Tú eres la razón
La razón de ser feliz
Alegría de mi vida
Da alegría tenerte
Le haces bien a mi corazón
La razón de ser feliz
Alegría de mi vida
Da alegría tenerte
Le haces bien a mi corazón
De mi vida eres
De mi vida eres
De mi vida eres la razón".

Pero, a pesar de tener canciones esperanzadoras, enamoradas y bien producidas por el liderazgo de Stephen Lipson, un hombre con la experiencia de artistas como Paul McCartney, Cher, Grace Jones, Rod Stewart, Geri Halliwell, Duncan James, Robbie Williams, Will Young, Sally Oldfield, Bonnie Tyler, entre muchísimos otros, no había satisfacción real por parte de Juanes.

Estaba exhausto, cansado, agobiado, odiando sus canciones, su forma de tocar, sus giras, sus guitarras. Estaba realmente agobiado. Por parte de la industria solo se escuchaban las cifras, los éxitos, las exigencias de su management y discográfica por trabajar más, por componer más, por grabar todo. Pero él llevaba diez años sin parar ni un segundo; eso le generó una brutal y dolorosa despersonalización, no se quería ni ver en revistas, fotos o en la televisión, estaba quemado, agotado de su figura, de su vida repleta de cosas y poco tiempo. Juanes quería estar en silencio, con las luces apagadas.

Cuando llegaba a su casa todo era felicidad; su esposa sabía de su sensación, de su negligencia por seguir en ese ritmo frenético, pero no había mucho por hacer, todos los compromisos estaban bajo contrato, firma, sello y dinero en juego de muchas personas.

Un día, en ese mismo encuentro con el espejo, en soledad, se dijo, "Ya no más, voy a parar, no aguanto más...". El éxito le pegó una bofetada en la cara, se estrelló de frente contra sus propios fantasmas y decidió por fin desenredar el nudo ciego que tenía en la garganta desde hacía un tiempo largo para tomar fuerza al lado de su familia y retomar las riendas de su vida. Llamó a su mánager, Fernán Martínez, y se citaron en un restaurante en Miami. Allí tuvieron una tensa conversación de seis horas, y palabras más, palabras menos, Juanes le explicó su situación personal, emocional, y le dijo que iba a parar, que lo necesitaba, que no podía seguir caminando sin fuerza, cantando sin ganas, no quería seguir lejos de su familia, no tenía deseos de seguir adelante con esa batalla a muerte.

Al terminar de exponerle todo a su mánager, aún con las manos temblando y el sudor en la frente, alzó la mirada y vio un letrero en la calle contigua que decía "STOP" en letras blancas sobre fondo rojo, como un anuncio mandado por la vida, que le gritaba con el viento a favor, no más, es momento de una pausa, no más, Juan.

Su mánager no entendió las razones, no compartió la misma sensación de desazón y vacío absoluto. Su enojo fue evidente; de hecho, rompieron relaciones laborales, pero era una decisión tomada. Decisión que por supuesto tuvo su repercusión en los medios de comunicación, mucho ruido, mucha búsqueda de rating hizo que Juanes estuviera de boca en boca, con especulaciones mentirosas y cizañeras.

Luego, habló con sus músicos, todos entendieron en medio de la preocupación por quedarse sin trabajo durante un tiempo.

El presidente de la disquera lo entendió, y decidieron acompañar a Juanes en su proceso de reconstrucción. La familia de Juanes estuvo de acuerdo y Jose Aristizábal, su hermano, quien se encarga de la parte financiera del proyecto, le dio toda la tranquilidad para que descansara y se desconectara por un tiempo de las obligaciones profesionales.

Juanes se sentía derrotado, sin fuerzas; había perdido el norte y ahora la brújula, que era su música, no le daba ningún tipo de orientación. Soltó todo, se dejó llevar por el oleaje, se quitó todas las cargas, los pesos, la luminosidad de la fama, y volvió a su raíz.

Canceló sesenta conciertos, sus fanáticos entendieron. Se desconectó del mundo, cerró su cuenta de correo, cambió su número de celular, solo dejó Twitter y Facebook para comunicarse de vez en cuando con sus fanáticos, y durante unos meses se encontró cara a cara con su realidad, con su vida, con su pasado y lo que creía que debía ser su futuro. Se la pasaba meditando, y por supuesto, compartiendo tiempo de calidad con la familia. Tocaba la guitarra, no eliminó la música pues eso es lo que lo ha mantenido feliz y con vida desde que era un niño. Sino, seguro, se hubiera muerto de dolor frente a su guitarra y sus cuerdas estáticas y frías.

Durante esos meses Juanes estuvo siempre colgado en puntos suspensivos pero con la firmeza de luchar por su sonido, por su latido, por su amor por su vida convertida en canción. Y aunque estaba claro en que su disco *P.A.R.C.E.* no fue su momento de luminosidad compositiva, fue un disco que le ayudó a pensar qué tipo de artista quería ser y para dónde quería dirigir su sonido. Funcionó como un purgante, como un escupitajo de dolor que le ayudó a salir de una oscuridad peligrosa. Cayó, se levantó y brilló para seguirnos cantando.

Luego, en medio del susto, de la incertidumbre por saber si su carrera volvería a tomar vuelo, tuvo la oportunidad de hablar con Juan Luis Guerra y con Miguel Bosé. Ellos, cariñosos, le ofrecieron su compañía, su abrazo fraterno, le dieron tranquilidad.

—Juanes, querido, esto que te está pasando nos pasó a nosotros, y no solo una sola vez. Este mundo de las carreras musicales largas tienen eso, son una montaña rusa de emociones, así que todo estará bien.

Luego de este abrazo cariñoso y de las palabras como bálsamo, Juanes y Juan Luis Guerra empezaron a trabajar en el MTV Unplugged de Juanes, ahora en compañía de Rebeca León, su nueva mánager. Este momento en la vida musical de Juan fue una recarga energética que lo ayudó a conectarse de nuevo con sus canciones, con su guitarra, con el público y con la fuerza vital de la música.

LAS ESTRELLAS TAMBIÉN SUEÑAN CON ESTRELLAS

Él no se considera una estrella, así todos sepamos que es una megaestrella, y por supuesto, los que lo conocen podrían corroborar que su humanidad camina de la mano de sus sueños, esa es su ecuación.

Pero él, con esa humanidad siempre presente, ha soñado con sus estrellas más brillantes. Desde que era un niño Carlos Gardel iluminaba su camino, luego Metallica lo llevó a ser jinete de un relámpago, y de ahí en adelante la lista es larga, larguísima.

Poco a poco se ha acercado a esas estrellas, sin quemarse, recibiendo la luz necesaria. Y esos destellos resplandecientes, esa conjunción de Júpiter, Saturno, la Luna, esa lluvia de estrellas líridas, esa superluna rosa, esa magia incomprensible y extraplanetaria de tantas historias valientes y exitosas, llegaron como premonición asustadora para seguir dándole rumbo a su vida.

En alguna oportunidad, estando de viaje en la ciudad de Cartagena de Indias, en Colombia, con sus amigos de la vida Andrés Cock y David Gómez, tuvieron tiempo luego de un concierto de compartir juntos como lo hacían en el colegio, en la universidad y en las calles de esa Medellín hermosa y peligrosa que amaron y odiaron a la vez.

—Oíste, Juanes, y ya que estás por allá en Estados Unidos, ¿no crees que este es el despegue tuyo? Ya no te vamos a volver a ver por acá, güevón —dijeron sus amigos mientras brindaban con un aguardiente.

—Nooo, parce, ojalá, yo creo que esto me dará para grabar un par de discos y ya, luego me devuelvo para Colombia —respondió Juanes, carraspeando la garganta luego de pasar la copa que se había acabado de tomar.

—¿Vos sos güevón, Juanes? Te imaginás vos grabando canciones con Diomedes o con el Joe? O ¿tocando con Mick Jagger o algo así?

—Nooo, maricas, eso no es así, ¿están locos? Eso es muy difícil. Imposible.

Las fiestas de esos tres amigos en Cartagena estaban repletas de música. Desde vallenatos viejos, boleros, tangos, hasta el rocanrol que aparecía como ese tatuaje imborrable que los llenaba de felicidad.

Juntos se iban a la ciudad amurallada, tomaban cerveza y comían en la calle. Uno de los puestos de comida callejera preferidos era frente al Hotel Santa Clara, en la Plaza de San Diego. Diagonal a uno de los restaurantes más exclusivos de la ciudad vieja, el restaurante Juan del Mar, y ellos, sentados en tres butacos, comían pizza callejera mientras recordaban las historias que los hicieron buenos amigos.

De repente un bullicio atravesó la conversación. Los silenció, los dispersó, los hizo mirar para todos lados, para esos balcones coloniales repletos de veraneras, para esas callecitas con historias como susurros. Miraron a lado y lado y vieron gente correr, por todos lados, con cámaras de fotos y hasta discos de vinilo en las manos.

Un escuadrón de policías custodiaba la calle, vigilaban la zona con un silbato, mientras al fondo vieron una cabellera agrietada cubierta por un sombrero de ala ancha, una cara con arrugas, una pinta rocanrolera y un gesto conocido. Era nada más y nada menos que su majestad del rocanrol mundial, el dinosaurio más respetado, el acorde mejor tocado, la voz más afinada y más rebelde de todas las voces del rock. Michael Philip Jagger, Mick Jagger de The Rolling Stones, caminaba tomado de la mano de su novia por las calles de esa ciudad turística colombiana mientras era perseguido por escoltas, fanáticos y medios de comunicación, mientras las cámaras lo seguían y él agitaba su mano saludando y abría más la boca para sonreírle al pueblo cartagenero.

Diciembre de 1999. En una de las esquinas estaban Juan Esteban Aristizábal y sus dos amigos en silencio, boquiabiertos, sin creer esa escena cinematográfica que les tocó vivir. Mick Jagger caminando en Cartagena, mientras ese soñador de las calles de Medellín lo veía anonadado, sin creer que uno de los ídolos eternos del rock en el mundo estuviera frente a sus ojos, como esa estrella fugaz que pasó así, fugaz frente a él como diciéndole: "Dale, vos también podés, te estamos esperando todos allá afuera".

La nota de prensa del diario *El Tiempo*, de Colombia, con fecha de 10 de enero del año 2000, cubrió la noticia así:

> "*MICK JAGGER EN CARTAGENA*
> *El rockero más viejo y famoso del mundo, el que con el paso de los años no cambia y que sigue caminando al mismo ritmo, contorsionando la cintura al mejor estilo de las mujeres caribeñas, Mick Jagger, tiene paralizada a media Cartagena.*
> *El cantante de los Rolling Stones llegó a La Heroica con el nuevo milenio y caminó por sus calles, se dejó llevar por el viento que sopla frente a la muralla y disfrutó de las históricas plazas.*

Al principio, parecía una alucinación. ¿Sí vio a ese tipo? ¡Se parecía a Mick Jagger!, fue el chisme que empezó a rodar por el centro histórico de Cartagena.

Nadie lo podía creer, y aunque la estrella del rock quiso pasar de incógnito, las sospechas de su presencia en la ciudad poco a poco se fueron confirmando. Era un secreto a voces. Jagger llegó a La Heroica en compañía de su amigo italiano Jonny Tigozzi, de la antropóloga venezolana Paulina Palacio y de la italiana Ortensia Visconti, sobrina del célebre director del cine italiano Luchino Visconti.

El sábado por la noche, Jagger y sus amigos cenaron en casa del industrial Andrés Echavarría y su señora Diana Barco, en compañía del director de EL TIEMPO Enrique Santos Calderón y su señora Jacqueline Urzola.

Cuando la presencia del cantante de los Rolling Stones en Cartagena dejó de ser un chisme para convertirse en un hecho, la gente, sobre todo los jóvenes, empezaron a agruparse al frente del hotel Santa Clara, en la plaza de San Diego, para esperar a que el astro del rock saliera o llegara del hotel, donde se sabe permanecerá hasta hoy.

Vaya corriendo y traiga la cámara, era uno de los comentarios que más se oían.

El cantante de los Rolling Stones, que da conciertos que llenan los estadios del mundo entero, estaba fascinado con Cartagena e, incluso, planeaba una visita a Ciudad Perdida.

Jagger descubrió el blues con Keith Richards, el guitarrista de la agrupación. Unidos empezaron a tocar en los bares de Londres y después se convirtieron en una de las bandas legendarias del rock mundial.

El cantante ha sido la estrella más grande que ha pasado por Cartagena desde el milenio pasado. Después, que no digan que en La Heroica no pasa nada".

Lo que no sabía aquel medio de comunicación era que Juan Esteban Aristizábal, Juanes, de Medellín, Colombia, con los sueños en las pupilas y el hambre en su guitarra, estaba ahí, cerca, comiendo pizza en una acera de la ciudad heroica, viendo a Mick Jagger caminar frente a él, mientras sus amigos entre risas le decían,

—Vio, güevón, eso es una señal, usted va a cantar con ese man.

Y él, aún sorprendido con la luz de esa estrella incandescente, solo se rió a carcajadas indiferentes y siguió tomando su cerveza mientras la ciudad amurallada enloquecía con la mega estrella del rocanrol. Él era una hormiga en el camino, un transeúnte más, un turista de esa ciudad colonial y hermosa, mientras que Jagger era un Dios, el Dios de la voz, de la guitarra y el rocanrol.

"JUEPUTA, ¿QUÉ HAGO ACÁ?"

La vida y su eterno divagar, la vida y su azar hecho destino, la vida. Dieciséis años y tres meses después Juanes recibió una gran noticia, como un acto justo y divino con el universo y con esa lluvia de estrellas diminuta que empezaba a alinearse con su existencia y con su permanente lucha por ser canción. The Rolling Stones se presentarían el 10 de marzo de 2016 en Colombia y querían invitar a Juanes, al parcero de Colombia, a su concierto, a su debut en tierras cafeteras.

Juanes recibió una llamada en la habitación de su hotel, una llamada que le cambió la vida, otra vez. Escuchó la voz de la estrella del rock que siempre vio en fotografías, videos, entrevistas, almanaques, *souvenirs*. Y que incluso vio caminando años atrás en Cartagena como una celebridad desconocida, ajena.

Escuchó su voz, estaba muy emocionado, y a pesar de ahora saber inglés perfecto, los primeros minutos de la llamada no entendió una sola palabra de lo que le dijo Mick. El acento británico lo confundió, lo llenó de nervios. Sin embargo entendió lo importante: Jagger le proponía participar en el concierto que tendrían en Bogotá.

Juanes pudo decirle a Mick Jagger lo emocionado y agradecido que estaba, le expresó su euforia por la grandeza de esa invitación. Le mandó un saludo a los demás Stones, y él, sin dudarlo, le lanzó la propuesta.

—Juanes, hemos pensado que puedes cantar con nosotros "Angie", además puedes tocar la guitarra, ¿qué piensas?

Antes de la llamada, ante el anuncio de su mánager de ese momento, Rebeca León, Juanes había ensayado, hasta el cansancio, con la emoción de un niño engolosinado, la canción "Beast of Burden"; para él esa era su canción. Incluso ni se sentía cómodo cantando "Angie", no tenía la pronunciación, era difícil y no se la sabía completa.

—Qué placer, qué honor, de verdad. Pero mira, Mick, yo creería que es mejor "Beast of Burden", podría scr, ¿no?

Algo era claro, las fechas anteriores a la gira que presentaban The Rolling Stones en Colombia no incluían la canción en su repertorio, al parecer hacía bastante tiempo que la banda no la interpretaba en vivo.

—Ah, ok ok, is good, is good, no problema, Juanes, parrrcero. "Beast of Burden", no problema amigo.

Y al final, para que todos estuvieran tranquilos, Mick Jagger le propuso que se vieran unas horas antes en el camerino para ensayar con los demás Stones.

Al día siguiente Juanes se preparó desde la mañana. Eligió la ropa con la que viviría ese sueño increíble para cualquier músico de cualquier rincón inhóspito del mundo. Un jean azul claro, una camisa leñadora, una sobre camisa negra y unas botas. Su pelo en esa ocasión estaba corto, a ras.

Llegó al estadio El Campín, en Bogotá, en medio de un potente aguacero. La luz en la zona dejó de funcionar. Los integrantes de The Rolling Stones ya estaban en los camerinos, esperando a que menguara un poco el agua, pero el diluvio universal no cesó en la fría Bogotá. La luz se iba y regresaba, los exteriores del estadio estaban inundados y cerca de 60.000 personas habían adquirido su boleta, pero estaban atentas a la información de los organizadores, pues estaban a punto de cancelar el evento por la falta de luz y el clima, pero al final siguió adelante, el sueño de ver a The Rolling Stones no se podía desvanecer tan fácil.

Lo surrealista para Juanes llegaría después del aguacero. Lo llamaron para que pasara al camerino de los Stones, era el momento de ensayar la canción. Lo llevaron a un cuartito pequeño donde usualmente en el estadio guardan la utilería de los equipos de fútbol, allí estaban los reyes del rock del planeta Tierra, la banda de la boca abierta y la lengua afuera, los dueños de himnos incuestionables y de una historia memorable. La banda que partió en dos la historia de la música desde 1962.

Al entrar en el cuarto, Juanes pudo verlos en su intimidad más pura. Todos lo saludaron muy amablemente, lo hicieron sentir no solo bienvenido, sino en casa. Keith Richards olía a incienso, tenía una guitarra en las manos e interpretaba un blues clásico. "¿Do you want whiskey, Juanes?". "No, thanks so much, Keith".

Quizá Juanes no lo recibió por los nervios.

Mick Jagger, por su parte, estaba con el pianista y arreglista de la banda, estaba calentando la voz y practicando las canciones del setlist. Charlie Whatts, estaba sentado en la batería, sonriendo disimuladamente, esperando a que todos estuvieran listos, y Ronnie Wood limpiaba el bajo con un paño de terciopelo.

En el pequeño cuarto del estadio donde estaba la banda viva más icónica del rock mundial había una pequeña consola de cuatro canales marca Peavey y un micrófono marca Shure. Cada uno estaba en su lugar. Keith Richards se quedó anclado al lado de Juanes con su guitarra y un pequeño amplificador de 30 vatios, y Juanes, sorprendido por la instantánea inolvidable, sacó su guitarra, una Yamaha verde, la afinó para cumplir el sueño que tenía en las pupilas.

Todos empezaron a tocar ante los ojos de Juanes, que no lo podía creer; estaba frente a los dioses del rock and roll en un cuarto diminuto, ensayando con ellos como él mismo lo hacía treinta años atrás en los garajes de mala muerte en Medellín. El rock es igual siempre, en gigantescos estadios con miles de personas o en cuartos sucios y malolientes con las canciones crudas sin aún sonar.

Era el momento, "Beast of Burden" empieza a sonar. Juanes se mete la mano al bolsillo, "Hijueputa, mis gafas, no traje las gafas, madre mía". No recordaba la letra y The Rolling Stones, la banda más grande del mundo, estaba a la espera de que él empezara a cantar.

Mick Jagger se da cuenta de su incomodidad, le pregunta y todo queda resuelto. El mismo Mick agarra la hoja con la letra de la canción y se la pone de frente a Juanes.

—Don't worry Juanes, I can help you.

Ahora el gran dinosaurio del rock era el atril de un músico colombiano.

Juanes agarra la guitarra, empieza a tocar y a balbucear. No podía ver nada sin gafas, ni de cerca, ni de lejos. Veía unas letras pequeñitas que se transformaban en jeroglíficos asustadores cada que avanzaba un segundo de canción. Inventó muchos pedazos de la letra, estaba absurdamente nervioso, mascó chicle desesperadamente pero la canción salía muy bien.

En el fragmento de canción donde está el solo de guitarra, Keith Richards, con cigarro en la mano, sin hablarle a Juanes, mueve la cabeza y agita la mano señalando su guitarra, como diciéndole, hágale, colombiano, improvise.

Así lo hizo. La canción sonó bien. Todos sonrieron.

Empezó el concierto, contra todos los pronósticos de cancelación.

"Hola, Bogotá; hola, Colombia; hola, rolos", dijo Mick Jagger, y lo siguiente a eso fue una descarga de recuerdos, de nostalgia y de la vida entera del rock puesta en un escenario de 20x20.

Canciones como "Jumpin´Jack Flash", "Wild Horses", "Paint it Black", "Dead Flowers", "Miss You", "Gimme Shelter", "Start Me Up", "Sympathy for the Devil" o "(I Can't Get No)" "Satisfaction", sonaron como nunca en ese escenario.

Era el momento para que un colombiano brillara.

Antes de que Juanes subiera al escenario, el guitar tech de The Rolling Stones, es decir, el encargado de la guitarra de Keith Richards, mientras le entregaba la guitarra a Juanes, le dijo. "Te voy a dar un consejo importante, si no quieres que Keith Richards se ponga de mal humor. Entra al escenario y primero saluda a Charlie Watts, antes que a todos, no dejes de hacerlo, luego de que lo saludes, puedes irte a abrazar a Keith, a Ronnie y a Mick, pero antes de eso, no, ¿ok?". "Claro que sí, pero ¿por qué?".

Nadie le pudo responder, en el escenario Mick Jagger empezó la antesala para presentarlo.

"Tenemos una sorpresa muy especial para ustedes, alguien a quien queremos mucho, alguien de su país, nuestro parrrcero... Juanesss"

Y Juanes, efectivamente, así lo hizo. Entró al escenario, saludó a Charlie Watts, luego a los demás. Juanes estaba nervioso, pero el éxtasis que vivía su cuerpo no lo había sentido antes. Fue un momento hermoso, increíble e inolvidable para él, la noche en la que cerca de 60.000 personas le sacaron la lengua a la vida e hicieron historia.

Esta es solo una de las sorpresas musicales que la vida le ha regalado a Juanes, que por mencionar solo algunas, todos recordamos cuando Yoko Ono lo llamó para invitarlo a participar en el natalicio de John Lennon, "Si Lennon estuviera vivo, seguro sería gran amigo tuyo".

O tener la posibilidad de cantar junto a Bono de U2, Sting, Juan Gabriel, The Eagles, Fito Páez, Carlos Santana, Beck, Tony Bennett, Andrés Calamaro, o participar en el Centenario de Frank Sinatra o en el tributo a Prince. En cada una de estas sorpresas y regalos musicales, cinco minutos antes de salir a escena, Juanes siempre dice: "Mierda, yo por qué me metí en esto, jueputa, qué hago acá".

DE GIRA CON JUANES

DIEGO LONDOÑO, EL CRONISTA

De nuevo a volar, luego de meses, con protocolos que antes no conocíamos. Esperé la fecha por mucho tiempo. Conté los días, las horas y los aviones que veía cada que alzaba la mirada. 13 de septiembre de 2021, hora en sala 14:02, vuelo VH 352, grupo 1, silla 28 F, Medellín-Miami. Llegué temprano, muy temprano, quería que todo saliera bien, aunque todo iba a salir bien, no había cómo no, mejor dicho, quería que nada saliera mal. Abordé el Airbus A320 con dos tapabocas aferrados a mis orejas y una pequeña maleta con ropa para los días de viaje, un computador, una libreta, dulces colombianos y las ganas asustadoras de conocer la trasescena de una gira de Juanes.

Durante el vuelo, imaginé todo tipo de escenarios mientras la banda preparaba las canciones, mientras comían del catering de los camerinos, mientras escribían en sus hojas tamaño carta el orden de las canciones, mientras tachaban con marcador fluorescente los cambios rítmicos, los cambios de instrumentos, los acordes, los cortes, el tempo. Mientras imaginaba, preparé preguntas para los músicos, para los técnicos, para Juanes, para su mánager. Mientras veía las nubes, me detuve a leer algunas páginas de un libro llamado *Hombres sin mujeres* del escritor kiotense Haruki Murakami que compré en el aeropuerto, una lectura que le daba comida al dolor. Cerré los ojos para descansar, observé la hermosa isla de Cuba por la ventanilla y sentí el escalofrío cuando el avión aterrizó en tierra gringa. La altura alcanzó los diez mil pies, recorrí 2.223 km. Crucé por turbulencias sin peligro que generaban vacío en el estómago. Aún quedan muchas primeras veces para esa sensación, pero esta para mí era particularmente especial.

7:14 p. m. Al salir del avión, el bochorno del océano Atlántico me hizo quitar el hoodie y prepararme para una aventura musical inolvidable. Las puertas de Miami se abrieron y desde el primer momento, la publicidad del Origen Tour de Juanes empezó a aparecer ante mis ojos por las rápidas autopistas de la ciudad.

A los dos días de mi llegada iniciaban los ensayos. Pero desde antes, el setlist estaba listo, veinticinco canciones, historias en medio de ellas, un guion riguroso, un equipo de trabajo de cincuenta personas y horas previas de ensamble musical definirían el regreso a los escenarios de Juanes, luego de dieciocho meses de espera, pegados a una pantalla, mientras el mundo afuera ardía en llamas.

JOSE PABLO ARBELÁEZ, EL GUITAR TECH

De nuevo a volar, luego de meses. El COVID ha menguado, las vacunas aparecieron, aunque da temor ofrecer la mano para apretarla cariñosamente. Ahí estaba él, listo y emocionado; se embarcó en un nuevo viaje por el sonido de su amigo y jefe, Juan Esteban. Antes del viaje permanecía muy ansioso y feliz, extrañaba la dinámica de gira. Unos días antes de volar estaba en su casa de campo con una preciosa vista al Valle de San Nicolás, en Antioquia. Dejó en orden varias cosas antes de partir, abonó la huerta, le quitó la maleza en rededor, consintió a sus perros, Uma y Disco, y se aferró a su olor y a sus juegos. Extrañarlos para él siempre ha sido difícil.

Era temprano y hacía frío en el aeropuerto de Rionegro. Estaba en la fila antes de abordar un avión, con su maleta repleta de ropa, toda de color negro, un par de zapatos, unos tenis para correr en las mañanas libres, un par de buzos, un corrector de postura, unas bandas de cinta KT, y con una patineta marca Power Peralta Steve Steadham con un corte ochentero, que nunca lo abandona porque es su compañera para salir a recorrer cuando la música es silencio y soledad.

Se llama Jose Pablo Arbeláez, le dicen Chepe Paco, ha estado en el rock y en la música desde que era un adolescente y con Juanes está desde hace catorce años. Él es su guitar tech, por eso es quien consiente, afina, limpia y deja listas todas las guitarras que Juanes usa en sus canciones. Su labor además de cuidarlas a ellas, es cuidarlo a él, entregarle cada guitarra en los cambios de canciones, revisar su micrófono, sus picks, su espacio en el escenario. Es un trabajo poco común y que él disfruta con toda la piel.

Jose viajó a Miami el 12 de septiembre a las 7:00 a. m. desde Medellín en el vuelo AV30 de Avianca, se ubicó en la fila 2, en pasillo, siempre lo prefiere así para no incomodar a los demás. Voló un poco más de tres horas, se hospedó algunas noches en el Hotel Aloft de Doral y su destino aún no tiene fin, pues además de estar las veinte fechas del Origen Tour por Estados Unidos, continuará viajando y volando al lado de Juanes. Jose Pablo durmió bien la noche anterior al inicio de los ensayos. Esa mañana, muy temprano, con el sol reluciente y húmedo de Miami, preparó todo, llevó su maleta equipada, su patineta estaba aceitada y llegó a uno de los teatros más emblemáticos de la música en Miami, el icónico The Fillmore Miami Beach.

MARIO ALZATE, EL FOTÓGRAFO

De nuevo a volar, de un lado para otro. Eso es Mario Alzate, el fotógrafo de Juanes, el genio del obturador y el poeta de la imagen. Su vida ha transcurrido entre Armenia, en el Eje Cafetero colombiano y Miami. Sus vuelos son constantes, el primero de ellos ocurre todos los días cada que agarra su cámara y obtura momentos para la eternidad, como un cronista de las instantáneas de la vida.

Antes del tour estaba en una de las paradisíacas islas del Mediterráneo, en Ibiza; allí estuvo trabajando en fashion, dos meses fotografiando modelos de algunas marcas de ropa reconocida; luego voló a Nueva York, más fotos allí en la Gran Manzana, luego a Tulum, en el sureste de México, para hacer fotos bajo el agua, y de allí, otro avión con número de vuelo AA1157, asiento 9C de pasillo, y tres horas de distancia lo llevaron a Miami, para descansar un poco en su casa en Brickell, el distrito financiero de Miami.

Al siguiente día agarró una maleta, ropa necesaria y toda su vida para retar al pasado y al futuro, una cámara Canon R5, una cámara Contax G2 análoga, un iPhone 13, un flash profoto, un lente 16, 24, apertura 2.8, lentes sigma, canon 70200 teleobjetivo para planos de más cercanía y, por supuesto, una computadora y un iPad para editar, visualizar y dejar a ojo de águila las fotos que muchos vemos.

Luego de alistar su maleta salió directamente para el Fillmore para vivir los primeros ensayos y empezar el tour que con ansiedad esperó durante toda la pandemia.

DIANA ARANGO, LA VESTUARISTA

De nuevo a volar, con maletas repletas de telas y con un sueño multicolor en las pupilas. El viaje, el vuelo, la turbulencia emocionante y la espera interminable para Diana Arango duraron

72 días, 1.728 horas, desde el 7 de julio cuando llegó a Medellín desde Miami gracias al vuelo AA1129. En su ciudad compartida se vio con Juanes a fin de vestirlo para un programa de televisión, y allí, Juanes al lado de Rafa Restrepo, su mánager, le propusieron idear, crear y darle vida a la estética visual y de vestuario del tour Origen.

Desde ese momento empezó su vuelo, cuando en la misma Medellín se encerró en un hotel tres días a mirar referentes, a escuchar canciones y a ver con los oídos atentos. David Bowie, Queen, Kiss, Cyndi Lauper, The Rolling Stones, entre muchos otros, pasaron por sus referentes creativos e inspiracionales. Ella quería ir lo más arriba posible, de lo vintage a lo actual, de los colores a las texturas, de lo brillante a lo glamuroso.

Luego de ese encierro creativo tuvo las respuestas, las búsquedas para llegar al Origen.

Diana Arango nació en Medellín pero desde hace años vive en Miami. Sin buscarlo pero soñándolo, todo el tiempo se convirtió en la vestuarista de Juanes y ahora para ella es un sueño hecho realidad, el momento más importante de su carrera profesional.

Así que ese primer vuelo creativo la llevó a proponer color donde siempre había negro. Quería brillo vintage para un rockero que antes de cumplir 1.577.836.800 segundos de vida tiene el glamour y la sofisticación. Estilo, esencia y personalidad, fue su propuesta, que en todos encajó muy bien. Decidió tener prendas que no existen en ningún lado, prendas a medida y con toda su construcción desde Colombia. Así que divagó buscando colores, texturas, comodidad y calidad. Las tiendas y los proveedores de telas en Medellín la vieron caminar, medir, probar, tocar, oler.

Luego, el lunes 28 de junio viajó a Miami en el vuelo AA1129 para las tomas de medida. Los moldes para esas telas naturales y sostenibles se convertirían en prendas hechas a mano por sastres colombianos. Las prendas viajaron de nuevo de Medellín a Miami. Medidas, cortes, recortes, ajustes, puntadas y broches.

De nuevo a Medellín, ir y venir, ropa viajera que estará hecha para seguir viajando, con y sin música.

Finalmente el 12 de septiembre Diana viaja de Medellín a Miami con las prendas finales para el Origen Tour. Cinco maletas y muchos kilos de algodón, lino, seda, terciopelo, botones y costuras viajaron en el vuelo AA1141. A Miami llegó para las pruebas finales de vestuario a las 2:00 p. m. con los músicos y a las 3:30 p. m. con Juanes, en su casa en Key Biscayne. Para todos estuvo perfecto, la sonrisa de Diana relucía, y ahora, estaba lista para ultimar detalles antes de iniciar la gira.

El 16 de septiembre, muy temprano en la mañana, empacó de nuevo las cinco maletas con todas las prendas, para todos los músicos, y revisó que su kit de vestuario estuviera completo. Ganchos, hilos, agujas, nodrizas, tijeras, kit de costura, planchas de vapor, y arrancó en una camioneta que la dejó en el backstage del teatro más representativo de Miami Beach.

RAFA RESTREPO, EL MÁNAGER

Rafa estaba en Miami, por eso su número de vuelo fue el despertador al lado de su cama, en la mesita de noche. Por eso su número de vuelo marcó las 6.00 a. m., con el típico despertador de Apple que sonó durante 37 segundos antes de ser apagado cuando aún el sol no salía sobre ese mar brillante, azul y fotografiable de Miami. Se levantó como un resorte, sin pensar en el sueño o la pereza. Una ducha rápida, un beso en la frente a su esposa y salir a hacer crossfit, rodar en su bicicleta de ruta, o a trotar o a jugar tenis; el deporte es parte de su vida, tanto como la música, que no lo abandona. Rafael es disciplinado al extremo, con el trabajo, con el deporte, todo gracias al ejemplo de su padre, un deportista de toda la vida que le enseñó de la constancia y la fuerza de las acciones diarias. En esa ocasión, mientras todos volaban, él preparaba su cuerpo y su mente para el ataque de sonido, para los problemas y soluciones y para todas las ocupaciones, llamadas, todos los correos, mensajes que vendrían como una bola de nieve mientras empezaba a avanzar la mañana.

Rafa siempre persigue a Juanes a donde vaya. Al año puede volar a su lado más de 200.000 millas, de acá para allá, de día, de noche, al sur, al norte, en aviones gigantescos o en avionetas diminutas. Está atento a sus llamadas, a sus citas, a los medios de comunicación, a los vuelos, los negocios, los nuevos shows y la proyección de ese, su amigo jefe que le dio la confianza y además su amistad.

Rafa es generoso, con él y con todos, siempre sonríe y va de un lado para el otro, afanado, diligente, soñador. Los días previos estuvo muy ansioso, quería salir de viaje cuanto antes, quería ver las luces, los aplausos y el brillo de Juanes en cada rincón de esos teatros en Estados Unidos. Pero antes tenía muchas labores, pues por sus manos, por sus ojos, pasa cada uno de los detalles que hacen grande a Juanes.

La mañana del inicio de los ensayos llegó temprano al Miami Fillmore, entró por esa gran puerta, caminó sintiendo las plantas de sus pies en la alfombra color vino. Llegó hasta la sala, ingresó al escenario aún sin luces, lo caminó, miró al frente donde usualmente hay público, respiró tres veces y regresó a las oficinas dispuestas en el teatro para hacer el sueño de esos suspiros realidad. Su día anhelado, su gira esperada, su Origen Tour estaba por comenzar.

JUANES

De nuevo a volar, pero a través de cámaras y micrófonos. Días antes, Juanes, desde su casa en Key Biscayne, no paró de dar entrevistas. Un trípode con aro de luz y los auriculares de su celular fueron herramientas y posibilidades para medios de comunicación gringos y latinos que registraron con curiosidad la previa de una megaestrella antes de salir de gira. Y es que no es para menos, las luces, las guitarras, los aplausos, fueron cambiados por tareas con los niños, ejercicio en la cochera, actividades virtuales, pocos abrazos, tiempo de calidad en familia e intimidad con la guitarra para componer nuevas canciones.

Como es usual, días antes tocó la guitarra hasta que le dolieron los dedos, ensayó en soledad hasta quedar a gusto. También recibió la visita de Diana Arango, su vestuarista, para los últimos detalles de los trajes que usaría en todas las fechas de la gira.

Y tres días antes del primer show, un martes, luego de almorzar con Jesús López de Universal Music y de reafirmar la amistad que además le dio suerte en la industria, llegó al teatro. The Fillmore Miami Beach lo recibió no por la puerta delantera, sino por el backstage. Llegó vestido completamente de negro, con el pelo suelto y la guitarra en la mano. Atravesó la puerta de un salón en el que estaban todos, los músicos, Juan Pablo Daza, Emmanuel Briceño, Marcelo Novati, Richard Bravo, Felipe Navia, y además, José Pablo, Mario Alzate, Diana Arango, Rafa Restrepo y Diego Londoño. Ahí se vieron todos por primera vez luego de itinerarios, vuelos retrasados, pases de abordar, aerolíneas, nubes en la ventanilla, mar en la profundidad, maletas a reventar y un sueño musical en la piel y el corazón. Todos con el mismo susto emocionante en las manos.

Juanes entró sereno al salón, todos lo siguieron con la mirada, estiró el puño para saludarlos a todos por el nombre: "¿Chepeee, cómo vas, mannn?" "Dianisssss, ¿estamos listos?" "Marioooo, geniooooooo". "El Diegooooo, qué alegría verte por acá, parceee". Y así, con los músicos, los técnicos y todo el equipo que se empezaba a juntar esa tarde previa a la gira. Su primera advertencia, sin bajarse el tapabocas, fue: "Muchachos, nos tenemos que cuidar, de verdad, a cuidarnos, a cuidar a la familia. Este COVID sigue fuerte como un hijueputa. Si alguno de nosotros se enferma, este tour se va al carajo".

Todos estábamos en ese gran teatro con fantasmas bajo su techo, vigilando curiosamente nuestros pasos, nuestra emoción, nuestras ganas de también hacer historia. Fantasmas vivos y muertos, ecos deambulantes de canciones de Frank Sinatra, Aretha Franklin, Grateful Dead, Miles Davis, Jefferson Airplane, Cream, Santana, The Doors, Janis Joplin, Bob Hope y Jack Benny, Pete Townshend, Alice in Chains, Korn, Caifanes, The Flaming Lips, Primus, Lana del Rey, Marilyn Manson, Deftones, Lolita Flores, Café Tacvba, Thievery Corporation, Mon Laferte, Modest Mouse, Zoé, Gary Clark Jr, Vladimir Horowitz, Itzhak Perlman, Rudolf Nureyev, Joan Manuel Serrat, Oscar de León, Durán Durán, Tribalistas, New Order, Draco Rosa, Willie Colón, John Legend, Gipsy Kings, David Byrne, Sting, Molotov, Leo Dan, Pretenders, Marc Anthony, El Puma, Tony Bennett, Liza Minelli, Lenny Kravitz, Bush, Alt J, Palito Ortega, Diego el Cigala, Slayer, Pablo Milanés, Leon Bridges, Julieta Venegas, Los Van Van, Lucy Dacus, Iggy Pop, Pet Shop Boys, The XX, Hombres G, Regina Spector, y una lista de nombres interminable que está impregnada en los olores, los sabores y el sonido de esas paredes azuladas impecables, en esa alfombra roja con rombos que todo el mundo pisa desde el lobby y la puerta de entrada hasta la sala, los balcones y esas sillas clásicas plegables, en esos baños prolijos, en esos cuartos húmedos, en ese teatro clásico de recovecos, habitaciones, cables, luces, sonido, con pasillos repletos de fotografías y un halo místico que pocos teatros en el mundo reflejan.

The Fillmore Miami Beach, que abrió sus puertas en 1950 para el boxeo, la televisión, los reinados universales de belleza, Broadway, la actuación, la comedia y la música, en esa ocasión, también recibiría el inicio de la gira de un músico colombiano que nunca soñó estar allí agrandando esa lista de nombres, pero ahí estaba, listo para cambiar la historia.

Un día de septiembre estábamos todos juntos, bajo la misma expectativa, con la misma emoción, luego de aviones, esperas in-

302

terminables, maletas, requisas y las ganas de darle vida a la música. El Tour Origen de Juanes estaba a escasas cincuenta horas.

Las últimas indicaciones musicales las dio Emmanuel Briceño, mientras trabajaba en su computador, sin quitar la vista de las últimas pistas para el show. Daza y Navia tomaban cerveza, lo escuchaban atentos. A los minutos, reían contando historias de giras pasadas y revisaban algunas correas para sujetar el bajo y la guitarra. Marcelo y Richard ya estaban en el escenario afinando los parches, dándole orden a su set.

En esos pasillos todos corrían de un lado al otro. Rafa Restrepo, el mánager, finalizaba las hojas con el setlist para pegarlas en los espacios de cada músico. El cronista ayudó a escribir algunos diálogos y a pulir el discurso de Juanes en el show proyectado en dos pantallas cerca de sus pies.

Último llamado, todos nos metimos en un cuarto con tres sofás, cinco sillas, una nevera para bebidas, un baño, un clóset y el silencio tras el cierre de la puerta. Los cinco músicos, el mánager, el fotógrafo, la vestuarista, el cronista y Juanes. Algunas indicaciones, revisar el setlist y todos, uno detrás del otro, partimos hacia el escenario con la ansiedad de un inicio inminente.

En el camino, abrazos y buena onda de Jose Pablo, el guitar tech; de Miguel Hernández, el production mánager; de Guillermo Díaz, el técnico de teclados y prompter; de José López, el técnico de monitores; de Paca, Juan Manuel Parra, el asistente de producción; de Benjamín Gloria, el drum tech; y de otros más. veinticinco personas dispuestas para esos seis corazones, para esas doce manos y doce ojos dispuestos a hacer feliz a la gente.

Todos en el escenario, dándole vida, ruido, abrazos y energía a ese frío sepulcral que antes habitaba el silencio, la oscuridad.

Arrancaron los ensayos antes del inicio del tour.

Cuatro de la tarde. En el suelo, una hoja impresa mostraba las canciones que ensayarían todo el día. Las canciones que se convertirían en aplausos y felicidad luego de la ejecución, luego de estar navegando de acá para allá, impulsadas por ese aire vaporoso, por la potencia de los decibeles, por los golpes de la batería, por las distorsiones, por la voz de Juanes que cada día mejora. Las canciones, todas, las que harían de ese encuentro una ocasión especial entre músicos y público, ese encuentro místico, religioso, sobrenatural, que funciona como artefacto misterioso que cambia nuestra educación sentimental para toda la vida con solo tres o cuatro minutos de duración. El Origen Tour es eso, 18 canciones, el recuerdo de la raíz, la nostalgia de esa educación afectiva, de la familia, los amigos, los primeros amores, la juventud, la adultez y la vida en todos los tonos, blancos, negros y multicolores.

Las canciones estaban listas.

"El amor después del amor"

"No tengo dinero"

"Nuestro juramento"

"La bilirrubina"

"Nada valgo sin tu amor"

"Fotografía"

"Volverte a ver"

"Para tu amor" (Acústico Juan y Daza)

"Es por ti"

"Mala gente"

"La camisa negra"

"Could you be loved/ La Paga"

"Gotas de agua dulce" (Medley)

"Sin medir distancia" (Acústico)

"La tierra"

"Rebelión"

"Me enamora"

"A Dios le pido"

Sonaron los primeros acordes, los primeros quince, veinte minutos, media hora. Estaban cómodos, sonaban bien. Juanes tiene una banda de amigos que lo respalda, que no lo deja solo, ni caer en medio de ese abismo asustador del público y de la frialdad de la espera de aplausos.

Juanes se percató de cada detalle de las canciones. Escuchó el teclado por el oído derecho, la guitarra líder por el izquierdo, la batería le retumbó en el pecho y en la parte alta de la cabeza, el bajo le tembló en la boca del estómago y la percusión hizo temblar sus piernas. Estuvo atento a todo. Frenó un par de veces el inicio del ensayo por las luces, le dijo a Emanuel Cabrera, el luminotécnico, si era posible que una luz siguiera a cada músico en momentos específicos, pidió luces al público para mirarlos a los ojos, pidió oscuridad al final de cada canción y luces rojas para el inicio del show.

En dos oportunidades, levantó la mano, lamentándose. Frenó a la banda.

—Disculpas, muchachos, fui yo, arranquemos de nuevo.

—Parceros, perdón, la cagué. Vamos desde el coro.

El sonido tenía que estar al 100%, el bajo estaba bajo, la guitarra muy brillante. Le pidió a Stanley Soares, el sonidista, que chequearan todo antes de seguir. Hasta no estar a gusto no continuó el ensayo.

Metódico.

    Creativo.

        Perfeccionista.

           Autocrítico.

              Humano.

                JUANES.

Simuló estar en vivo, caminó hacia un extremo, saludó al público que aún no llegaba, corrió de un lado al otro, saltó, se bajó del escenario, movió su frondosa cabellera y simuló que era el inicio de su show. Saludó con la misma euforia, presentó las canciones, contó las historias y practicó su concierto soñado.

Los ensayos de la banda de Juanes no han perdido el jugueteo inicial de las bandas de rock juveniles. Por eso no caducan, por eso esas canciones suenan con una vitalidad rejuvenecida, porque tanto Juanes como los músicos se divierten, porque lo hacen por disfrute. Por eso llegan los aplausos, porque todo es genuino, sale del corazón.

—"Marcelo, bacana la intención, pero no tan duro...".

—"Navia, ese pedal está sacándonos mucho, ¿por qué no lo cambias?".

—"Daza, no corrás, cuidado te caes, güevón".

Todo eso sucedía frente a nuestros ojos, en la previa del tour, en ese escenario internacional, mítico, asustador, ese escenario precioso, sin pantallas, sin una sola pantalla, iluminado por cinco paneles de luces, tres en el fondo, dos a los costados, y con nueve luces cada panel, como en las mejores épocas del rocanrol de los años ochenta. Ese escenario gigante, con tres plataformas, una para Emmanuel, otra para Richard Bravo y otra para Marcelo.

El teatro ubicado en Miami Beach recibiría a 3.000 espectadores, todas las boletas estaban vendidas para los dos shows de apertura de gira. Cuatro lámparas clásicas de techo vigilarían con elegancia cada uno de los asientos, tanto del balcón como de la platea.

El cronista

El cronista caminó de acá para allá, tomaba fotografías en su celular, anotaba cada uno de los movimientos de los músicos, de Juanes. Miró al techo, contó las sillas, cantó las canciones y también las disfrutó, no es solo una máquina capturando información. De repente, tomó rumbo hacia los caminos protagonistas. Subió al camerino de Juanes, allí estaba Diana Arango, la vestuarista; la vio trabajar, la vio coser, organizar las camisas, las botas y las prendas de todos en un perchero gigante.

La vestuarista

Los sueños de Diana son gigantes, repletos de colores y de una textura tan suave como el terciopelo. Está feliz de trabajar con Juanes, con un jefe que es como un amigo, con un jefe que es como un sueño hecho realidad. Allí Diana confesó que sigue a

Juanes desde que era muy jovencita, pues tanto en Medellín con Ekhymosis como en su etapa solista lo ha perseguido. Todo empezó por su hermano, Leo Arango, amigo de juventud y rocanrol de Juan Esteban.

Diana estudió Diseño de Modas en The Art Institute of Fort Lauderdale y empezó la carrera como vestuarista en una productora a los catorce años. Ahora esta gira es su reto más emocionante, el punto más alto de su carrera y pasión. Mientras habla en voz alta, continúa dejando lista toda la propuesta de vestuario: para Juanes, ocho pintas diferentes que se pueden mezclar, de manera que se convierten en veinte *outfits*. Para cada uno de los músicos, tres pintas, que se pueden mezclar y salen doce combinaciones diferentes para toda la gira. El cronista la felicita, la abraza y se despide para seguir su recorrido.

El fotógrafo

Mario Alzate siempre está de buen humor. Tiene un ojo tan agudo y una fotografía tan perfecta que son el bálsamo necesario para no caer en el tedio. Su ojo y sus fotos le ayudan a sonreír fácil luego de largas jornadas de trabajo, doce, quince, dieciocho horas. Siempre está en buena onda. Su trabajo eclosiona entre la fotografía de moda y la fotografía musical. Juanes lo tiene en su llavero, confía en él, sabe que lo hace ver bien, y además sus fotos no son normales, tienen actitud, personalidad, rocanrol.

Cuando el cronista llegó a él estaba cargando baterías en un pasillo, revisando la memoria de su cámara y ajustando los cordones de sus tenis para arrancar la maratón de obturación. Mario en cada concierto toma aproximadamente 1.500 fotos, el público, las manos, los gritos, las luces, los músicos, los instrumentos, Juanes, su pelo, sus botas, sus manos, sus tatuajes, su manera de vivir y respirar por esa guitarra acelerada. Las palmas, los corazones, las banderas, el sudor, las lágrimas, los abrazos, la alegría, las canciones volando por ahí, por todo lado, haciendo bien, llenando de felicidad.

Luego de esas 1.500 fotografías, rápidas, aceleradas, astutas, Mario selecciona doscientas de ellas, doscientas por cada show, por cada ciudad, por cada teatro, por las fechas de una gira o de muchas giras que parecen no terminar. En este caso, el Origen Tour en Estados Unidos tuvo veintiuna fechas. Más allá de eso, Mario tomó 31.500 fotos, para escoger, editar, colorizar y documentar esa realidad emocionante que ocurre afuera, adentro, encima y abajo del escenario que Juanes lidera.

Al final de la conversación Mario tomó la cámara, estiró su puño y arrancó acelerado hacia el escenario.

El guitar tech

Luego, los pasos del cronista lo llevaron hasta la parte trasera del escenario cuando el sonido ya invadía todos los rincones del teatro. Allí estaba Jose Pablo vigilando bajo la oscuridad de la trasescena, la hoja de anotaciones para no dejar pasar por alto los cambios de guitarra, las afinaciones y lo finito de las canciones.

En la mañana, muy temprano antes de llegar al teatro, Jose Pablo cambió las cuerdas de casi todas las guitarras. A la Fender Stratocaster, a la Fender Jazzmaster, a la guitarra acústica construida por el luthier de Pedro Aznar, a la Gibson Flying V, a la Gibson SG, a la Gibson Les Paul y a la Martin acústica. Las afinó todas en un BOSS TU-3 Chromatic Tuner, y el bajo lo afinó en Fs-5u BOSS; la acción de afinar la repitió dos o tres veces porque el aire acondicionado o los movimientos bruscos que reciban siempre las bajan dos o tres puntos de la afinación exacta.

Juanes

Desde ese mismo lugar, desde el costado izquierdo del escenario, el cronista observó el ensayo, vio cómo Juanes apretaba la pajuela, cómo anclaba la pierna derecha adelante y la izquierda atrás para tener fuerza, potencia y actitud en el escenario. Vio cómo su cabello se movía cada que los acordes lo ameritaban.

Aún juega como un niño con la guitarra, lo disfruta, se ríe frente a ella y todos lo notan. Ama la música.

Juanes dió más de 30 mil pasos en el ensayo que duró hasta las nueve de la noche. De derecha a izquierda, de atrás para adelante, bajó nueve veces las escaleras del escenario al público. Caminó entre las graderías, se sentó cinco veces en el abismo de las tablas. Frotó sus manos contra su pelo sedoso diecisiete veces, tomó catorce veces agua, fue al baño en dos oportunidades y nunca se quejó de cansancio.

Al día siguiente repetiría la misma jornada, pero desde más temprano con un almuerzo con el jefe de la compañía Universal Music, y luego con una entrevista para una radio de Orlando (Florida). Dos días de ensayo, dos días de repetir canciones hasta el cansancio, dos días de escuchar el metrónomo en los *in-ears*, dos días de compartir con los amigos, de prepararse, aceitarse para empezar una gira anhelada durante dos años. Llegó la hora, es el día esperado, el sol salió temprano, empezó el nuevo tour.

ORIGEN TOUR
SOBREVIVIR A UNA PANDEMIA
Y VOLVER A SUBIR
A UN ESCENARIO

Las personas se agolparon en la parte de afuera del teatro desde entrada la tarde. Hay dos filas eternas, dos filas con latinos, gringos y fanáticos con camisetas de Juanes. Todos llevan su boleta en la mano. Poco a poco empiezan a ingresar, mientras en el interior, en el cuerpo, en la cabeza y en el corazón de Juanes todo es silencio. Adentro todo es calma o ansiedad. Como preparándose para un rito, para entrar en trance, para hacer comunión con algo más grande que él.

Tres horas antes del show Juanes llegó al *venue* para estar en calma, para prepararse y darle la importancia necesaria al rito de su propio encuentro con el público. Mientras estaba en un sofá, en el camerino, reprodujo en su celular a Albert King; en ocasiones cerraba los ojos, escuchaba la voz mítica del blues y simulaba una guitarra con sus dos manos. El sonido del blues acompañó su primer momento en camerino.

A los 20 minutos estaba firmando cincuenta pósters para sus fanáticos; salió al corredor cerca de su camerino, se tomó

195 fotos con seguidores que ganaron un *meet and greet* y querían compartir a su lado. A todos les dio un abrazo, a todos les ofreció unas palabras, una sonrisa, nunca se quejó. 195 disparos, 195 abrazos, 195 sonrisas, 195 miradas que se tradujeron en agradecimiento por esa familia que lo sigue a dondequiera que va, su club de fans.

De cerca, mirándolo a los ojos, e incluso a lo lejos le gritaban.

—Juanes, te admiro, te amo. Juanes, dime feliz cumpleaños. Juanes, por fin te conozco, no lo puedo creer. Juanes, te adoramos. Juanes, I love you. Juanes, eres un divino, vengo desde Rionegro, Antioquia. De Colombia para el mundo, papa. Juanes, te estamos esperando hace dos años. Juanes, gracias por la música. Juanes, parcero, la buena. Juanes, gracias por todo, te queremos mucho. Juanes, eres mi cantante favorito. Juanes, eres mi ídolo. Juanes, acá te manda tu suegra, mientras le entregaban una carta. Juanes, gracias por hacer patria en el mundo. Juanes, Juanes, Juanes.

Luego entró a su camerino. Siguió firmando discos, camisetas, pósters y conversando con un par de periodistas que llegaron a saludar. Luego pidió un parlante bluetooth, se conectó a su celular y empezó su calentamiento vocal como lo hace estrictamente para ensayos y conciertos. Mientras caminaba, con el parlante en la mano, movía la boca, sacaba la lengua, estiraba las manos, movía la cabeza de un lado al otro, también los hombros. En el parlante, en inglés, le daban indicaciones, gritos, bostezos, gesticulaciones, palabras de dicción incomprensible y onomatopeyas que hasta a él mismo le causaban risa. Uauauauauauauauau. Auuuuuuuuuuuu. UUuuuUUUu. Brbrbrbrbrbrb Brrrrrrrrrr.

Luego, su coach vocal, Eric Vetro, responsable de la voz y la actividad vocal de Rosalía, Vanessa Hudgens, Chloe Bailey, Camila Cabello, Sabrina Carpenter, Shawn Mendes, Ariana Grande, John Legend, y por supuesto Juanes, le daba indicaciones a través de ese parlante. Eric le daba una nota, Juanes la repetía, y, así, juntos, hacían escalas de calentamiento vocal que iban aumentando de intensidad, de volumen, de tono y de nivel de esfuerzo.

Ese ejercicio de calentamiento duró 23 minutos, mirándose al espejo, moviendo las manos, riéndose de sus propias morisquetas y entendiendo su propia garganta, su propio diafragma y sus propias cuerdas vocales. Los 23 minutos los hizo al llegar al teatro y luego otros 23 minutos antes del show.

De repente, llaman a su puerta, es el momento del show; los músicos entran, todo es risas y deseos de hacer buena música.

—Muchachos, muchachos, estoy demasiado agradecido con ustedes porque estén aquí conmigo. A todos, gracias.

Súbitamente, mientras dice eso, en su celular, por arte de magia, se empieza a reproducir la canción "Paint It, Black" de The Rolling Stones. Todos mueren de la risa.

—Wait, wait, wait, cómo se apaga esto —dice Juanes entre risas, luego continúa sus palabras.

—Bueno, hoy arranca este sueño, muchachos, vamos a meternos ese setlist en la cabeza y listo, la tenemos clara, vamos a pasar bueno, vamos a gozar lo que más podamos, vamos a construir magia para que la gente disfrute y se vaya feliz para la casa. Intentemos darle agilidad al show, sin correr, pero agilidad porque son muchas canciones y la gente ya lleva rato acá. Vamos a disfrutarla muchachos, tocar con ustedes es un privilegio. ¿Listos? ¡Con toda hijueputa!

Empiezan los aplausos, de nuevo empieza a sonar "Paint It, Black", y salen del camerino.

Se cuelga en el cuerpo la guitarra, sale corriendo perseguido por las cámaras, su traje aterciopelado de color violeta está intacto, huele bien. Oscuridad, gritos, más gritos, luces, nervios, felicidad, sed de euforia. Allá afuera el escenario vibra con toda la gente mirando alrededor, con sus cámaras y celulares apuntando al mismo sitio.

Después de mucho tiempo, casi dos años, Juanes está aquí para celebrar la música en vivo. Algunas luces se encienden, letreros con corazones y banderas de diferentes nacionalidades aparecen, su nombre se ve por todo lado, la respiración se agota cada vez más. Es como si fuera, de nuevo, la primera vez.

Los oídos, a diferencia de los ojos, nunca se cierran. No hay ni una pantalla, ni distracciones. Aquí, en este rito, solo hay lugar para las canciones.

El cronista, el fotógrafo, el mánager, la vestuarista, el guitar tech, todos miramos expectantes esa oscuridad con estática que antecede al inicio del show. Todos estamos nerviosos pero felices.

Un acorde a punto de ser tocado en el Miami Fillmore separa a Juanes de iniciar un tour que lo remontará a su origen, un recorrido por sus raíces, pero a su vez un reencuentro con su esencia: tocar para quienes, como él, vibran con la música.

Se ilumina el escenario de color rojo, suena una introducción al show, ingresan los músicos, se acomodan en sus espacios, el escenario se llena de vida, aplausos, gritos, pero aún falta por ingresar Juanes.

Él está en el backstage calentando su garganta. Brrr brrr brrr brrr. Frota sus manos y las entreteje repentinamente con las de su esposa Karen, ella lo santigua. Se dan un beso, ella le abraza el alma y le da fuerza. Todos los miramos. A Juan y a Karen, a Karen y Juan. Juanes abraza la guitarra, le mira las cuerdas nuevas, brillantes, fuertes y preparadas. Ajusta el cuello de su camisa, mira al frente, las luces de los celulares empiezan a encenderse. Se escucha el ruido blanco asustador. Toma la guitarra con más fuerza, camina. Uno, dos, tres, cuatro, cinco, seis, siete, ocho, nueve, diez, once, doce, trece pasos largos. Llegó a la mitad del escenario, hizo una venia de 3,4 segundos mientras todo el mundo estallaba de felicidad, con aplausos y gritos. Miró hacia atrás y los muchachos, sus músicos, ya sabían que era el momento. Arrancó la batería, con el fondo de una guitarra tocada en slide, mientras Juanes recorre todo el escenario, señalando al público en las graderías altas, en el costado derecho, en el costado izquierdo, en el centro. "Buenas noches, Miami, acá su servilleta Juanes desde Colombia, papá". Dijo mientras empezó la música, mientras se desataba ese éxtasis delicioso parecido al orgasmo, la vida de la música. Y lo demás deben vivirlo ustedes fuera de este libro.

EPÍLOGO
LA PRÓXIMA CANCIÓN

Esta es la vida de Juanes, una vida en caleidoscopio, en tornasol, con tonos magenta, azul celeste, amarillo, gris, negro y blanco, con oscuridades y luces, con silencios, soledades y exceso de guitarras, baterías y gente gritando a todo volumen. Pero también una vida sencilla, de abrazos y besos en las mañanas, de domingos de pereza, viernes de fiesta, almuerzos familiares, dolores compartidos y sueños a merced del tiempo. Una vida simple, común y corriente, que se viste de gala, de frac, charol y colonia especial cada que las luces se encienden.

Ya sabemos que no todos seríamos capaces de vivir su vida, su obsesión, su juicio y disciplina, sus noches de poco sueño y las giras interminables, los aviones de acá para allá, la presión, las fotografías, los comentarios y las críticas. Y justamente por eso nació este texto, para acercarnos a su humanidad, a sus poros, a su manera de respirar, a su forma de entender la vida, de aferrarse a su pasado y de pensar en el presente, por su manera de amar la música, de percibir la política, la religión, la familia, y para vivir de cerca, a través de las historias, esa sonrisa que se dispara cuando algo lo hace feliz.

Esa vida maravillosa e inspiradora no solamente podemos verla a través de estas páginas, sino que sus canciones funcionan como un adorable puente para cruzar por sus pies, entreverarnos por sus pantorrillas, llegar al abdomen, sentir su respiración, su fuerza en los brazos, su cuello, su garganta de volcán, su pelo rebelde, rockero, y llegar a sus ojos, a esa mirada profunda, transparente y soñadora que asusta a cualquiera que lo mire por primera vez.

Este viaje por los sueños, por la muerte, por la vida y el sonido de un corazón, aterriza en el paisaje más hermoso, primaveral, en la lluvia más torrencial, en el terremoto más fuerte de todos, en el mar apacible, en las nubes esponjosas, en el corazón de lava y el salvavidas de hielo, en la luz incandescente del sol de mediodía sobre los ojos, en la canción más bella del mundo.

Juan Esteban Aristizábal con 1.577.836.800 segundos cumplidos y una cantidad de kilómetros incontables, es un hombre que aprendió a madurar hacia la infancia. Su música, sus premios, los aplausos que han rodeado su aura, las luces, los halagos, las fotografías, los videos, lo han convertido en un Dios que lucha a diario contra eso, para entender que crecer y ser mejor persona es ir hacia lo sencillo y más puro.

Juanes ahora no le tiene miedo a nada, ni a las críticas ni a los halagos, ni a la próxima canción, y como todo superhéroe con guitarra en mano, cuando el show se acaba, vuelve a ser un humano cualquiera para recordarnos que la vida es un ratico.

Que a Juanes, a ese músico que nos cambió la vida, aún le queden muchos años, que la deriva siga siendo emocionante, que siga la esperanza altiva, que su café no se enfríe y el ejercicio nunca pare. Que siga recibiendo cariños de la familia, amor de su esposa y alegría de sus hijos. Que su camisa negra siga intacta, que el rezo de "A Dios le pido" se multiplique para todos, que la fotografía se siga revelando una y muchas veces más, que la paga llegue a buen recaudo y se convierta en ahorro, que la mala gente deje de serlo y se convierta en gente que cambia el odio por amor, que la sangre derramada se transforme en gotas de agua dulce y los besos en guerra sean solo un juego de niños.

Que no haya nada imposible, que creamos en el jamás. Que no sea solo por ti, ni por mí, sino por todos, y que la esperanza de volverte a ver sea un abrazo fraterno y largo. Ojalá que él, Juanes, siga sonriendo, que lleguen muchas más historias, que sus guitarras y melodías sigan retumbando, con pasión y locura, en las paredes de bares en todo el mundo, que su música se siga transportando misteriosamente de continente a continente y que su canción favorita aún esté por venir.

© Mario Alzate

DIEGO LONDOÑO
@ELFANFATAL

Periodista, escritor y coleccionista de recuerdos sonoros. Locutor en Radiónica, radio pública colombiana. Crítico musical del periódico *El Colombiano*. Contador de historias bajo el alias de Elfanfatal. Ha escrito como colaborador en diversos medios de comunicación en el continente. Hace parte de la REDPEM: Red de periodistas musicales en Iberoamérica, y de La Banda Elástica, el hogar de la música alternativa en los Estados Unidos. Ha escrito los libros *Los Yetis, una bomba atómica a go go, la historia de los abuelos de nuestro rock* (2013); *Medellín en canciones, el rock como cronista de la ciudad* (2014); *Rodolfo Aicardi, la historia de El ídolo de siempre* (2018); *Los Yetis, la historia de unos beatles colombianos* (2020); *Brutal honestidad, las vidas de Andrés Calamaro* (2021); *Donde nacen las canciones, historias de grandes músicos colombianos* (2022). En la actualidad trabaja en su *debut* como novelista con el libro *Cómo olvidarte*.

© Mario Alzate

JUANES

Músico y compositor colombiano, nacido y criado en Medellín. Multipremiado y aplaudido por masas en todos los continentes. Ha recibido 3 Grammys Anglo y 26 Latin Grammys, que lo convierten en el artista colombiano con más Latin Grammys en la historia. Aclamado por la revista *TIME* como "Una de las 100 personas más influyentes del mundo" y por *The New York Times* como "el cantautor más popular de América Latina... un poeta conmovedor con su guitarra eléctrica". Ha vendido más de 20 millones de discos. Juanes creó, en el año 2006, la Fundación Mi Sangre para promover una cultura de paz entre los niños y jóvenes de las zonas más afectadas por la violencia en Colombia, a través de la música y la cultura. Juanes fue nombrado en 2019 "La Persona del Año" por la Academia Latina de la Grabación.